粤港澳大湾区建设与广州发展报告 2018

ANNUAL REPORT ON
GUANGDONG-HONG KONG-MACAO GREATER BAY AREA CONSTRUCTION
AND GUANGZHOU DEVELOPMENT (2018)

主编 曾伟玉 吴业春

社会科学文献出版社
SOCIAL SCIENCES ACADEMIC PRESS (CHINA)

《粤港澳大湾区建设与广州发展报告》编委会

杨　霖　广州市社会科学界联合会科研规划部副部长
贺　忠　中共广州市委宣传部副巡视员
郭德焱　广州市社会科学界联合会党组成员、专职副主席
梅声洪　中共广州市委宣传部理论处处长
覃成林　暨南大学粤港澳大湾区经济发展研究中心主任、教授

编　务

赵　欣　华南理工大学社会科学处
沈　超　广州市社会科学界联合会科研规划部
刘　颖　广州市社会科学界联合会科研规划部

前　言

建设粤港澳大湾区是习近平总书记亲自谋划、亲自部署、亲自推动的国家重大战略。2018 年 10 月 22 日至 25 日，习近平总书记在视察广东重要讲话中要求广东要把粤港澳大湾区建设作为广东改革开放的大机遇、大文章，抓紧抓实办好。粤港澳大湾区建设是推动新时代形成全面开放新格局的新举措，承担着引领我国新一轮全面改革开放、转型升级、高质量发展，提高发展的平衡性和协调性的责任和使命。推动粤港澳大湾区建设和发展，必须以习近平新时代中国特色社会主义思想为指导，全面贯彻落实习近平总书记对粤港澳大湾区建设和加强粤港澳合作的系列重要指示和要求，全面贯彻落实中央决策部署，将粤港澳大湾区建设成为国际一流湾区和世界级城市群。

2019 年 2 月 18 日，中共中央、国务院印发了《粤港澳大湾区发展规划纲要》，粤港澳大湾区建设受到社会各界的高度重视和广泛关注，广东正在举全省之力推进粤港澳大湾区建设。广州作为粤港澳大湾区中心城市，其发展与粤港澳大湾区建设休戚相关。为发挥社会科学理论界在推进粤港澳大湾区建设中的思想库、智囊团作用，为广州在粤港澳大湾区建设中发挥重要作用提供理论支撑和智力支持，广州市委宣传部、广州市社会科学界联合会、华南理工大学在 2018 年 3 月共同成立了粤港澳大湾区发展广州智库，智库以粤港澳大湾区规划创新研究中心等 6 家广州市人文社会科学重点研究基地为依托，目的是整合粤港澳大湾区研究力量，建设一支以粤港澳大湾区建设作为主攻方向的研究队伍，围绕粤港澳大湾区建设的前沿理论和实践问题，特别是如何充分发挥广州国家中心城市和综合性门户城市引领作用，全面增强国际商贸中心、综合交通枢纽功能，培育提升科技教育文化中心功能，着力建设国际大都市开展持续的深入的研究，不断推出高质量的研究成果助力粤港澳大湾区建设。

《粤港澳大湾区建设与广州发展报告（2018）》是粤港澳大湾区发展广州智库发挥新型智库作用，贯彻落实中央关于科学规划粤港澳大湾区建设基本精神和要求，更好地服务于广州对接国家发展战略，推进粤港澳大湾区建设的重要研究成果。智库成立甫始，即组织专家学者开展对粤港澳大湾区建设战略规划、机制体制改革、政策实施等情况的系统研究，及时梳理和总结建设经验，对存在的问题提出建议和对策。《粤港澳大湾区建设与广州发展报告（2018）》聚焦于粤港澳大湾区建设中广州发展的定位与机遇、粤港澳大湾区科技创新、粤港澳大湾区产业发展、粤港澳大湾区开放合作、绿色湾区建设和文化湾区建设 6 个主题，系统梳理粤港澳大湾区建设与广州发展的基础、优势和现状，深入剖析粤港澳大湾区在开放、创新、合作与协调发展过程中面临的挑战和改革难题，提出有针对性的、富有建设性的、具有可操作性的意见和建议，对推动粤港澳大湾区建设以及如何发挥广州在粤港澳大湾区建设中的重要作用有积极的参考和启示作用。

《粤港澳大湾区建设与广州发展报告（2018）》是智库咨政研究活力和协同研究能力的全面反映，也是智库决策咨询研究水平的集中体现。粤港澳大湾区发展广州智库将坚持服务党和政府决策的宗旨，通过跨境、跨地区、跨部门、跨体制聚合优势研究资源，持续深入地开展粤港澳大湾区建设研究，不断提升报告的研究水平，增强报告的社会影响力和咨政服务力，为将粤港澳大湾区建设成为国际一流湾区和世界级城市群提供优质高效的咨政建议和智力支持。

粤港澳大湾区发展广州智库

2019 年 3 月

目 录

Contents

总 报 告

分 报 告

• 科技创新篇 •

总报告

广州在粤港澳大湾区建设中的战略定位与发展思路*

魏后凯　安树伟　李人庆

苏红键　年　猛　轩会永**

摘　要： 当前，粤港澳大湾区建设受到社会各界的高度重视和广泛关注，将要承担起引领中国新一轮全面改革开放、转型升级和高质量发展的责任和使命。广州作为湾区中心城市，其发展与粤港澳大湾区休戚相关。从发展基础来看，广州在交通区位与商贸、发展空间、科教基础资源、文化底蕴、行政级别等方面存在比较优势，但中心功能、产业结构、科技成果转化率、空间利用效率等方面亟待优化和提升；粤港澳大湾区建设有利于广州进一步提升其全球战略地位，但湾区深化合作、广州全面升级都还受到体制机制约束。新形势下，立足发展基础、理顺发展脉络，广州应积极建设和打造高质量发展先行区、具有世界影响的国际大都市、“一带一路”枢纽、粤港澳大湾区核心增长极。围绕战略定位，广州亟待实施“高

* 本报告是中国社会科学院农村发展研究所承担的2017年度广州市哲学社会科学发展“十三五”规划委托课题“广州在粤港澳大湾区的定位与发展战略研究”（项目批准号/课题编号：2017GZWT24）的研究成果。

** 魏后凯，中国社会科学院农村发展研究所所长、研究员、教授、博士生导师，中国社会科学院城乡发展一体化智库常务副理事长；安树伟，首都经济贸易大学特大城市经济社会发展研究院副院长、城市经济与公共管理学院教授；李人庆，中国社会科学院农村发展研究所副研究员；苏红键，中国社会科学院农村发展研究所助理研究员；年猛，中国社会科学院农村发展研究所助理研究员；轩会永，中国社会科学院研究生院博士生。

质量发展、活力提升、双向开放、协同发展、空间重塑、生态宜居”的全面转型发展战略，并从不同区域层面、不同发展视角探索发展路径。其发展路径主要包括三个维度：国际大都市建设方面，要积极提升全球城市经济能级、枢纽能级、创新能级、管理能级；建设“一带一路”枢纽方面，要积极加强交通联系、丰富合作方式、促进产能合作、创新科技合作、深化人文交流；深入推进湾区分工合作方面，要全面深化广州与深港澳合作、推进广佛及周边协同发展、积极辐射带动粤东西北发展、引领华南地区协调发展。广州需要积极促进各类要素自由流动，加大科技创新支持力度，打造国际一流营商环境，完善其发挥核心增长极作用的政策支撑体系。

关键词： 粤港澳大湾区　广州　核心增长极

作为改革开放的先行者，珠三角地区长期引领着中国经济发展；相应的，作为珠三角地区中心城市的广州，在中国、华南地区和粤港澳大湾区中扮演着越来越重要的角色。在粤港澳大湾区建设、国家中心城市建设和“一带一路”倡议等新形势下，广州被赋予了新的责任、功能和使命，已经或亟待建设成为区域发展的核心增长极、国家发展的重要引擎、全球发展的新兴枢纽，为此，广州急需新的发展思路与理念指导实践。本报告立足广州在不同区域层面的地位、优势和短板，探索和谋划了新形势下，尤其是在粤港澳大湾区建设中，广州发展的战略定位和发展思路，并从广州建设国际大都市、“一带一路”枢纽、推进粤港澳大湾区分工合作三个方面提出广州发挥核心增长极作用的主要路径，最后提出相应的政策建议。

一　粤港澳大湾区战略的提出与推进

粤港澳大湾区包括香港特别行政区、澳门特别行政区和广东省广州市、深圳市、珠海市、佛山市、惠州市、东莞市、中山市、江门市、肇庆市。这些城市共同形成了一个超级城市群。粤港澳大湾区城市群总面积达55901平方公里，2017年末大湾区总人口约7000万人，总就业人口超过4300万人，地区生产总值超过15143亿美元，进出口货值总额超过20282亿美元，零售业销售额达到4805亿美元。粤港澳大湾区在占全国不足1%的土地面积以及占全国不足5%的总人口数的情况下，创造了中国国内生产总值的12%，是中国经济举足轻重的重要增长极。粤港澳大湾区区位优势突出，外接东盟，东向为海峡西岸经济区，西向为北部湾经济区，北向为长江经济带，南向为东南亚地区。粤港澳大湾区建设已成为未来国家发展战略的核心内容和重要的战略部署，通过全面开放和创新引领“双轮”驱动，建设国际一流湾区，将有利于加快中国高质量发展步伐。

从全球视角来看，粤港澳大湾区是一个新兴湾区，发展潜力巨大。粤港澳大湾区是继美国纽约湾区、美国旧金山湾区、日本东京湾区之后又一世界级湾区，是中国参与全球竞争，建设世界级城市群的重要载体。粤港澳大湾区与美国纽约湾区、美国旧金山湾区、日本东京湾区相比，其2017年的GDP已经是旧金山湾区的2倍，接近纽约湾区的经济总量；进出口贸易额是东京湾区的3倍以上（王先庆，2017）。粤港澳大湾区经济高度集聚，区位优势明显，自然环境优越，初步拥有国际超级大港、商贸枢纽、科技创新体系、全球知名高校、国际金融服务能力五大核心要素。尽管粤港澳大湾区经济的总体规模居于全球前列，但区域内香港、澳门、广州、深圳等中心城市各具独立的战略定位、发展目标与模式，在港口贸易、制造业基地、金融服务、功能区建设等诸多领域存在长期竞合关系，缺乏科学的统一规划与产业布局，尚没有发挥资源共享与优势互补的作用。因此，从湾区经济的成熟度来看，粤港澳大湾区仍然处于起步阶段。可以预见，随着粤港澳大湾区战略的推进，该区域的综合实力将不断加强，在全球竞争中的地位也将随之提升。

粤港澳地区具有悠久的合作历史和良好的合作基础，自 2015 年 3 月“粤港澳大湾区”的概念首次出现在国家文件中以来，粤港澳大湾区受到社会各界的高度重视和广泛关注，关于湾区经济、粤港澳大湾区的研究日益增多，在实践领域，粤港澳大湾区建设在各个领域加快推进。

（一）粤港澳大湾区战略的提出

粤港澳大湾区战略的提出主要经历了以下三个阶段。

第一阶段：“湾区”和“环珠江口宜居湾区”概念的提出（2005 年 8 月至 2015 年 3 月）

2005 年，《珠江三角洲城镇群协调发展规划（2004—2020）》发布。此时的“湾区”是指环绕珠江口沿岸各市的滨海地区，以行政区划作为“湾区”界限，大体包括：珠海主城区、香洲区的唐家湾镇，中山东部的南朗镇、火炬开发区、三角镇和民众镇，广州的南沙经济技术开发区，东莞的沙田镇、虎门镇、长安镇，深圳宝安区的沙井镇、福永镇、西乡镇、新安街道办和深圳南山区，等等。“湾区”的发展目标是建成国际级的生产性服务中心和环境优美的新兴发展区，为珠三角成长为世界级城市群提供有力支撑。

2008 年，国际金融危机爆发。在国际金融危机不断扩散蔓延和对实体经济的影响日益加深的背景下，珠江三角洲地区的发展受到严重冲击，经济运行困难使得一些深层次的问题和矛盾进一步凸显，集中表现在产业层次偏低、创新能力不足、资源环境约束加剧、城乡和区域发展失衡、空间利用效率不高、公共服务水平落后、行政和社会管理体制改革滞后等方面。为了最大限度地减轻国际金融危机带来的不利影响，进一步提高我国的综合实力、国际竞争力和抵御国际风险的能力，更好地参与国际经济合作与竞争，促进形成优势互补、良性互动的区域经济发展新格局，更好地贯彻“一国两制”方针，保持港澳地区长期繁荣稳定，2008 年 12 月，国家发展改革委出台了《珠江三角洲地区改革发展规划纲要

（2008—2020 年）》，提出“按照主体功能区定位，优化珠江三角洲地区空间布局，以广州、深圳为中心，以珠江口东岸、西岸为重点，推进珠江三角洲地区区域经济一体化，带动环珠江三角洲地区加快发展，形成资源要素优化配置、地区优势充分发挥的协调发展新格局”。

2010 年 4 月，为了落实和明确粤港两地合作，打造世界级经济区，由中央人民政府（国务院）牵头的《粤港合作框架协议》正式签署。《粤港合作框架协议》提出“环珠江口宜居湾区”的设想，努力打造区域产业核心、生态核心、交通枢纽和多元文化融合区，建设宜居湾区。为了进一步推动“环珠江口宜居湾区”的建设，2011 年 1 月，《环珠江口宜居湾区建设重点行动计划》颁布实施，将“环珠江口宜居湾区”作为粤港澳合作重点区域。

第二阶段：“粤港澳大湾区”概念提出和探索（2015 年 3 月至 2017 年 3 月）

粤港澳大湾区概念在国家顶层设计文件中出现，最早可追溯至 2015 年 3 月国家发展改革委、外交部、商务部 28 日联合发布的《推动共建丝绸之路经济带和 21 世纪海上丝绸之路的愿景与行动》（张日新、谷卓桐，2017）。该文件提出“充分发挥深圳前海、广州南沙、珠海横琴、福建平潭等开放合作区作用，深化与港澳台合作，打造粤港澳大湾区”。2016 年 3 月，国家“十三五”规划再次提出“推动粤港澳大湾区和跨省区重大合作平台建设”，强调“携手港澳共同打造粤港澳大湾区，建设世界级城市群”。就在国家“十三五”规划发布的同一个月，《国务院关于深化泛珠三角区域合作的指导意见》出台，文件用专门的章节陈述如何“打造粤港澳大湾区”，并提出“构建以粤港澳大湾区为龙头，以珠江—西江经济带为腹地，带动中南、西南地区发展，辐射东南亚、南亚的重要经济支撑带”的重要构想。

第三阶段：“粤港澳大湾区”建设正式上升为国家战略（2017 年 3 月至今）

2017年3月，国务院政府工作报告提出“要推动内地与港澳深化合作，研究制定粤港澳大湾区城市群发展规划，发挥港澳独特优势，提升在国家经济发展和对外开放中的地位与功能”。这标志着“粤港澳大湾区”建设正式上升为国家战略。2017年7月1日，在习近平主席的见证下，香港特别行政区行政长官林郑月娥、澳门特别行政区行政长官崔世安、国家发展和改革委员会主任何立峰、广东省省长马兴瑞在香港共同签署了《深化粤港澳合作　推进大湾区建设框架协议》，提出“努力将粤港澳大湾区建设成为更具活力的经济区、宜居宜业宜游的优质生活圈和内地与港澳深度合作的示范区，携手打造国际一流湾区和世界级城市群”。这也是“粤港澳大湾区”第一份国家层面的框架协议。2017年10月，中国共产党第十九次全国代表大会提出“要支持香港、澳门融入国家发展大局，以粤港澳大湾区建设、粤港澳合作、泛珠三角区域合作等为重点，全面推进内地同香港、澳门互利合作”。

2019年2月18日，中共中央、国务院印发了《粤港澳大湾区发展规划纲要》，这份纲领性文件对粤港澳大湾区的战略定位、发展目标、空间布局等方面作了全面规划。根据规划纲要，粤港澳大湾区要建设充满活力的世界级城市群、具有全球影响力的国际科技创新中心、“一带一路”建设的重要支撑、内地与港澳深度合作示范区、宜居宜业宜游的优质生活圈，打造高质量发展的典范。

（二）粤港澳大湾区战略的推进

在粤港澳大湾区理念的引导下，近年来，国务院各部门相继颁发了一系列政策和指导意见，从经济合作、基础设施互联互通、科技创新、体制机制改革等方面保障粤港澳大湾区战略的顺利实施（见表1）。在中央政府的大力支持下，广东、香港和澳门三地通力合作，稳步推进粤港澳大湾区战略的实施，取得了多方面的重大进展。

表 1　国务院各部门出台的支持粤港澳大湾区发展的政策和指导意见

时间	文件名称	主要内容
经济合作		
2016 年 3 月 15 日	《国务院关于深化泛珠三角区域合作的指导意见》（国发〔2016〕18 号）	构建以粤港澳大湾区为龙头，以珠江—西江经济带为腹地，带动中南、西南地区发展，辐射东南亚、南亚的重要经济支撑带
2016 年 12 月 26 日	《国务院关于印发“十三五”旅游业发展规划的通知》（国发〔2016〕70 号）	支持粤港澳大湾区旅游合作，发挥粤港澳对接广西、福建等内地沿海省份的重要节点作用，开发一程多站旅游线路。支持香港建设多元旅游平台。推动澳门世界旅游休闲中心建设，支持澳门会展业发展，支持澳门举办世界旅游经济论坛
2017 年 3 月 28 日	《国务院关于落实〈政府工作报告〉重点工作部门分工的意见》（国发〔2017〕22 号）	推动内地与港澳深化合作，研究制定粤港澳大湾区城市群发展规划，发挥港澳独特优势，提升在国家经济发展和对外开放中的地位与功能
2018 年 4 月 12 日	《国务院关于落实〈政府工作报告〉重点工作部门分工的意见》（国发〔2018〕9 号）	出台实施粤港澳大湾区发展规划纲要，全面推进内地同香港、澳门互利合作
基础设施互联互通		
2016 年 2 月 19 日	《国务院关于广州市城市总体规划的批复》（国函〔2016〕36 号）	进一步完善公路、港口、铁路、机场等交通基础设施，加强城市内外交通衔接，推进珠三角和粤港澳地区交通一体化
2018 年 10 月 31 日	《国务院办公厅关于保持基础设施领域补短板力度的指导意见》（国办发〔2018〕101 号）	推进粤港澳大湾区等地区城际铁路规划建设。加快启动一批对粤港澳大湾区建设等重大战略有重要支撑作用的地方高速公路项目
科技创新		
2018 年 1 月 31 日	《国务院关于全面加强基础科学研究的若干意见》（国发〔2018〕4 号）	优化基础研究区域布局，推动粤港澳大湾区打造国际科技创新中心
2018 年 9 月 26 日	《国务院关于推动创新创业高质量发展打造“双创”升级版的意见》（国发〔2018〕32 号）	加快推进粤港澳大湾区国际科技创新中心建设，探索建立健全国际化的创新创业合作新机制

续表

时间	文件名称	主要内容
	体制机制改革	
2015年4月17日	《国务院关于改进口岸工作支持外贸发展的若干意见》（国发〔2015〕16号）	促进粤港澳口岸通关事务合作，加强口岸跨境重大基础设施建设项目的沟通协调，完善粤港、粤澳口岸联络协作机制，密切粤港澳人员和经贸往来
2015年4月20日	《国务院关于印发中国（广东）自由贸易试验区总体方案的通知》（国发〔2015〕18号）	在构建开放型经济新体制、探索粤港澳经济合作新模式、建设法治化营商环境等方面，率先挖掘改革潜力，破解改革难题。要积极探索外商投资准入前国民待遇加负面清单管理模式，深化行政管理体制改革，提高行政管理效能，提升事中事后监管能力和水平
2018年5月24日	《国务院关于印发进一步深化中国（广东）自由贸易试验区改革开放方案的通知》（国发〔2018〕13号）	促进粤港澳经济深度合作，深入推进粤港澳服务贸易自由化，创新粤港澳科技合作机制，建设粤港澳青年创新创业合作示范基地，携手港澳参与“一带一路”建设
2018年10月19日	《国务院关于印发优化口岸营商环境促进跨境贸易便利化工作方案的通知》（国发〔2018〕37号）	在毗邻港澳口岸实施更便利的通关措施，在有条件的口岸推广粤港澳“客、货车一站式通关”模式

资料来源：根据中华人民共和国中央人民政府门户网站（http：//www.gov.cn/）资料整理。

一是经济合作迈向新台阶。2017年广东对港澳进出口额、实际吸收港澳投资和对港澳投资分别占广东省的17.3%、82.8%和57.5%。港澳参与广东自贸试验区建设也取得重大进展。南沙、前海、横琴进驻港澳资企业分别达1700家、8000家、2800家；南沙粤港深度合作区、前海深港现代服务业合作区、横琴粤澳合作产业园建设扎实推进；南沙粤港澳青年创新工场、前海深港青年梦工场、横琴澳门青年创业谷等基地建设进程加快，累计建成科技企业孵化器868家，其中国家级的有110家。2018年5月，广东粤澳合作发展基金正式签约。该基金将在推进粤港澳大湾区基础设施互联互通、支持重大平台建设、培育新兴产业、共建宜居宜业宜游优质生活圈等方面发挥积极作用。

二是基础设施连通性快速提高。港珠澳大桥是粤港澳大湾区基础设施互联互通的标志性项目。2018 年 10 月 23 日，港珠澳大桥开通仪式在广东珠海举行，习近平主席出席仪式并宣布大桥正式开通，由此形成了“一桥拉动，珠三角西部棋子全盘皆活”的局面。香港、珠海、澳门三地的时空距离将大大缩短——驾车从香港到珠海、澳门，从 3 小时缩短至 45 分钟，珠三角西部都将被纳入香港 3 小时车程范围。此外，广深港高铁香港段正式通车；莲塘/香园围口岸、粤澳新通道（青茂口岸）等项目也在加快进行。广东省发展改革委已启动“粤港澳大湾区城际铁路建设规划（2020—2030 年）”编制工作，未来大湾区交通会更加便利。2018 年 11 月 20 日，粤港澳大湾区重要过江通道——虎门二桥最后一片节段箱梁成功架设，大桥主线全面贯通，预计 2019 年 5 月实现通车。

三是科技创新合作水平大幅提升。广东已出台《广深科技创新走廊规划》，打造产业联动、空间连接、功能贯穿的创新经济带。目前，国家发展改革委正在编制“粤港澳大湾区国际科技创新中心建设方案”，为粤港澳科技创新合作进行顶层设计。2018 年 2 月，香港特区政府财政预算案首次为发展创科额外预留逾 500 亿港元，用于基础设施建设、科研合作、培育初创企业、推动产业发展等。特区政府计划 5 年内将研发总开支大幅增加到每年约 450 亿港元，在 GDP 中所占比例由 0. 73%提升至 1. 5%。科技部、财政部 2018 年 5 月出台规定，鼓励港澳高校和科研机构参与中央财政科技计划组织实施；深圳和香港在落马洲河套地区共建“港深创新及科技园”；推动港澳高校对接广东科技成果转化，6 所香港高校在深圳设立 72 个科研机构；粤港联合创新资助项目达 151 个。与此同时，国家发展改革委会同有关部门与粤港澳三地，落实《深化粤港澳合作　推进大湾区建设框架协议》，共同推进相关工作，尤其在合作机制上进行综合协调。通过创新合作机制，卓有成效地形成合力，推进高层次融合，是大湾区建设发展的重要保障。

四是体制机制改革深入推进。2018 年 8 月，国务院发布《关于取消一批行政许可等事项的决定》，其中包括取消台港澳人员在大陆（内地）

就业许可事项。广东省推出了“便利湾区”18 项举措（王攀等，2018）。前海、横琴、南沙率先实现港澳居民就业免办就业许可证；专业资格互认深入推进，前海、横琴试行香港工程建设模式；广东省有 52 所高校面向港澳招生，港资、澳资医疗机构达 46 家。2018 年 11 月，为共同建设安全便利、优质高效的港珠澳大桥口岸通关环境，海关总署、香港海关、澳门海关在珠海签署了《港珠澳大桥三地海关合作备忘录》。根据该“备忘录”，三地海关将采取的主要措施包括：建立三地海关的口岸联络机制，以应对通过该桥的货物和物品在跨三个不同关税区间快速流动所形成的复杂走私情形和口岸突发应急事件，确保该桥通关环境安全顺畅；将已在深港口岸实施的内地与香港的“跨境一锁”快速通关模式，应用于该桥香港口岸与珠海口岸，实现跨境货运车辆在该桥口岸间的快速通过；实施查验结果参考互认合作，提高口岸通关效率；开展三地海关在毒品、武器、货币、濒危物品、知识产权等共同领域的查缉合作；等等。

二　粤港澳大湾区建设背景下广州发展基础

广州作为广东的省会城市和粤港澳大湾区中心城市之一，在粤港澳大湾区中存在显著的比较优势，但与深港澳等城市相比，或者与自身发展目标相比，还存在一些亟待提升的方面。粤港澳大湾区建设，为广州推进新一轮改革开放和高质量发展、提升其全球战略地位创造了机遇，但是，湾区深化合作、广州全面升级都还受到体制机制约束。

（一）广州在粤港澳大湾区建设中的优势

相对于粤港澳大湾区的其他城市来说，广州在交通区位与商贸、发展空间、科教基础资源、文化底蕴、行政地位等方面存在比较优势。

1. 交通区位与商贸优势突出

广州地处珠江入海口，有中国“南大门”之称，是中国华南、西南等地区进出国际市场的主要门户和平台，是中国南方的贸易中心和物流中心，具有海空港联动优势、良好的空港基础以及覆盖华南五省和联通粤北地区的物流中转条件。在粤港澳大湾区中，广州居于湾区地理中心，便利的区位和交通条件使得广州成为大湾区联系内地、辐射内地的重要桥梁和纽带。

良好的交通区位成就了广州“千年商都”的称号，近年来，在商贸创新引领下，广州国际商贸中心地位和比较优势不断增强。2017 年，广州实现社会消费品零售总额达 9402. 59 亿元，连续 30 年稳居全国各大城市第三位；广州跨境电商进出口 227. 7 亿元，增长 55. 1%，连续 4 年位居全国第一；白云国际机场旅客吞吐量、机场货邮吞吐量均位居全国第三；港口货物吞吐量、集装箱吞吐量位列全国第四。同时，广州营商环境不断优化，内贸流通体制改革试点、跨境电商综试区、市场采购贸易方式试点、服务贸易创新发展综合试点等都形成了一批先行先试经验。在 2018 年新型国际商贸中心指数评价中，广州在国内城市中排第三位，在 21 个全球城市排名中位居第二梯队（张跃国等，2018）。

2. 发展空间潜力巨大

广州作为华南中心城市，经济腹地辽阔，包括广东省内的珠江口西岸城市，如佛山、东莞、中山、江门、云浮、肇庆、清远和韶关，省外直接经济腹地包括广西、贵州、海南、湖南、湖北、四川、重庆、云南的大部分地区。

相对于其他城市来说更重要的是，从土地面积和人口规模来看，广州存在较大的发展空间（见表 2）。广州行政区划面积达到 7434. 4 平方公里，远高于香港和深圳；2016 年，广州的人口密度仅为 1888. 99 人/平方公里，远低于香港（6633. 45 人/平方公里）和深圳（5962. 34 人/平方公里）。2016 年和 2017 年，广州市常住人口分别为 1404. 35 万人和 1449. 84 万人，《广州市城市总体规划（2011—2020 年）》和广州市“十三五”规划分别预计到 2020 年广州市常住人口将控制在 1800 万人和 1550 万人，比较而言，广州市还有一定的人口增长空间。由此可见，相对于香港和深圳来说，广州面积较大、人口密度较小、人口增长空间大，还有较大的发展潜力。

表 2　2016 年广州、香港、深圳三地土地和人口情况

城市	面积（平方公里）	常住人口（万人）	人口密度（人/平方公里）
广州	7434.40	1404.35	1888.99
香港	1106.00	733.66	6633.45
深圳	1997.27	1190.84	5962.34

资料来源：广州和深圳的数据根据《2017 广东统计年鉴》整理和计算，香港数据根据《2017 中国统计年鉴》整理和计算。

3. 科教基础资源丰厚

广州是华南文化教育中心，在华南地区具有显著的文化教育优势，其高等教育、知识服务、科研实力、人才集聚在华南首屈一指。2017 年广州普通高校在校学生数达到 106.73 万人，在 15 个沿海主要港口城市中排名第一，远远超过上海、天津等高校资源比较集中的地区（见图 1）。从发明专利授权量来看，2017 年广州市为 9345 件，仅低于上海（20681 件）和深圳（18900 件），高于天津（5844 件）等其他 15 个沿海主要港口城市。除此之外，广州市院士资源及各类国家级创新平台资源也较为丰富。2017 年广州市院士数量达到 50 人（其中 19 人为中科院院士，22 人为工程院院士，其余 9 人为国外、境外机构获评院士），各类国家级创新平台有 62 家（其中国家重点实验室有 19 家、国家工程技术中心有 18 家、国家级企业技术中心有 25 家），以及国家级和省级大学科技园共 6 家。

4. 岭南文化底蕴深厚

广州是拥有 2200 多年悠久历史文化的名城，粤剧、岭南画派、广雕、粤菜等驰名中外。早在 1757 年，清政府将广州作为全国唯一对外通商口岸，岭南文化率先走向世界，广州迅速成为当时连接东西方经济贸易和文化交流的枢纽（王世福等，2018）。作为国家历史文化名城和区域文化教育中心，广州是无可争议的岭南文化中心和粤语文化圈的核心城市（毕征，

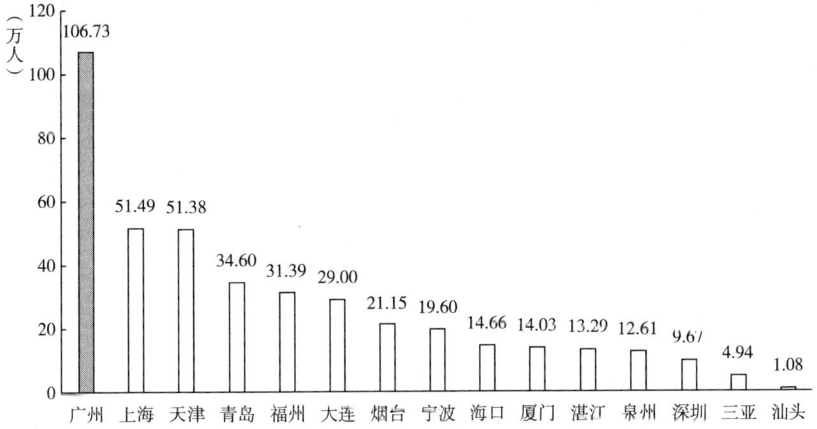

图 1　2017 年中国沿海主要港口城市普通高校在校学生数

资料来源：各地区统计公报；大连市数据来源于其 2017 年统计年鉴，为 2016 年数据；天津市数据来源于其 2016 年统计公报，为 2016 年数据，但不影响广州市的排名。

2016）。与深圳和香港不同，广州作为岭南文化的中心，在华南地区乃至中国均具有深厚的文化底蕴和鲜明的文化特色。作为近代中西文化交融最早的地区，历史文化遗迹众多，中西文化交融特点明显，融汇了岭南传统文化和西方文化精华，形成了独特的岭南文化。建筑、园林、音乐和粤剧、饮食文化以及城市景观等方面，都形成了风格独特的岭南特色，成为岭南文化的中心。

5. 行政中心地位优势显著

广州作为广东省会城市，在管理部门集聚和生产服务功能方面具有显著的优势。一方面，广州作为行政中心城市，集聚了较多的企业管理部门。据测算，在珠三角地区，近年来管理部门不断向中心城市集聚，生产功能向外围城市集聚。从职能专业化指数①来看，广州约是 3.72，深

① 一般用管理部门与生产部门就业的相对比重衡量职能专业化水平。随着区域分工的演进，企业不同的职能部门（如管理、研发、生产等）向不同类型的城市集聚，城市间的职能分工和职能专业化特征会越来越显著（魏后凯，2007；苏红键，2017）。

圳约是 1.72，其他城市都在 0.8 以下，广州的职能专业化指数要远远高于深圳，更远远高于其他城市（见表 3）。相比较而言，广州的管理部门集中程度最高，总部经济发展最好。截至 2017 年 8 月，累计已有 289 家世界 500 强企业在穗投资或设立机构，其中至少 120 家将总部或地区总部设在广州。这意味着，每 2 家世界 500 强企业至少有 1 家在穗投资，大约每 4 家就有 1 家在广州设总部（黄婷，2017）。另一方面，广州在整合区域经济发展和在生产性服务、区域物流等方面具有强大的组织能力。作为国家中心城市之一，广州已经形成服务导向型经济体系，高度发达的经济、庞大的消费市场、四通八达的交通网络、悠久的岭南文化对珠三角乃至全国经济均起着强大的辐射和带动作用。在这种良性互动中，珠三角经济以及全国经济也对广州形成了强大的支撑效应。同时，在全球产业大变革大调整的背景下，作为全球高端服务中重要组成部分的会议展览业将随着全球高端产业向中国转移而转移，在内部支撑外部转移的双重驱动之下，以广州为中心，辐射珠三角、长三角乃至环渤海的新的全球会展中心聚集区域将逐步形成，对广州发展高端会议业形成强大的支撑。

表 3　粤港澳大湾区广东省 9 城市职能专业化指数及特征

城市	职能专业化指数	特征
广州	3.7192	管理部门向中心城市集中
深圳	1.7165	
珠海	0.7724	外围城市以生产功能为主
佛山	0.2946	
惠州	0.1723	
东莞	0.3628	
中山	0.2356	
江门	0.3256	
肇庆	0.2457	

资料来源：根据《2017 广东统计年鉴》相关数据计算所得。

（二）广州在粤港澳大湾区建设中的短板

广州在粤港澳大湾区中优势明显，但通过横向比较发现还存在一些亟待提升的短板，主要体现在中心功能有待提升、产业结构亟待转型升级、科技成果转化率低、空间利用效率低等方面。

1. 中心功能有待提升

从经济总量来看，2017 年，广州地区生产总值（2.15 亿元）被深圳（2.24 亿元）赶超，略低于香港（2.18 亿元），三地地区生产总值比较接近，广州需要保持与香港、深圳的同步增长，维持相对平衡的多中心格局。

作为城市中心功能的表征，CBD 的发展体现了中心城市的经济影响力。从 CBD 的发展来看，广州 CBD 的经济总量在全国各大城市 CBD 中排名靠前，但是广州 CBD 的中心功能，尤其是控制力和影响力仍然需要进一步加强。广州 CBD 的总量大，但房地产的比重有些偏高，影响了中心功能的发挥和控制力、影响力的提升。从发展的眼光来看，随着南沙新区的快速发展，未来广州 CBD 有可能向 CBD 网络方向发展。深圳这些年来总部集聚效应也在不断增强，总部经济也在快速发展。2017 年深圳的世界 500 强企业增至 7 家（王新根，2017）。在未来深圳与广州之间的竞争合作关系中，可能竞争会进一步加剧，这种竞争也是深化合作的基础。

2. 产业结构亟待转型升级

从服务业比重来看，香港的服务业高度发达，广州和深圳的服务业比重远低于香港。香港和澳门基本都是第三产业，第三产业占比近年来维持在 90%以上。2016 年，广州和深圳的服务业比重分别为 69.36%和 60.1%（见表 4）。从工业结构来看，广州市工业的三大支柱产业为汽车制造业、电子产品制造业和石油化工制造业，2016 年汽车制造业占工业总产值的比重为 20.98%，计算机、通信和其他电子设备制造业占工业总产值的比重为10.93%。2016年广州规模以上高技术制造业增加值是664.55亿元，而深圳是4762.87亿元，广州高端制造水平远低于深圳。广州缺乏新型的支柱企业，产业升级压力较大。

表4　2016年3城市分行业GDP比重

城市	工业（%）	服务业（%）	批发零售（%）	金融保险（%）
广州	26.68	69.36	15.03	9.25
香港	1.10	92.70	22.70	17.60
深圳	37.30	60.10	11.20	14.40

资料来源：广州和深圳的数据根据《2017广东统计年鉴》整理和计算，香港数据根据《2017中国统计年鉴》整理和计算。

3. 科技成果转化率低

从专利数量来看，深圳2016年专利申请总量为145294件，授权总量为75043件，广州的这两个数值分别为99070件和48313件，远低于深圳。广州拥有整个广东省2/3的普通高校，科技基础资源丰富，但与深圳相比，其产业结构中高端产业占比偏低，科研资源转化为生产力能力很弱。深圳具有引领国际前沿的科技产业转化创新优势，而且在计算机、通信和其他电子设备制造技术和新能源汽车等科技领域的创新能力处于世界前沿。由于科技创新能力城际差异化显著，广州亟待加强与其他城市的科技创新合作，打造区域协同创新体系，推进建设粤港澳大湾区国际科技创新中心。

4. 空间利用效率低

2017年，广州经济密度为2.89亿元/平方公里，这一数值远低于香港和深圳。香港2017年的经济密度为20.83亿元/平方公里，是广州的7.2倍；深圳2017年的经济密度为11.23亿元/平方公里，是广州的3.89倍。广州存在部分低效产业，导致土地低效利用。

（三）粤港澳大湾区建设给广州带来的机遇与挑战

建设粤港澳大湾区，是习近平总书记亲自谋划、亲自部署、亲自推动的国家战略，是新时代推动形成全面开放新格局的新举措，也是推动“一国两制”事业发展的新实践。广州作为粤港澳大湾区的中心城市，必然受益于湾区发展战略并享受到相关优惠政策。

1. 全球战略地位提升机遇

粤港澳大湾区是国家建设世界级城市群和参与全球竞争的重要空间载体，是继美国纽约湾区和旧金山湾区、日本东京湾区之后的世界第四大湾区。2017 年末，粤港澳大湾区总人口约 7000 万人，GDP 突破 10 万亿元，约占全国经济总量的 12%。随着粤港澳大湾区在全球经济发展中占据越来越重要的地位，广州作为我国重要的国家中心城市和综合性门户城市，承担中国参与国际分工的职责会更加明晰，这将逐步提升广州市的国际竞争力和成为国际城市的实力，而广州在全球城市体系中的战略地位也将显著提升。

2. 承接香港优势资源机遇

穗港两地合作基础较好，自 1998 年以来，粤港合作联席会议已经召开了 20 多次，推动和见证了两地合作不断深化。穗港两地现代服务业结构类似，在金融、信息服务、科技服务、文化旅游等现代服务业方面具有良好的合作基础和潜力。随着粤港澳大湾区建设的深入推进，香港与广州在金融、科技、教育、医疗等领域的合作会更加紧密，将有利于促进广州产业转型升级、中心功能提升和科技创新能力提升。

3. 国际合作新机遇

通过粤港澳大湾区建设，广州可以充分利用港澳地区对外独特优势，深化与“一带一路”沿线国家和地区在基础设施互联互通、经贸、金融、生态环保及人文交流领域的合作，携手打造“一带一路”枢纽，与港澳共同开展国际产能合作和联手“走出去”“引进来”，进一步完善对外开放平台，更好发挥归侨侨眷纽带作用，推动广州在国家高水平参与国际合作中发挥示范带头作用。

当然，广州在推进粤港澳大湾区分工合作及转型升级过程中，还存在一些挑战，比如，“一国两制”下市场联通水平和要素流动效率有待提升，地方分权增添了各地深化合作的难度，还有诸如资源能源约束、生态环境压力、人口红利逐步减退，这也是粤港澳大湾区发展面临的共同挑战。

三　广州在粤港澳大湾区建设中的战略定位

当前，粤港澳大湾区规划建设受到高度重视和广泛期待，将要承担起引领中国新一轮全面改革开放、转型升级和高质量发展的责任和使命。广州作为湾区中心城市，其发展与粤港澳大湾区休戚相关。立足广州在粤港澳大湾区中的发展基础，理顺广州在国家和地区发展中的定位演进，新形势下，广州亟待打造高质量发展先行区、具有世界影响的国际大都市、“一带一路”枢纽以及地区发展的核心增长极。

（一）广州的定位演进

自中国近代以来，广州作为华南地区的中心城市之一，始终作为与外部世界联结的窗口和门户发挥着极为重要的枢纽作用。这是由其区位特征和历史地位所决定的。伴随着改革开放，广州先行一步的区位政策优势再次得以充分展现，其在国家发展战略中的地位，从历史文化和商贸为主向中国融入世界经济体系的桥头堡转变。

改革开放以来，广州的城市定位可以划分为三个阶段。第一个阶段是1978~2007年，广州作为区域性中心城市，不断推进现代化建设；第二个阶段是2008~2016年，广州升级为国家中心城市；第三个阶段是2017年至今，广州向全球城市迈进（见表5）。

1978年全国城市工作会议后，广州编制了《广州市城市总体规划（1981—2000年）》，定位为广东省的政治、经济、文化中心，我国的历史文化名城之一，我国重要的对外经济文化交流中心之一，突出广州在全国及广东的地位，强调其中心城市、对外交往和历史文化名城的功能。

1992年邓小平南方谈话后，广州提出要力争用15年时间基本实现现代化，建设成为国际大都市的奋斗目标。这一时期，广州编制了《广州市城市总体规划（1991—2010年）》，定位为华南地区中心城市之一，全国经济、文化中心之一。“八五”期间广州的综合经济实力跃升到全国大城市中的第三位，仅次于上海、北京。依据国务院和建设部的指示，在综合2000年之后广州的发展实际以及《广州城市建设总体战略概念规划纲要》的基础上，形成了《广州市城市总体规划（2001—2010年）》，并获得国务院批复（国函〔2005〕105号），将广州定位表述为广东省的政治、经济、文化、交通中心，是我国的历史文化名城和华南地区的中心城市之一，是我国重要的经济、文化中心和对外交往中心之一，是我国南方的国际航运中心。

2008年，适逢中国改革开放30周年，广州迎来了历史性的“国家定位”。2008年12月，国务院批复《珠江三角洲地区改革发展规划纲要（2008—2020年）》，首次以官方正式文件明确了广州的“国家中心城市”定位。2010年2月，中华人民共和国住房和城乡建设部发布的《全国城镇体系规划纲要（2010—2020年）》明确将北京、天津、上海、广州、重庆规划为国家中心城市。2010年之后，广州提出全面建设国家中心城市和率先转型升级、建设幸福广州的战略目标，确立了建立国际商贸中心和培育世界文化名城的战略重点，建成广东省宜居城乡的“首善之区”和服务全国、面向世界的现代化国际大都市的构想，为此广州制定了《广州市城市总体规划（2011—2020年）》。2016年2月，国务院批复原则同意《广州市城市总体规划（2011—2020年）》。在全新的蓝图中，广州定位表述为广东省省会、国家历史文化名城、我国重要的中心城市、国际商贸中心和综合交通枢纽。

2017年9月，中华人民共和国住房和城乡建设部将广州纳入新一轮总规划编制试点城市。按照住房和城乡建设部《关于城市总体规划编制试点的指导意见》《中共广州市委广州市人民政府关于进一步加强城市规划建设管理工作的实施意见》等文件要求，广州全面启动新一轮城市总体规划编制工作。在最新版本总规草案《广州市城市总体规划（2017—2035年）》中，广州城市定位表述为广东省省会、国家重要中心城市、历史文化名城、国际综合交通枢纽、商贸中心、交往中心、科技产业创新中心，逐步建设成为中国特色社会主义引领型全球城市。这一次广州城市总体规划，通过正式文件确立了广州“美丽宜居花城，活力全球城市”的定位，引领广州进一步走向国际化。

广州的城市定位演变，不仅与其自身发展和地区经济发展密切相关，更是与改革开放后中国进入全球化经济体系中的地位密切相关。其定位演进与中国经济发展和国际化水平、国际地位提高密切相关。伴随着中国经济在全球经济地位的上升，其作为中国参与全球经济竞争的全球城市之一，作为国家中心城市和大湾区中心城市以及全球资源配置中心，“一带一路”枢纽城市的核心地位不断凸显，将在国家新一轮改革开放中承担越来越重要的角色，成为促进整个大湾区城市群发展的重要平台和枢纽。

表5　广州城市定位演进

文件	定位
《广州市城市总体规划（1981—2000年）》	广东省的政治、经济、文化中心，我国的历史文化名城之一，我国重要的对外经济文化交流中心之一
《广州市城市总体规划（1991—2010年）》	华南地区中心城市之一，全国经济、文化中心之一
2000年《广州城市建设总体战略概念规划纲要》	一个高效、繁荣和文明的国际性区域中心城市，一个适宜创业发展又适宜居住生活的山水型生态城市
《广州市城市总体规划（2001—2010年）》	广东省的政治、经济、文化、交通中心，是我国的历史文化名城和华南地区的中心城市之一，是我国重要的经济、文化中心和对外交往中心之一，是我国南方的国际航运中心

续表

文件	定位
《珠江三角洲地区改革发展规划纲要（2008—2020年）》	国家中心城市
2016年2月，国务院批复原则同意《广州市城市总体规划（2011—2020年）》	广东省省会、国家历史文化名城、我国重要的中心城市、国际商贸中心和综合交通枢纽
最新版本总规草案《广州市城市总体规划（2017—2035年）》	“美丽宜居花城，活力全球城市”；广东省省会、国家重要中心城市、历史文化名城、国际综合交通枢纽、商贸中心、交往中心、科技产业创新中心，逐步建设成为中国特色社会主义引领型全球城市

（二）广州在粤港澳大湾区中的战略定位

《粤港澳大湾区发展规划纲要》指出，广州要“充分发挥国家中心城市和综合性门户城市引领作用，全面增强国际商贸中心、综合交通枢纽功能，培育提升科技教育文化中心功能，着力建设国际大都市。”立足广州发展基础、理顺广州定位演进和发展脉络，在粤港澳大湾区建设背景下，广州应积极建设和打造高质量发展先行区、具有世界影响的国际大都市、“一带一路”枢纽、粤港澳大湾区核心增长极。广州建设高质量发展先行区，这与粤港澳大湾区的发展目标是一致的，有助于大湾区打造“高质量发展的典范”；建设“国际大都市”，与之前“全球城市”的定位一脉相承，有助于大湾区打造“充满活力的世界级城市群”；建设“一带一路”枢纽，有助于大湾区打造“‘一带一路’建设的重要支撑”，与广州的“综合性门户城市”“国际商贸中心”“综合交通枢纽”发展方向是一致的；粤港澳大湾区核心增长极就是指大湾区重要的中心城市，与香港—深圳、澳门—珠海共同发挥引领带动作用，有助于大湾区打造“内地与港澳深度合作示范区”。

高质量发展先行区。新形势新条件下，粤港澳大湾区将依靠全面开放和创新引领“双轮”驱动，全面建设国际一流湾区，打造高质量发展的中国样板。广州要想在粤港澳大湾区中发挥更大的作用，实现中长期的发展目标，必须把握历史机遇，推动全面转型发展，依靠全面转型促进功能提升、产业升级、结构再造和空间重塑，深化提高国际交往水平，积极打造高质量发展先行区。

具有世界影响的国际大都市。近年来，广州在推进国家中心城市建设方面成绩显著，航空航运枢纽、科技创新中心、商贸中心、金融中心等功能地位逐步提升，为建设国际大都市创造了良好基础和条件。新形势下，广州需要通过“打基础、补短板、提功能、强支撑”推进国际大都市建设，积极推进产业转型升级，优化城市综合交通体系，培育科技创新中心，打造全球资源配置平台，多领域深化区域开放合作，积极打造国际一流的营商环境、人才体系和科技创新支撑体系，促进重点领域扩大开放，加快建设具有世界影响的国际大都市。

“一带一路”枢纽。充分发挥广州在“一带一路”尤其是“21 世纪海上丝绸之路”建设中的地理区位、历史文化、对外交往、交通枢纽和科技创新等比较优势，坚持“引进来”与“走出去”双向互动，用好海内海外“两种资源”和国内国际“两个市场”，以扩大经贸投资为重点，以产能合作为核心，以强化平台建设为支撑，以深化人文交流为纽带，联手深港澳和周边区域，协同推进与“一带一路”沿线国家和地区合作，将广州建设成为开放型经济体制机制改革先行区、科技创新引领区、世界级交通枢纽和国际区域合作新模式试验区，凸显广州市在“一带一路”建设中的枢纽地位。

粤港澳大湾区核心增长极。按照粤港澳大湾区规划要求，明确广州在粤港澳大湾区区域合作与分工体系中所处地位，充分发挥广州行政中心、经济实力、科技教育、区位交通、公共服务、历史文化等方面的优势，围绕地区产业发展、科技创新、交通枢纽、双向开放等重点领域，从穗港澳深合作、广佛及周边协同发展、辐射带动粤东西北、引领华南地区发展等空间维度出发，以体制机制改革为动力，深化粤港澳大湾区分工合作，打造粤港澳大湾区核心增长极。

四　广州在粤港澳大湾区建设中的发展思路

改革开放特别是党的十八大以来，广州市的经济社会发展取得显著成就：从经济增长方式看，正由高增长阶段转向高质量发展阶段；从城镇化阶段看，由注重城镇化水平转向注重城镇化质量；从工业发展方式看，由高增长工业化转向高质量工业化；从经济增长动力看，由第二产业带动阶段转向第三产业带动阶段；从城市国际化看，由综合性城市转向国际城市。这表明广州已经进入以提升核心功能和产业控制力为主的全面转型发展新阶段，但也存在发展不平衡不充分等一些突出问题。

新形势新条件下，广州要想在粤港澳大湾区中发挥更大的作用，支持建设和打造高质量发展先行区、具有世界影响的国际大都市、“一带一路”枢纽、粤港澳大湾区核心增长极，亟待实施“高质量发展、活力提升、双向开放、协同发展、空间重塑、生态宜居”的全面转型发展战略。

（一）实施高质量发展战略

党的十九大报告明确提出，新时代要“大力提升发展质量和效益，更好满足人民在经济、政治、文化、社会、生态等方面日益增长的需要”。提升发展质量是新时代解决人民日益增长的美好生活需要和不平衡不充分的发展之间的矛盾的重要方面，要把高质量发展放在广州经济发展的战略地位，实施高质量发展战略。要更加注重经济发展效益，大力提升生产效率，推动实现“精明增长”；更加注重产业结构优化升级，发展壮大新兴产业，优化提升传统产业，推动新旧动能转换接续，完善产业配套设施与配套环境；更加注重创新驱动发展，重点提高和增加科技进步对经济增长的贡献率、R&D（研究与试验发展）经费投入比重、PCT 国际专利申请量等；更加注重优化城市功能品质，对标国际国内一线城市，高标准推进城市精细化治理；更加从生产、生活、生态等出发全面提升城市发展质量，通过提高产业附加值和科技贡献率、优化产业结构提升产业质量，通过完善生活配套设施、壮大消费型服务业提高生活质量，通过严格生态环境保护标准、加强环境综合整治和废弃物整治改善生态质量，进一步优化生产、生活、生态空间匹配，提升城市综合承载力；更加注重绿色发展，重点降低单位GDP能耗、主要污染物排放等；更加注重民生社会保障，通过构建多层次的公共服务体系，大力发展教育、卫生事业，在公共服务水平、民生保障水平和居民生活水平方面体现国际领先水平，充分满足广大人民对美好生活质量的需求。

（二）实施活力提升战略

粤港澳大湾区要建设成为充满活力的世界级城市群，广州要建设“美丽宜居花城，活力全球城市”，核心是要有活力，活力来自创新。坚持数量扩张与质量提升并举，大力培育发展科技创新主体，建设国家知识产权强市创建市。研究世界科技进步方向和产业变革趋势，跟踪国家创新发展顶层设计和重大科技布局，提高高精尖领域创新能力，结合广州基础条件和技术水平，突出关键共性技术、前沿引领技术、现代工程技术、颠覆性技术创新，形成一批领跑世界的原始创新成果。要争取布局一批大科学装置相对集聚的区域，发挥大科学装置集群优势，集聚国内外创新资源、汇集高端人才和科研机构，进行大科学装置建设和运行机制探索创新，成为国家创新体系的基础平台。谋划一批重大科技基础设施和国家重点实验室建设，加大科技创新扶持力度。加强产业集群创新平台、公共服务创新平台和科技创新投融资平台建设，利用南沙国家级新区的政策优势，重点建设广州南沙新区粤港澳创新创业基地、广州中科院工业技术研究院等重大创新平台（广州市社会科学规划领导小组办公室，2017）。大幅提升引进人才的数量和质量，通过提高城市宜居性、城市空间品质和生活服务能力，集聚世界级人才。充分尊重、保障和发挥高校、科研院所、卫生文体机构、国有企业等单位和社会组织在人才引进、培养、使用、评价和激励等方面的自主权，吸引更多高层次人才和急需紧缺人才以多种形式为广州服务。加大领军人才与创新创业人才培养力度，促进青年拔尖人才脱颖而出，培养一线创新人才和青年科技人才。

（三）实施双向开放战略

只有坚持携手合作，才能真正实现共赢、多赢。未来广州要建设成为“全球活力城市”，必须加快对内对外开放，实施双向开放战略。广州要加大对外尤其是对“一带一路”沿线国家和地区的开放力度，要积极开展与全球城市的交流合作，参与全球城市网络协商及规则制定，依托重大国际平台拓展合作领域。深入推进中国（广东）自由贸易试验区建设，加快构建规范、法治、透明和可预期的营商环境，积极实现与国际贸易投资规则的率先接轨，深入融入全球经贸体系。进一步强化“一带一路”沿线经贸合作，重点推动广州企业“走出去”，通过对口联系机制、走访调研等个性化服务，制定本土跨国企业培育的战略规划等方式予以重点支持；针对重点企业和重点项目，开辟“绿色通道”，采取跟踪服务，协调解决“走出去”企业经营中面临的困境（郭凡、蔡国萱，2015）；促进多领域交流合作，推动与“一带一路”沿线国家和地区在海洋、农林、能源资源等产业的互补合作。同时，广州要加大对内地腹地的开放力度①，通过拓展京广、贵广、南广、广深厦等高铁经济带与珠江—西江经济带以带动腹地发展，加快腹地的工业化进程，这是广州建设“全球活力城市”的重要支撑。

---

① 目前世界范围内还没有成功的先例指示一个城市可以超越其腹地的发展阶段单体独进获得领先于整体发展水平的目标成果（屠启宇，2008），这对于广州建设“全球活力城市”的目标具有重要意义，即广州建设“全球活力城市”不能脱离腹地的发展阶段和水平。

（四）实施协同发展战略

粤港澳大湾区是一个具有全球影响力和控制力的全球城市区域。在大湾区中，不同层次的城市承担不同的功能。新形势新条件下，广州必须与香港、澳门、深圳及周边地区深入合作，实施协同发展战略。一是要与香港—深圳、澳门—珠海形成良好的空间格局，合作推进基础设施互联互通、提升市场一体化水平、培育国际合作新优势、建设重大合作平台、协同发展现代产业体系、共建宜居宜业宜游的优质生活圈。二是推进广佛同城化发展，深化广清一体化发展，优化广佛肇清云韶经济圈发展，拓展广州发展新空间。三是与东莞、深圳等周边城市协同推进科技创新建设，加快建设国际科技产业创新中心，实现在更大范围、更高层级集聚配置要素资源，从而增强对接世界、服务全国的能力。

（五）实施空间重塑战略

广州发展空间有限，要优化空间结构，逐步形成“一主一副、多点支撑”的空间格局。“一主”指广州主城区，要着重发展公司总部、研发、设计、培训以及营销、商标广告管理、技术服务等环节，提高这些环节在产业链上的比重，把一般加工制造环节转移到周边或者其他区域（魏后凯，2007）；“一副”指南沙新区，加快南沙城市副中心建设，利用南沙新区叠加中国（广东）自由贸易试验区、“一带一路”和国际航运枢纽建设等战略机遇，将南沙建设成为广州副中心，打造广州南沙粤港澳全面合作示范区；“多点支撑”指广州中心城区周边的花都城区、从化城区、番禺南部城区、增城城区、空港经济区、中新广州知识城、新塘国际科技创新枢纽，侧重发展高新技术产业和先进制造业。

实施空间重塑战略，要坚持城乡融合发展，推动城乡要素自由流动、平等交换，加快形成工农互促、城乡互补、全面融合、共同繁荣的新型工农城乡关系。落实节约优先、保护优先、自然恢复为主的方针，统筹山水林田湖草系统治理，严守生态保护红线，把山水林田湖草作为一个生命共同体，进行统一保护、统一修复；科学划定江河湖海限捕、禁捕区域，健全水生生态保护修复制度；开展河湖水系连通和农村河塘清淤整治，以绿色发展引领乡村振兴；继续把基础设施建设重点放在农村，加快农村公路、供水、供气、环保、电网、物流、信息、广播电视等基础设施建设，推动城乡基础设施互联互通。

（六）实施生态宜居战略

“美丽宜居”是高质量发展的前提和基础，广州要努力践行“绿水青山就是金山银山”的理念，实施生态宜居战略。坚持以节约优先、保护优先、自然恢复为主的方针，构建美丽国土与理想城市格局，实现生态空间山清水秀、农业空间提质增效、城镇空间集约紧凑。坚持陆海统筹、河海兼顾，推进工业、农业和生活污染的综合防治。打造更加紧凑、合理的城市空间结构，维护广州山水城田海整体格局，统筹生态、农业、城镇三类空间，划定生态控制线、永久基本农田保护线和城镇开发边界，强化土地用途管制和空间开发管制，增加城市绿地和开敞空间，保护城市历史文脉，给自然生态留下休养生息的时间和空间。统筹兼顾、整体施策、多措并举，全方位、全地域、全过程开展生态文明建设，大幅降低资源消耗强度，提高资源利用效率和效益。提升农村环境质量，加强农业面源污染防治，提高土地生态服务功能，建立农村环境保护长效机制；完善城镇污水和生活垃圾处理设施，形成绿色发展方式和生活方式，积极维护市域九大生态片区①，保护河涌水系，加强河涌整治与生态修复，形成可蓄、可引、可排、清洁的城市水网，建设人与自然和谐共生的美丽宜居花城。

---

① 指从化北部山地生态片区、花都北部山地生态片区、花都西部农林生态片区、增城北部山地生态片区、增城南部农田生态片区、东部山水生态片区、帽峰山生态片区、南沙北部农田生态片区、南沙滨海景观生态片区。

五　广州发挥粤港澳大湾区核心增长极作用的主要路径

围绕新形势下广州发展定位和发展思路，为支撑广州提升粤港澳大湾区核心增长极功能，发挥核心增长极作用，可以从提升其全球战略地位、“一带一路”枢纽、国家/湾区中心功能等不同区域层面、不同发展视角探索发展路径，具体可以落实到国际大都市建设、“一带一路”枢纽建设、推进湾区分工合作三个维度。国际大都市建设方面，要积极提升全球城市经济能级、枢纽能级、创新能级、管理能级；建设“一带一路”枢纽方面，要积极加强交通联系、丰富合作方式、促进产业合作、创新科技合作、深化人文交流；深入推进湾区分工合作方面，要全面深化广州与深港澳合作、推进广佛及周边协同发展、积极辐射带动粤东西北、引领华南地区协调发展。

（一）全面推进国际大都市建设

国际大都市是城市发展的高级阶段和国际化的高端形态，是具有全球性控制力和影响力的顶级城市，也是世界城市网络体系核心节点和世界经济发展的重要载体。2017 年广州实现 GDP 约为 21503 亿元，按当年平均汇率换算为 3184.8 亿美元，经济总量日趋接近香港。与此同时，广州在交通设施、商贸、现代产业体系、金融与人才支撑等方面，已经具备了建设国际大都市的基础。对标东京、纽约、伦敦等国际大都市，广州在经济发展、枢纽建设、创新驱动、管理控制等方面仍存在一些不足，为此，急需通过推进产业转型升级、优化城市综合交通体系、培育科技创新中心、打造全球资源配置平台等全面提升广州国际大都市能级（见图 2）。

1. 提升国际大都市经济能级

经济能级是国际大都市发展的基础和支撑。与东京、伦敦和纽约等

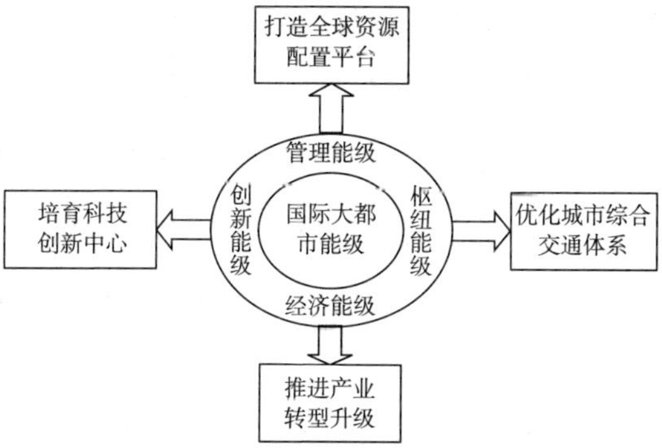

图 2　全面提升广州国际大都市能级的路径

国际大都市相比，广州国际大都市经济能级仍处在较低水平。2016 年末，广州 GDP 不及东京和纽约的 1/3，广州人均 GDP 分别相当于伦敦（大伦敦地区、东南地区、东部地区的一部分）、东京（东京都）、纽约都市区（纽约、纽瓦克和新泽西地区）的 39.3%、31.0%、26.6%。广州中心城区（荔湾、越秀、海珠、白云、天河、黄埔六区）经济密度为 13436 万美元/平方公里，仅相当于东京都区部（东京 23 个行政区）的 41.2%和纽约市（布朗克斯、曼哈顿、皇后区、布鲁克林和史坦顿岛）的 11.8%。

第一，发展高端化、数字化、智能化、特色化的先进制造业以及新一代信息技术等战略性新兴产业。广州目前处于从高增长工业化向高质量工业化过渡的阶段，一定要避免落入产业空心化的陷阱。高端生产性服务业不是凭空产生的，也不可能在很短的时间内从外部引入，金融、信息技术和管理咨询服务都要有现实的高级生产制造业部门作为服务对象。

第二，重点发展为先进制造业和战略性新兴产业服务的高端生产性服务业，如检验检测服务、云服务、电子商务服务、商贸服务、金融服务、会展服务等。以高端服务业人才的引进与培养为切入点，推进高端服务业集聚区的建设，全面提升广州高端生产性服务业的发展水平和质量。

第三，加强与周边地区的产业分工合作。发挥广州产业的比较优势，与周边地区形成高效的产业分工体系。强化与珠三角区域和泛珠三角区域城市协同，提升高端制造业和高端生产性服务业的辐射能力。通过“一带一路”倡议逐步将先进制造业、战略性新兴产业以及高端生产性服务业的范围从珠三角扩大到“一带一路”沿线国家和地区。

2. 提升国际大都市枢纽能级

枢纽能级对国际大都市资源要素集聚和辐射带动作用具有重要影响。广州虽然已经构建了较为完备的综合交通网络体系，但是与东京、纽约、伦敦等国际大都市相比，还存在较大提升空间，主要体现在城市交通基础设施水平较低、交通枢纽之间互联互通不足、路网整体运行效率不高、智能化信息网络体系不完善等方面。以机场运营为例，2017 年广州白云国际机场旅客吞吐量为6584 万人次，而东京羽田和成田两大机场的旅客吞吐总量为 1.2 亿人次，纽约四大机场（约翰·肯尼迪国际机场、纽瓦克自由国际机场、拉瓜迪亚机场、艾斯利普机场）和伦敦五大机场（希思罗机场、盖特威克机场、斯坦斯特德机场、卢顿机场、伦敦城市机场）的旅客吞吐总量分别超过 1.3 亿人次和 1.6 亿人次。

第一，扩建白云国际机场，高标准规划和建设广州第二机场。从硬件基础和软件服务两方面提升广州机场的国际服务水平，满足广州国际大都市的未来发展需求。加大国际航线的开拓力度，提升白云国际机场和广州第二机场的航班密度和厚度。利用广州作为世界航线发展大会东道主的身份，强化广州与全球主要城市的连接，促进广州航线网络发展。

第二，提升港口综合通过能力和公共航道锚地适应能力。推动南沙国际汽车物流产业园汽车滚装码头、南沙国际邮轮码头等工程的建设，密切与周边城市港口的协作，携手推进珠江口公共航道、锚地建设。促进港口服务升级，充分发挥南沙港区连接国内和国外两个市场的枢纽作用，大力提升广州港的港口物流竞争力和港口集聚辐射力。

第三，构建集约化高效型综合交通运输体系，提高交通的通达性和便捷性，提升广州中心城区和南沙副中心路网交通密度。实现白云国际机场和第二机场与广州中心城区、南沙副中心以及与周边城市的高快速路网的高效对接，加快与周边城市的路网连接，提升市内交通与市外交通的衔接水平。

3. 提升国际大都市创新能级

创新能级是国际大都市成长的核心驱动力量。以研发支出规模来衡量，2017 年广州没有一家企业入围全球创新 1000 强企业，而纽约、伦敦和东京分别有 2 家、10 家和 15 家企业进入全球创新 1000 强企业榜单。伦敦、纽约和东京创新企业研发支出分别达到 94 亿美元、128 亿美元和 453 亿美元。从 PCT 国际专利申请量来看，2011~2015 年广州 PCT 国际专利申请量总数为 2250 件，仅为同期巴黎的 16.7%、东京—横滨地区的 2.4%。

第一，强化原始创新，建设一批世界一流高等院校和科研机构。以“世界一流大学和一流学科建设”的国家战略为契机，大力支持中山大学、华南理工大学、暨南大学、华南师范大学、广州中医药大学等知名高校建设，重点提升其数学、化学、生物学、材料科学与工程、轻工技术与工程、电子科学与技术、基础医学、临床医学、药学、中医学等优势学科基础研究水平，着力培育新兴交叉学科和特色学科。围绕 IAB 产业和 NEM 产业发展需求，加强与港澳台和国外顶级高校的合作，开展神经科学与神经交互、合成生物学、生命调控、量子调控、物质创制、物理前沿、纳米科技、作物分子设计与合成食品等基础领域的研究。

第二，积极构建创新引领型科技平台。推动基础前沿工程和重大战略项目建设。围绕国家科技战略布局和广州产业发展方向，瞄准产业链创新需求，突破产业发展技术瓶颈，加强跨界融合应用技术开发，鼓励前瞻技术研究，在超高速无线局域网、北斗导航和卫星通信应用、第三代半导体材料和器件、无人智能技术、精准医疗等新兴产业发展领域，启动实施一批新的重大科技专项，实现重点领域的技术突破。

第三，积极建设科技成果转化服务平台。探索建立与全球科技产业创新中心相匹配的大区域技术交易中心，培育一批技术转移服务中介机构，打造高端技术转移的国际中心。推进高校科研院所与广州企业的合作，培育技术转移的全链条贯通式创新平台。健全科技成果数据库建设，提高科技成果转移转化水平。科技成果转化服务平台建设要面向科研院所科技项目，为其提供物理空间、专业技术服务、市场需求对接资源服务、转化基金扶持等，在市场化需求的基础上直接对接大型企业技术短板，同时做好各创新技术团队及科研院所的合作通道建设，提升科技成果转化的效率。

4. 提升国际大都市管理能级

管理能级是国际大都市控制力的重要体现。拥有跨国公司全球总部和地区总部是提升城市在全球网络中的地位和提升国际大都市管理能级的重要力量。从跨国公司全球总部来看，2017 年广州仅有 4 家世界 500 强企业（中国南方电网有限责任公司、广州汽车工业集团、中国恒大集团和雪松控股集团）总部，而东京、纽约、伦敦分别拥有 38 家、17 家和 14 家世界 500 强企业总部。从跨国公司地区总部分布来看，广州为 289 家，上海和香港分别拥有 634 家和 3752 家。广州世界 500 强企业总部营业收入总额不及纽约和伦敦的 1/5、东京的 1/10，利润总额也仅相当于伦敦的 1/5、纽约和东京的 1/20。无论是从跨国企业总部数量还是从营收水平来看，广州不仅与纽约、伦敦和东京等国际大都市存在巨大的差距，与国内上海、香港等城市相比也处于相对落后的位置。

第一，培育壮大本土总部企业。加强广州本土制造企业与“一带一路”沿线国家和地区在船舶、港口、机械、海洋工程、汽车、电子、化工和采矿等重点装备制造领域的合作，支持和引导广州本土企业在全球进行生产和营销布局，提升本土金融、保险、法律、会计、管理咨询等生产性服务企业全球竞争力。

第二，引进内、外资总部企业。完善服务跨国公司的人才、税收、金融等支撑体系。进一步吸引国内500强企业、跨国公司、国际知名实验室在广州设立地区总部、研发中心、营运中心与购销中心。支持和鼓励国内创业人员、海外留学人员、海外侨胞在广州创办高技术企业，提升国内外优秀科研人才集聚水平，建立有助于海内外高层次人才施展才干的创业平台。

第三，促进价值创新园区高端集聚发展。完善和提升产业转移集聚区硬件设施和软件服务水平，加快形成集办公、商务、贸易、居住及文化娱乐于一体的商务中心区，进一步提高价值创新园区总部经济发展的承载能力。重点引进欧美和亚太地区金融保险、研发创新、航空航天、专业服务、高端装备和新一代信息技术企业，围绕广州价值创新园区的主导产业进行全球企业招商，提高园区的产业集聚化水平。

（二）积极建设“一带一路”枢纽

根据广州建设“一带一路”枢纽的定位，通过实施全面推进基础设施互联互通、全方位促进对外开放、支持重点领域务实对接、加快推动科技创新国际协作、拓展“一带一路”交流渠道五大重点举措，加快将广州建设成为“一带一路”枢纽，凸显广州在“一带一路”建设中的重要地位。

1. 加强“一带一路”交通联系

基础设施互联互通是“一带一路”建设的优先领域，是贸易、投资、人文交流相互往来的基础。从当前广州对外基础设施领域情况来看，还存在港口功能不够完善、机场国际化水平不高、对内陆路通道网络建设滞后等问题，急需加强港口、机场、高速铁路、高速公路建设与信息国际合作，打造国际航运枢纽和国际航空门户，面向“一带一路”沿线国家和地区，构筑联通内外、便捷高效的海陆空综合运输大通道。

第一，加强以港口为重点的海上通道建设。加快集约化、专业化、规模化港口群建设，建设广州港深水航道拓宽工程、珠江口公共锚地等设施，推进南沙港区四期等一批重点工程规划建设，提升港口通过能力。发展江海、公水、铁水、海空、空铁等多式联运，推动海港、空港、铁路港联动发展。加快智慧航运建设，建设港航基础数据库、航运物流信息平台和航运交易信息平台。围绕建设华南、中南和西南地区出海大通道，加强与珠江口、“珠江—西江经济带”沿线城市港口合作，与泛珠三角腹地城市共建无水港，拓展内陆经济腹地。建立和完善“21 世纪海上丝绸之路”国际港口城市交流合作机制，加强与国际班轮公司、航运中心合作，拓展海外合作。大力发展现代航运物流、航运金融等现代航运服务业及现代装备制造等临港工业，培育壮大临港产业。

第二，强化航空枢纽和空中通道建设。加快白云国际机场及配套设施建设，完善机场集疏运体系，加强空铁联运、空港和海港联动，提高管理服务水平，推进第二机场建设。支持开辟国际客货运航线，做大做强“广州之路”品牌，着力发展第六航权中转，提高国际航班中转率，搭建以广州为起点的“空中丝路”，提升国际航线网络通达水平。以空港经济区为主要载体，大力发展临空经济和航空产业，推进航空产业高端化、集聚化、链条化发展，构筑广州航空产业集群。

第三，完善陆路通道网络布局和建设。大力推进广州火车站和广州东站一体化联动，将广州火车站改建为面向全国的高铁中心枢纽车站，扩建广州北站，增加广州北站东西向高铁客运专线的接入，实现与白云国际机场空铁联运，完善广州铁路客运枢纽布局。建设以江村编组站为核心的铁路货运线网，构建辐射华东、华中与西南、珠三角地区集装箱中转、联运、区域性物流配送的全国性铁路货运枢纽，与南沙海港实现联动发展，打造提升广州铁路货运枢纽。推进花莞高速、广佛肇高速、广花快速路、新塘至派潭高速公路等高快速路建设，推进港口与铁路、高速公路、机场等交通方式的紧密衔接。

第四，开展与“一带一路”沿线国家和地区信息基础设施建设合作。

率先推动粤港澳大湾区信息网络一体化建设，积极推动广州与东盟国家的信息走廊建设，完善信息网络合作与信息传输机制，促进与“一带一路”沿线国家和地区信息互联互通，打造便捷的信息传输体系。

2. 丰富“一带一路”合作方式

投资贸易合作是“一带一路”建设的重点内容，从吸引外资的绝对数量和对外贸易依存度来看，广州对外经济水平偏低，需要进一步巩固与沿线国家和地区的良好经贸合作基础，发挥自贸区辐射带动作用，加强对外贸易合作，显著提升对外贸易水平，在积极引进外商优质资本的同时适时推动广州市内企业“走出去”，推进投资领域双向合作。

第一，强化南沙核心带动作用。按照《粤港澳大湾区发展规划纲要》的要求，推进南沙携手港澳建设高水平对外开放门户。充分发挥自贸区改革先行优势，营造国际化、市场化、法治化的营商环境，积极开展对“21 世纪海上丝绸之路”沿线国家和地区的开放合作先行先试。发挥南沙自贸试验区的辐射作用，联合中新广州知识城、空港经济区、天河中央商务区、琶洲会展总部经济区和互联网创新集聚区、广州国际金融城、广州南站商务区等重点功能区，打造对外开放的高端载体，带动泛珠三角地区与周边地区共同推进“一带一路”建设。推进以南沙港为重点的海上通道建设，建立完善“一带一路”国际港口城市交流合作机制，加强与国际班轮公司、航运中心合作，拓展海外合作。

第二，显著提升对外贸易水平。巩固东南亚等传统贸易市场，积极开拓新兴市场，培育新的贸易增长点。推动重点行业出口转型升级，提升高附加值产品出口比重。努力培育知名品牌，推动广州产品在“一带一路”沿线国家和地区的销售。鼓励企业到国外设立营销中心、营运中心，扩大贸易规模。支持企业扩大先进装备技术、重要资源、关键零部件以及满足不同层次需求的消费品进口。

第三，强化贸易支撑体系建设。积极发展跨境电子商务，协调海关、检验检疫、交通等部门，创新监管机制，建设跨境电子商务和国际物流服务平台，促进企业开展与“一带一路”沿线国家和地区的电商贸易。支持企业在境外设立仓储基地、自建或利用第三方跨境电子商务平台扩大对外贸易，鼓励企业加快海外商贸物流基地建设。推进保税区、出口加工区、保税物流园区、保税港区（综合保税区）等海关特殊监管区域的整合优化。

第四，促进双向投资合作。支持企业赴沿线国家投资，在高端装备业、先进制造业、现代服务业和跨国经营等方面开展深度合作。努力引导“走出去”企业实施本地化战略，遵守当地法律法规，尊重当地风俗民情，强化企业环保、公益等社会责任意识，为当地创造更多的就业机会，促进当地经济发展，实现互利共赢。完善投资促进机制，促进双向投资合作。引导外资重点投向主导产业、高新技术产业、现代服务业和节能环保等领域。

3. 促进“一带一路”产能合作

产能合作是“一带一路”建设的核心，也是广州市扩大对外贸易、拓展海外市场的重要路径，必须加以重视。通过立足广州市比较优势产业，瞄准泰国、马来西亚等沿线重点国家市场，坚持扩大产能合作，促进产业优势互补，共同打造跨国产业合作链。

第一，推进优势产能国际合作。支持广州市机械、电子、家电、汽车、纺织、食品、医药、家具等优势产业到泰国、越南、马来西亚、印度尼西亚等合作设立生产基地、营销网络和区域总部。

第二，促进新兴产业战略布局。支持广州开发区、中新广州知识城、广州科学城和广州国际生物岛等园区与国外高新技术园区、高端技术研发基地开展跨地区合作，积极探索在海外建设科技产业园区，不断提升区域经济发展的国际辐射力和影响力。支持新一代信息技术、平板显示、新材料、智能机器人等战略性新兴产业开展对外合作，通过并购、合资、合作等方式在境外设立联合研发中心、实验室及科技型企业孵化器，进一步增强广州市企业自主创新能力，提升企业核心竞争力。

第三，加强能源资源开发合作。支持企业与沿线国家和地区开展能源贸易、资源开发、节能环保合作。加强与印度尼西亚、马来西亚、缅甸、老挝、巴基斯坦等资源丰富国家在矿产资源深加工领域的合作，以马来西亚、印度尼西亚、文莱、卡塔尔等国为重点发展液化天然气贸易，推动企业在泰国、马来西亚、印度尼西亚等国设立天然橡胶加工和种植园区。

第四，推动重点领域合作。一是推进海洋领域合作。以广州国家海洋高技术产业基地、广州南沙新区国家科技兴海产业示范基地建设为契机，积极推进与沿线国家和地区在海洋渔业、海洋生物医药产业、防灾减灾、生态保护、海洋观测和预报领域等方面的合作，重点发展海洋综合服务与高技术产业、特色滨海旅游与休闲渔业、海洋总部经济与专业服务业，打造一批海洋产业集聚区。二是稳步拓展金融领域合作。鼓励有条件的金融法人机构到沿线国家和地区设立分支机构，吸引沿线国家和地区金融机构来广州设立机构，支持双方金融机构建立沟通协调机制，开展业务合作。推动与沿线国家和地区共同设立广州丝路基金，支持双方合作项目建设。三是深化旅游领域合作。加快与沿线国家和地区签订旅游合作框架协议、旅游合作备忘录等整体性协议，深化旅游业规划和资源开放、行业监管、公共服务等领域的国际合作。

4. 创新“一带一路”科技合作

科技创新是广州市未来经济可持续增长和经济结构转型升级的主要驱动力，面对当前广州市总体创新产出较低、核心技术缺乏等问题，急需通过与沿线重点创新型国家建立创新合作平台，促进自贸区与自主创新示范区联动发展，打造国内外最具活力的科技创新引领区。最终，通过内外结合，积极参与融入国内外创新网络，构建开放型区域创新体系，完善创新生态体系等进一步增强广州市科技创新能力。

第一，合力共建国际化合作创新平台。积极开拓高水平科技合作对象，重点与德国、英国、以色列、新加坡等创新型国家建立扁平化国际合作模式，在联合研发、创新人才培训、科技成果孵化、成果产业化等方面加强对接与合作。以广州高新区、中新广州知识城、广州国际创新城、广州国际生物岛、南沙明珠科技城为重要平台，与“一带一路”沿线国家和地区在广州合作建设一批国际技术转移中心、联合研发中心、国际创新园、国际企业孵化器和国际人才培养基地等创新载体。

第二，联合打造湾区协同创新高地。加强广州与深圳、香港、澳门协同创新合作，组织实施广深港澳科技合作计划，联合开展高新技术产业发展关键技术研究。建立广深港澳科技部门合作交流机制。支持共建产业共性技术研发和创新平台，积极开展跨地区产学研协同创新。

第三，建立国际科技合作协调机制。积极与“一带一路”沿线国家和地区政府部门、科研机构、著名大学和企业建立科技合作交流机制。组织广州市定期与沿线国家和地区高等院校、科研院所、社会组织等开展交流。加强对外科技服务、特色产业关键技术、战略高科技等领域的合作，主动承接高新技术产业及科技成果转移。

5. 深化“一带一路”人文交流

人文交流是“一带一路”建设的社会根基，广泛开展文化交流、教育合作、医疗卫生合作等，可以为广州市与沿线国家和地区合作的进一步深化奠定民意基础。从历史和当前来看，广州海外华侨众多，在东南亚等国家具有较为深厚的民间基础。因此，可通过海外华侨这条天然纽带，进一步加强广州与沿线国家和地区在文化、教育、医疗、体育等领域的交流合作，增进了解和友谊，形成互信融合、包容开放的社会基础，促进“一带一路”建设顺利展开。

第一，促进文化交流，发展友好城市。举办海上丝绸之路广州文化周，加速海上丝绸之路史迹世界文化遗产申报。紧跟对外经贸合作形势，加快文化“走出去”步伐，推动文化出版、动漫设计、油画艺术等创意产业国际合作，进口海外优秀文化产品，促进文化相互交流。深化青年、非政府组织、社会团体等友好交流。积极促进民间信仰、民俗文化等民间交流往来。加强与沿线国家和地区的媒体交流合作，增进相互了解。同时，发挥华侨华人优势。密切联系海外侨胞侨商，用好海外广州籍社团、华人社团资源和力量，打造海外华人华商参与“一带一路”建设的合作平台。

第二，深化教育、医疗与人才交流合作。一是深化教育合作。加强高校共建，支持中山大学等高等院校在海外联合办学或设立分校。依托在穗高校，联合沿线国家和地区重点高校打造“21 世纪海上丝绸之路”研究的高端智库和学术交流平台。扩大“双向”留学生教育规模，支持学者到沿线国家和地区进行访学、合作研究和参加高水平学术活动，鼓励高校及研究机构共同设立研究组织和合作课题。二是开拓医疗卫生合作。引进先进理念、技术和管理模式，发展健康管理型医疗服务、医养结合、医疗体验旅游等健康服务业。加强重大疾病防控、突发公共卫生事件应急处置国际合作，有效防控境外重大公共卫生事件和新发传染病疫情。支持有资质的企业和个人赴沿线国家和地区建设、经营医院，开办特色中医医疗诊所，改善当地医疗条件。三是加强人才交流合作。积极推动与“一带一路”沿线国家和地区高层次人才交流合作，支持、吸引沿线国家和地区专业技术人才来穗开展学术研究和工作，依托沿线国家和地区相关项目，鼓励广州专业技术人员参与合作科研，推进实施新一批国外高层次人才引进项目。

（三）深入推进粤港澳大湾区分工合作

广州推进粤港澳大湾区分工合作，是发挥核心增长极作用的重要抓手。从分工合作的不同空间维度来看，重点包括推进穗港澳深四个中心城市的分工合作、推进广州与周边城市的协同发展、辐射带动粤东西北发展、引领华南地区全面发展四个方面。

1. 全面深化广州与深港澳合作

全面深化广州与深港澳合作，需要立足四个城市的发展特征和比较优势，重点加强与香港在现代服务业领域的经验借鉴和合作、与澳门在开放和服务领域的合作、与深圳在经济社会科技创新等各个领域的分工合作，同时要积极合作共建粤港澳优质生活圈。

第一，推进穗港现代服务业合作。穗港两地合作基础较好，自1998年以来，粤港合作联席会议已经召开了20多次，推动和见证了两地合作不断深化。穗港两地现代服务业结构类似，在金融、信息服务、科技服务、文化旅游等现代服务业方面具有良好的合作基础和潜力。未来推进穗港深度合作，重点可以从以下几个方面着手。（1）结合香港现代服务业优势，创新业务合作模式，推进穗港现代服务业深度融合，积极学习香港发展金融、航运、贸易、知识产权贸易等方面的先进经验。（2）积极吸引香港科研人才和高端技术人才到广州参与科技创新与创业，助力广州建设国家创新中心城市。（3）紧密结合国家“一带一路”倡议和自贸区战略，与香港企业联手开拓“一带一路”沿海航线、建设港口、开拓海外投资贸易市场。（4）以南沙新区（城市副中心）和南沙自贸试验片区（香港园）、广州保税区（黄埔）、白云机场综合保税区、番禺莲花山服务贸易综合产业区等为载体，加快落实CEPA先行先试系列措施。

第二，推进穗澳开放和服务合作。自2011年以来，广州和澳门通过穗澳合作专责小组的组织形式加强彼此合作。2017年7月，穗澳合作专责小组第六次会议在澳门举行。在粤港澳大湾区建设背景下，未来加强穗澳合作主要可以聚焦在开放和服务领域。（1）深入推动穗澳服务贸易自由化及跨境电商合作。（2）发挥南沙自贸区和澳门中葡平台优势，积极推动澳门业界在南沙投资发展，促进南沙合作平台建设以及教育文化科技合作。（3）携手澳门共建葡语系/西语系国家经贸园，建设葡语系/西语系国家商品展示销售综合平台，共同发展商贸服务、产品展示、进出口贸易等。（4）争取在教育、环保、金融、会展、文化、旅游职业培训等合作领域取得更大突破。

第三，实现穗深多领域竞合共赢。立足广州和深圳的发展现状及其合作基础，两地在服务业、产业链、科研创新等领域可以加强分工合作。（1）现代服务业方面，两地要加强金融业、总部经济等方面的分工合作，广州以特色金融、区域型综合性企业总部为主，深圳以创新金融、重点行业企业总部为主。（2）两地可以在新材料、新能源汽车、智能装备制造、生命健康产业、文化创意产业方面加强产业合作，形成合力。（3）科技创新方面，两地可以实现差异化发展和良性竞合。广州的科技创新以传统制造业转型升级、制造业和服务业互动创新为主，侧重于打造科技中心；深圳专注于新经济创新以及科技转化和市场化，侧重于打造创新产业中心。（4）除了产业和科技领域的合作之外，两地要积极加强港口、地铁等交通基础设施合作，加强公共服务、城市规划建设和管理等领域的合作。

第四，共建粤港澳优质生活圈。为了进一步促进大湾区建设，广州需要积极发挥其在历史文化、公共服务、社会事业、生态环境、发展空间等方面的优势，与香港、澳门、深圳共同努力打造粤港澳优质生活圈。（1）加强与港澳在城市规划建设和社会管理服务方面的经验借鉴、资源共享，提升市民就学、就医、通信等方面的便利度，利用空间和生态优势提高养老和居住供给水平和质量，吸引港澳地区居民在广州创业和居住。（2）推进粤港澳人才合作示范区建设，完善粤港澳（国际）青年创新工场和广州南沙（国际）创业基地的创业服务，拓展就业创业空间。（3）与港澳合作开展珠江口海域海洋环境整治，打造蓝色生态湾区、世界级旅游区。

第五，按照《粤港澳大湾区发展规划纲要》的要求，打造广州南沙粤港澳全面合作示范区。（1）充分发挥国家级新区和自贸试验区优势，携手港澳建设高水平对外开放门户。（2）强化粤港澳联合科技创新，探索体制机制创新，共建创新发展示范区。（3）支持与港澳金融机构合作，建设金融服务重要平台。（4）高标准推进广州南沙城市规划建设，携手打造优质生活圈。

2. 推进广佛及周边协同发展

在处理好与中心城市竞争合作关系的同时，广州要积极加强与佛山及周边城市在基础设施建设、产业发展、社会事业等方面的分工合作，以此拓展发展空间，带动周边地区发展。

第一，全面推进广佛同城化。全面落实《广佛同城化“十三五”发展规划（2016—2020年）》，将广佛地区建设成为珠三角世界级城市群核心区和全国同城化发展示范区。（1）加快交界地区同城化步伐，大力推进荔湾—南海、花都—三水、番禺—顺德广佛同城化合作示范区建设。（2）加快推进两市交通同城化，重点推动白云国际机场、广州南站、佛山西站等交通枢纽之间的无缝衔接。（3）重点加强汽车、金融、物流、装备制造等领域合作，大力促进广州现代服务业、佛山先进制造业的融合发展。（4）深入开展广佛交界河涌整治、大气污染防治等环境保护合作。（5）推动两市文化、教育、医疗卫生和体育等领域资源共建共享，社会保障、就业、人才等领域服务实现同城化。

第二，加速推进广清一体化。从交通、产业、公共服务、城市功能、生态环境等方面高质量推进广清一体化发展。（1）在轨道交通、高速公路、市政道路、水上交通、综合枢纽五个方面，加强广清两市交通互联互通。加快广清城际轨道、广清高速扩建、佛清从高速北段等重大基础设施建设，实现白云国际机场、广州北站等综合交通枢纽功能共享。（2）以共建广清产业园、空港经济圈、广清旅游集聚区等为抓手，推动产业协同发展，重点发展汽车零配件产业、智能装备制造业和战略性新兴产业等高端产业。（3）有效推进两市教育、医疗、就业、社保等公共服务的共建共享，提高清远公共服务和社会保障水平。（4）优先促进广州部分交通功能和居住功能向清远迁移，广州职业教育、专科特色医院等公共服务功能向清远转移，将清远南部都市区培育成为广州北部生产性服务次中心和生活性服务延伸区。（5）共建广州北江引水工程，全面开展北江水资源保护利用、大气污染治理、生态屏障建设等环保领域合作。

第三，全面推进广佛肇清云韶经济圈建设。广州推进大湾区分工合作，不应该局限于大湾区的城市，而应该站在更高的空间层面，积极承担区域发展的责任和使命，提高自身辐射带动能力。（1）参照广佛肇经济圈成功经验，建立健全广佛肇清云韶经济圈工作机制，统筹各市发展规划战略，充分发挥各市比较优势，务实推进各方合作。（2）发挥经济圈主要城市作用，以广佛同城化、广清一体化为重点，以重大合作项目为抓手，带领肇庆、云浮、韶关加快发展，将经济圈建设成为珠三角和粤东西北地区协同发展的典范。（3）推进珠三角协同发展，以南沙港铁路、穗莞深城际、广佛江珠城际、中南虎城际等重大交通基础设施互通为突破口，加强广佛肇与深莞惠、珠中江经济圈基础设施的对接融合，增强珠三角区域的国际竞争力。

3. 积极辐射带动粤东西北发展

2016年，广东省提出产业共建，推动同一产业、企业在珠三角和粤东西北整体布局、一体发展，形成同一水平、优势互补的分工合作格局。珠三角与粤东西北分工合作水平快速提高。与此同时，广州作为广东行政中心，更加需要积极发挥辐射带动作用。因而，广州推进粤港澳大湾区分工合作，需要站在广东省层面，积极辐射带动发展相对滞后的粤东西北发展。

第一，对口帮扶梅州、清远加快发展。以帮扶发展为核心，聚焦产业园区扩能增效、中心城区扩容提质、交通基础设施建设、社会民生事业发展、体制机制创新等重点领域，充分发挥广州技术、管理、资本等优势，聚焦产业和项目建设，强化招商引资，深化区县结对帮扶，切实落实扶贫开发“双到”，力争帮扶梅州、清远与全省同步全面建成小康社会。

第二，带动粤东西北地区振兴发展。贯彻落实省委、省政府关于促进粤东西北地区振兴发展的部署，充分发挥广州辐射带动作用。（1）积极发挥广州带动作用，协同推进广汕、深茂、广河、广湛客运专线等铁路建设，打通广州连接粤东西北地区的高速铁路通道，推动粤东西北加快融入珠三角发展。（2）引导在穗企业、行业协会、商会积极参与粤东西北地区文化旅游、健康养生、特色农产品等特色优势产业发展，增强粤东西北地区发展能力。（3）充分发挥广州教育、医疗、科技资源优势，加强与粤东西北地区合作交流。

4. 引领华南地区协调发展

广州自古就是华南地区中心城市之一，泛珠地区合作基础扎实，辐射带动华南地区发展也是粤港澳大湾区建设的重要任务。因而，从更高的区域层面来看，广州推进粤港澳大湾区分工合作，还需要进一步提升自己的辐射带动能力，紧抓粤港澳大湾区建设机遇，引领华南地区协调发展。

第一，辐射带动泛珠地区发展。近年来，在泛珠地区各方共同努力下，泛珠三角区域合作领域逐步拓展，合作机制日益健全，合作水平不断提高。未来，广州要在粤港澳大湾区战略背景下，进一步落实《国务院关于深化泛珠三角区域合作的指导意见》（国发〔2016〕18号）①，加强与泛珠城市合作，推进区域市场体系、基础设施体系、区域创新体系、新型城镇体系和合作机制建设。依托广州南站商务区等重大平台，建设泛珠区域合作与发展论坛暨经贸洽谈会永久会址及泛珠合作产业园区，发展专业会展博览业和商务服务业，建设泛珠地区生产性服务业合作发展核心区和示范区。充分发挥南沙自贸试验区在加强与泛珠地区航运物流、口岸通关、跨境电商等方面合作的平台作用。

第二，引领珠江—西江经济带发展。按照《国务院关于珠江—西江

① 文件规定："泛珠三角区域包括福建、江西、湖南、广东、广西、海南、四川、贵州、云南等九省区（以下称内地九省区）和香港、澳门特别行政区……拥有全国约五分之一的国土面积、三分之一的人口和三分之一以上的经济总量，是我国经济最具活力和发展潜力的地区之一，在国家区域发展总体格局中具有重要地位。"

经济带发展规划的批复》（国函〔2014〕87号）的要求[①]，积极推动珠江—西江黄金水道建设，完善和扩大高等级航道网络，加强与肇庆、梧州、贵港、南宁等港口分工协作，助推广州国际航运中心建设。建立旅游战略联盟，整合旅游资源，共同推进旅游业发展。完善企业公共服务平台，与经济带沿线城市合作共建产业园区，建设华南企业新业态总部经济基地。

第三，推动打造高铁经济带。加强与长沙、南昌、南宁、贵阳等高铁沿线城市在海铁联运、空铁联运等领域合作，提升广州空港、陆港、海港辐射和集散功能。建立广州与高铁沿线城市招商、投资双向服务机制，在商贸会展业、旅游业、高新技术产业、先进制造业等领域开展深层次合作，推动产业优势互补和互动联合。加强与高铁沿线省会城市人才合作，引导异地高层次人才采用柔性流动方式，吸引人才到广州从事咨询、科研、技术合作等，促进人才资源共享。

六　广州发挥粤港澳大湾区核心增长极作用的政策建议

立足广州发展基础，围绕粤港澳大湾区建设中广州的定位、思路和发展路径，广州需要积极促进各类要素自由流动，加强科技创新政策支持，打造国际一流营商环境，完善其发挥核心增长极作用的政策支撑体系。

（一）促进各类要素自由流动

要素流动效率高是世界级湾区经济发展的重要前提。为了充分发挥广州在粤港澳大湾区的核心增长极作用，需要积极主动促进人才和资本

---

① 根据《国务院关于珠江—西江经济带发展规划的批复》（国函〔2014〕87号），珠江—西江经济带范围包括广东省的广州、佛山、肇庆、云浮4市和广西的南宁、柳州、梧州、贵港、百色、来宾、崇左7市，区域面积为16.5万平方公里。同时，根据流域特点，将广西桂林、玉林、贺州、河池等市以及西江上游贵州的黔东南、黔南、黔西南、安顺，云南文山、曲靖的沿江部分地区作为规划延伸区。

等要素在湾区的自由流动和优化配置。

第一，积极促进人才自由流动。人才自由流动是建设世界级大湾区最基本的要求。广州要立足自身教育优势、环境优势，积极培育、吸引、留住各类人才。(1）积极发挥广州教育优势，鼓励知名高校结合社会力量、民间资本开展合作办学，打造开放共享的湾区高校群，鼓励青年跨地区、跨学科参与学术交流与研发合作，加强人才交流和培养。(2）完善支持人才流动的制度安排，加快推出人才落户、住房保障等相关制度，打造人才通关的绿色通道。(3）加大对港澳青年来穗创业就业的支持。放宽港澳青年来穗就业创业的规定，搭建就业信息平台；积极完善和推广港澳青年之家模式，加强与相关企业、功能区的合作，完善青年公寓、创业基地和实习基地等配套功能。(4）营造更加开放、自由、包容、和谐的社会文化环境，吸引更多国际化、复合型人才向广州集聚。

第二，积极促进资本自由流动。立足广州金融业的比较优势和大湾区金融分工特征，积极促进资本自由流动。(1）加快推进大湾区金融市场双向开放与金融要素的深度融通，推动城际金融机构合作、金融市场互联、金融基建互通、金融人才互动，提高区域资本市场的兼容性。(2）共同加强区域金融监管的协调合作，推动大湾区内金融监管信息系统与法律法规的对接和数据交换，健全资金融通保障机制与金融风险管控机制。(3）推动扩大广州与港澳企业相互投资，鼓励港澳资本来穗投资及创业。

第三，加强功能区之间的合作。当前，粤港澳城市功能区还存在一定程度的竞争，加强功能区之间的合作、构建良性竞合机制、形成合力，是建设世界级大湾区的重点。(1）打造广州南沙粤港澳全面合作示范区，推进广州南沙与深圳前海、珠海横琴三大自贸片区粤港澳合作平台建设及分工合作，充分发挥其在进一步深化改革、扩大开放、促进合作中的试验示范和引领带动作用，推广成功经验。(2）加强各个城市 CBD 的分工合作，实现金融、商务服务、总部经济等产业和业态的分工与集聚发展。(3) 积极建立科技创新合作机制，充分利用香港和澳门的科技创新优势，共建国际科技创新中心。

（二）加大科技创新支持力度

科技创新和产业转型升级是广州发挥核心增长极作用的重要任务，为此，在产业政策方面，重点需要加强科技创新的政策支持力度。

第一，加大财政支持企业建设技术研发平台的力度。支持企业以院士工作站、博士后工作站、工程技术研发中心以及与科研机构、高校共建实验室的形式建设研发平台。

第二，发挥银行、保险机构对科技创新企业研发投入的支持作用。利用科技信用贷款贴息和科技保险保费补贴等措施降低科技型中小企业融资成本，有效降低和分散科技创新风险，鼓励企业和研发机构加大研发投入。

第三，加大对产业技术重大攻关项目的扶持。对新一代信息技术、人工智能、生物医药等领域的共性关键技术的研发予以重点奖励。

第四，加大对对外技术合作的支持。支持以应用技术、实用技术、试验推广开发技术等为主要内容的实质性国际合作研发，促进科研机构、科技园区、企业与国外相关机构建立长期、稳定的战略伙伴关系，积极融入国际创新网络，推进国际科技创新枢纽建设。鼓励引导企业与国外单位开展科技合作，突破关键技术瓶颈、填补国内空白、缩小差距。

（三）打造国际一流营商环境

国际一流的营商环境是吸引高质量人才、高质量资本的基础条件，既是高质量发展的保障，也是高质量发展的表现。为此，打造国际一流的营商环境，是广州全面转型、发挥核心增长极作用的重要政策支撑。

第一，提升投资和贸易便利化水平。加强对国际投资贸易新规则的理解和运用，进行境内贸易流通体制改革的先行先试，发挥资源配置中市场的决定性作用，推广中国（广州）跨境电子商务综合试验区建设的经验，扩大综合试验区的范围和领域。

第二，增强市场规则的公平、开放和透明性。建立完善产权保护机制，推进广州知识产权仲裁院南沙分院在自贸试验区内开展知识产权调解与仲裁服务，研究知识产权仲裁与司法保护有效衔接机制。优化工商登记、行政审批和执法监督，变单一执法为综合监管，注重加强事中、事后监管。

第三，健全商事调节和国际仲裁机制。引入商会组织和行业协会，建立商事合同司法纠纷速调速裁和联调联解机制。以广州国际航运仲裁院、广州金融仲裁院南沙分院为依托，及时、独立、公正地解决相关国际商事纠纷。

参考文献：

毕征，2016，《国家定位架起广州发展坐标》，《荣誉杂志》第 9 期。

广州市社会科学规划领导小组办公室，2017，《建设国家中心城市的战略构想》，社会科学文献出版社。

郭凡、蔡国萱，2015，《21 世纪海上丝绸之路与广州》，中山大学出版社。

黄婷，2017，《〈财富〉杂志聚焦广州总部经济：已有 289 家世界 500 强企业在穗投资或设机构》，《新快报 · ZAKER 广州》10 月 10 日。

苏红键，2017，《中国城市专业化特征及其解释》，《中国经济问题》第 3 期。

屠启宇，2008，《谋划中国的世界城市：面向 21 世纪中叶的上海发展战略研究》，上海三联书店。

魏后凯，2007，《大都市区新型产业分工与冲突管理》，《中国工业经济》第 2 期。

王攀、刘欢、安蓓、陈键兴，2018，《开创融合新格局　探索发展新路径——推进粤港澳大湾区建设一年间》，《人民日报》8 月 15 日。

王世福、张弘、刘铮，2018，《粤港澳大湾区时代广州走向全球城市的思考》，《城市观察》第 3 期。

王先庆，2017，《粤港澳大湾区与国际商贸物流枢纽建设》，《物流时代周刊》第 10 期。

王新根，2017，《7 家世界 500 强企业总部扎根深圳》，《深圳晚报》8 月 8 日。

张日新、谷卓桐，2017，《粤港澳大湾区的来龙去脉与下一步》，《改革》第 5 期。

张跃国、陈杰、荀振英，2018，《广州蓝皮书：广州商贸业发展报告（2018）》，社会科学文献出版社。

中共中央、国务院，2019，《粤港澳大湾区发展规划纲要》。

分 报 告

• 科技创新篇 •

粤港澳大湾区国际科技创新中心的推进路径与广州策略

丁焕峰 邱梦圆 谯 丽 朱丹妮 叶志想 刘 畅*

摘 要： 粤港澳大湾区覆盖了香港特别行政区、澳门特别行政区和广东省广州市、深圳市、珠海市、佛山市、惠州市、东莞市、中山市、江门市、肇庆市，是我国开放程度最高、经济活力最强的区域之一，在国家发展大局中占有重要地位。充分发挥粤港澳大湾区创新要素聚集优势，进一步深化内地与港澳合作，使粤港澳大湾区成长为引领中国经济创新发展的高地具有重要的战略意义。《粤港澳大湾区发展规划纲要》强调要把粤港澳大湾区建成具有全球影响力的国际科技创新中心。基于此背景，本研究选取了国内外七大科技创新中心或科学城作为案例，总结了全球国际科技创新中心的主要特征，为大湾区科技创新中心的建设寻求共性经验；通过与东京湾区、纽约湾区、旧金山湾区的对比分析，提炼出了粤港澳大湾区的创新优势与不足之处，探讨了建设国际科技创新中心的推进路径和发展策略；利用分城市、分行业、分年度的专利数据，研究了粤

---

* 丁焕峰，理学博士，现为华南理工大学经济与贸易学院教授、博士生导师，主要研究领域为区域创新与产业分工；邱梦圆，华南理工大学博士研究生；谯丽，华南理工大学硕士研究生；朱丹妮，华南理工大学硕士研究生；叶志想，华南理工大学硕士研究生；刘畅，华南理工大学硕士研究生。

港澳大湾区城市群内部的创新分工情况以及生产活动、创新活动集聚与分工的演进特征，并在此基础上分析了广州的优势与创新发展模式，并据此提出了对策建议。

关键词： 粤港澳大湾区　科技创新　广州优势

一　国际科技创新中心主要特征与案例借鉴

21世纪以来，伴随着新一轮科技革命和产业变革，世界各国都在积极推动科技创新以求在新一轮国际竞争中占据制高点。我国也顺势而为，先后作出了包括打造粤港澳大湾区国际科技创新中心在内的一系列战略部署。本研究选取了国内外几大科技创新中心及科学城，从金融体系、人力资本、市场环境等方面，以点带面地分析总结世界主要国际科技创新中心的基本特征，从而为大湾区科创中心的建设提供一些共性经验和指导建议（见表1）。

表1　世界主要国际科技创新中心基本特征

	美国硅谷	美国波士顿
金融体系	①风险投资为创业企业提供资金和公司治理的双重支持；②成功的企业家和初创企业的早期雇员可获得较高的财务回报；③接受失败，仍愿再次提供机会	①作为美国重要的金融中心和最大的基金管理中心，拥有完善的金融系统和发达的信贷体系，为该地企业提供了较丰富的集资手段、十分充足的资金支持以及更多的收益可能性；②该地的风险资本相当丰富，市场成熟度高，监管完善，在提供资金支持以外，还在该地产生了风险投资与科技创新发展的集聚效应
人力资本市场	①顶尖大学为高素质科学家和工程师提供专业培训，知名大公司和小型创业企业激烈争夺技术熟练工人；②企业的高回报机制导致劳动力流动性大；③外来人口的流入为各个阶段的创业公司提供了高水平和多样化的人力资源	①顶尖大学为高素质科学家和工程师提供专业培训，知名大公司和小型创业企业激烈争夺技术熟练工人；②企业的高回报机制导致劳动力流动性大；③外来人口的流入为各个阶段的创业公司提供了高水平和多样化的人力资源

续表

	美国硅谷	美国波士顿
主导产业	作为以“硅”享誉全球的地区，硅谷的最显著特征就是信息、通信和技术（ICT）产业及其延伸产业全球领先，生物技术等新兴企业的力量亦不可忽视	形成了以计算机硬件与软件工程和生物工程为双核心的产业构架，世界顶级半导体及电子设备制造企业——泰瑞达公司与顶级生物工程制药公司——千禧年医药都坐落于此
产业界、大学和政府的互动	①三者间的联系是多方面的，互动范围包括但不限于正式许可、合作研究、咨询、专业建议、网络、人员交流；②大学将政府投资转化为科学知识，然后产业界获得这些知识并将其商业化；③政府作为创业公司产品和服务的主要买家一直是硅谷早期创业增长的重要推动力	①技术许可办公室（TLO）作为连接科研成果与校外急需科研成果企业的桥梁，将麻省理工学院超高的科研成果转化为生产力的能力十分强大；②著名大学的实验室在其自身发展的要求或者政府援助的条件下，也不断根据其研究方向分立出新的企业；③哈佛大学的科研项目与企业签订的行业赞助协议，一方面确保了科研活动经费充足，另一方面又确保了科研成果一定能为企业所用，将产学研更好地结合起来
产业组织结构	①大型企业和快速增长的小型创业公司共同组成了双重生态系统；②大型公司担任创业企业产品和服务的第一批和主要客户，扶持其成长，或是积极购买创业企业产品和服务以进入新市场；③竞争激烈的产业、“开放式创新”与商业秘密保护之间保持平衡	①该地生物工程产业的大型企业集聚效应显著，同时也吸引了新企业的创立，不仅促使企业可共享资源、降低成本，而且也促进企业的优胜劣汰，大力推动其发展成为以高校医学院与著名医院为支撑的世界医学研究中心；②科技创新产业的中小企业的增长速度是大型计算机软件公司的近千倍，发展潜力无限
创业文化	①接受失败的文化得到了金融制度、劳工制度和劳动力市场的支持；②建立了一套高度发达的监督和评估机制，在评估失败的创业企业时考虑到了“好的失败”的可能性；③社会规范强调并重视多次冒险，将失败视为成功之母	①完善的知识产权保护政策有效保障了科技创新成果所有人的合法权益，也在一定程度上激发了科研人员的热情，为该地科技创新领域产业的发展提供了强有力的法律支持与政策支持；②历史悠久，较多延续了严谨、保守的思维方式
作为商业基础设施的专业机构	①律师事务所、会计师事务所、辅导机构和孵化器等专业机构网络已演变成以具体的方式支持该地的生态系统；②该地的大多数专业服务提供商都培养了可以为创业公司提供帮助的创业实践专家；③律师事务所不做创业企业的对手，反而在创业企业的创办和发展中，以多种方式为客户的成功做出贡献	①以麻省技术领导委员会、麻州发展公司和多切斯特海湾经济发展公司为代表的非政府组织活跃在此，分别从技术、资金与经营场所三方面给予该地科技创新产业支持；②该地存在大量的医院、康复中心、临床医学研究中心等机构，为生物制药的研发和销售分别提供了实验基地和销售市场；③该地的金融业、保险业、出版业十分发达，美洲银行与王者银行总部、教科书出版商的总部都在此，为该地高新技术产业的发展提供了一定的便利
成功之钥	自发建立创新的生态系统，形成中心内的良性循环	科研进步与经济发展互相推动促进，成为该地特有的产出循环模式

续表

	英国伦敦	日本筑波科学城	瑞典西斯塔科学城
金融体系	①作为与纽约齐名的国际金融中心，伦敦金融城的金融与商业服务部门汇聚了世界上最古老和最成功的企业群，这些企业处在知识经济的最前沿；②风险资本融资总额庞大，伦敦科技公司占了全英科技公司融资总额的65%，政府参与和帮助许多有前途的科技公司在伦敦证交所上市	①日本政府不惜花费全国40%的政府财政预算研究经费在科学城的筹建上，其建设资金全部由政府承担；②同时享受日本开发银行、北海道东北开发公库的低息贷款	①20世纪90年代后期，瑞典ICT产业集群普遍出现了“泡沫驱动”（Bubble Driver）的特征，大量私人风险投资涌入；②随着高技术含量、高增长潜力的小企业投资，“泡沫驱动”现象得到缓解
人力资本市场	①被称为“欧洲创意中心”的伦敦，既是全球知识与学习中心，也是主要的教学中心，拥有众多大学和学术研究机构，为伦敦提供了重要的创新人才财富；②政府机构推出“职业生涯发展贷款”等许多辅助人才培养计划和“潜力奖励计划”等各类资助项目来推动创新人才培养；③奉行全球化的人才观，制定了系统全面的创新人才管理战略，向著名跨国公司、科研机构和高校等部分下发“特殊人才”签证	①政府投入数目庞大的经费把30%的国立科研机构都迁至城内，形成以国家实验研究机构和筑波大学为核心的综合性学术研究和高水平教育中心，侧重于基础理论研究；②筑波大学成为加强城内各研究机构相互合作和有机联系的纽带，也输送了大量优秀的后备人才	①ICT产业的迅速发展吸引了大量国外高学历人才，移民占城内人口的一半，主要来自欧盟、美国，88%的博士学位拥有者集中于技术领域；②瑞典两所知名学府KTH和斯德哥尔摩大学共同投资成立信息技术大学（IT大学），针对该地产业需求，实现市场导向型实用人才的培养；③该地劳动力市场在频繁流动的同时实现技术扩散和知识外溢
主导产业	在作为综合性全球科创中心的伦敦，金融业是支柱产业，零售业为第二大经济贡献产业，生产性服务业是增长最快的行业	实施了“面向未来推进全球化创新”战略，力图围绕“生活创新”和“环保（绿色）创新”两大核心，以在“新一代癌症治疗技术”等七大领域全面布局为目标，在全球新一轮科技竞争中占据制高点	产业定位放大到“TIME”产业，即以电信技术为基础，结合未来多媒体应用的潮流，实现电信、信息技术、媒体、娱乐等各种技术的结合，从而扩大吸引高新技术企业的范围，增强各科技产业之间的协同发展，延伸以通信为主导的ICT产业链

续表

	英国伦敦	日本筑波科学城	瑞典西斯塔科学城
产业界、大学和政府的互动	①政府通过有机整合，使伦敦自有的创新基地成为科创研究的萌芽温床，分别以高校、科学区、孵化器等为对象，贯通信息传递渠道，解决种子项目“融资难”的问题，提升科创企业和研究机构的研发管理技能，从而提高成功率和成长速率；②伦敦市政府构建了“知识天使”网络，鼓励企业创新者参加，并协助其申请创业基金	①该中心从规划、审批、选址到科研等全过程及运行完全是政府决策，其所有的行为基于立法及相关政策的保障；②官方主导技术转移机制，专门设立筑波全球技术革新推荐机构，作为经济、学术、政府合作的核心机构，由政府官员、筑波大学研究机构，以及企业代表共同组成，以该机构的合作网络实现其在科创中心内主动搜集技术成果、产业发展需求信息共享；③众多科研站点被有效使用，成为集工业、教育、政府研究机构于一体的日本最大的 R&D 中心	①该城是由斯德哥尔摩市政府、当地企业、斯德哥尔摩大学以及其他机构联合组成的一个合资机构，采用三角（产、官、学）螺旋模式来负责整个地区的产业、商业及社区发展；②IT 大学与科学城建立了紧密的产学合作关系，产业界人士也经常到学校授课，几乎每家公司向学生提供实习机会，与城内企业共同进行技术研发，共同参与业务计划，毕业后可以直接进入合作公司工作
产业组织结构	①除了传统支柱行业金融业以外，高科技产业也有长足的发展，领军企业逐渐涌现；②从内伦敦、外伦敦以及整个英国的产业结构看，内伦敦是科研、技术服务最发达且研发人员聚集最多的区域，外伦敦以及全英国境内从业人员最多的行业是物流	①根据本地特点及国内外环境条件，选取高能物理、生命科学等领域以及化工、机械和环境等部门进行多学科、多行业的优势集成，综合地进行研究开发，形成具有竞争优势的高新技术产业；②研究主体以国有企业及所属研究机构为主，公司机构与下属单位是垂直领导关系	①瑞典龙头企业——爱立信在城内设立分支机构，巨头企业的辐射带动作用和从众效应使更多的电子企业迁入，市政当局也通过政府管制引导电子类企业入驻；②地方知识根植性所引致的知识扩散和重塑也使诺基亚、微软、英特尔、苹果等大型跨国公司在此设立研发中心或生产基地，以便近距离监测世界领先电信行业的创新机制，进行技术追踪和人才利用

续表

	英国伦敦	日本筑波科学城	瑞典西斯塔科学城
创业文化	①为建立“世界领先的知识经济”，伦敦发展局将“在伦敦所有组织机构中全面培育创新文化”作为战略重点，营造伦敦的创新氛围，使创新文化在伦敦生根发芽；②政府通过建议与支持、提供小企业创新融资渠道、构建服务与企业的创新中心、搭建企业网络和集群、协同落实创新政策和措施来支持并鼓励伦敦企业实现创新	①召开国际会议，吸引了大批国外研究人员；②以筑波研究支援中心、筑波大学尖端跨学科领域研究中心等机构为主体，超过100家非正式研究交流组织频繁开展研究交流、技术交流活动；③国家级研究机构转型为独立的管理机构，健全了机构的创新机制，使得城内的创业氛围也更趋开放	①当地以爱立信为代表的龙头企业与跨国巨头研发机构之间进行研发互动，产生双向的知识流动，不断产生正反馈效应，吸引更多技术企业和研发机构落户于此，并借助市场手段，实现园区由制造到研发的功能提升；②西斯塔良好的创新体系催生了大量的微型企业
作为商业基础设施的专业机构	①巴克莱银行等金融机构开展针对创业企业的特殊融资服务；②英国的超高速宽带部署领先于所有欧洲国家，而伦敦的互联网普及率在全英最高，伦敦是欧盟地区最大的互联网公司集聚地，对发展高新技术领域产业十分有利	①为扩大筑波的国际影响，专门举办了筑波世界博览会，有力促进了科学城对外交流和城市建设；②作为其中心城区的研究学园主要配置国家级的研发、教育机构与配套的住宅、商业、金融等设施，形成以研究教育区为核心功能区，兼备都市区（服务配套区）与住宅区（配套居住区）的新城；③对城区的水电、交通、通信等基础设施进行统一规划和建设，历时十年的筑波快线全线贯通，带动了其第三轮发展	①Krista Science City AB通过与市政当局合作，整合了集群内部不同的组成要素，打破了企业之间泾渭分明的分布格局，方便不同企业间员工的私下交流；②Krista Science City AB设立了KIG孵化器，包括商业实验室、商业加速器、公司创造器和成长计划四个部分，旨在把来自企业、IT大学和研究机构的开发理念产业化
成功之钥	多方面的强劲优势加上政府的专项规划和措施	依靠日本政府巨额投资下的行政力量	龙头企业的辐射带动作用和产业集群效应

续表

	北京三大科学城	上海张江科学城
金融体系	①北京 R&D 投入强度一直居全国首位，赶超发达国家水平，成为推动北京经济快速增长的动力；②在研究经费来源上，北京 R&D 费用主要由政府买单，利用外资的层次较低，吸引外部风险投资、战略投资者对 R&D 投入的能力较弱	①上海的要素市场基本以传统模式和国有管控为主，缺乏基于互联网和社会资本主导的大容量、枢纽型的市场平台，这在一定程度上制约了上海配置资源和参与新经济的能力；②利用当前创新资源在全球范围内流动加速与重新集聚的机遇，张江扩大政府引导资金的规模，以创新型孵化器体系建设为载体，进一步推动孵化器和风险投资这两大领域的融合与跨越式发展
人力资本市场	①作为全国高等教育最发达的地区之一，北京高校的学术影响力和科研竞争力逐渐增强，目的是与世界百强大学接轨；②孵化机构内集聚了一批高水平、高层次的创业人才，集聚了大量"海聚工程"等海外高端人才；③北京高校在全国授奖项目中的持续高比例，充分体现了其拥有丰富的高素质创新人才	①依托上海光源中心、上海超算中心、中国商飞研究院等一批重大科研平台，以及中科院高等研究院、复旦张江校区等近 20 家高校和科研院所，同时建设上海交大张江科学园、复旦国际创新中心等一批国际先进水平的研究机构，为园区企业发展提供研究成果、技术支撑和人才；②人才队伍以国内外高层次人才和青年创新人才为主
主导产业	从产出结构来看，北京第三产业占 GDP 比重达 70%以上，服务型经济和集聚化发展特征愈加明显，以高技术制造业、信息服务业、科技服务业表现最为突出	初步形成以信息技术、生物医药、文化创意、低碳环保等为重点的主导产业，第三产业占 2/3 以上
产业界、大学和政府的互动	①作为北京创新体系的重要组成部分，科技企业孵化体系，包括留学人员创业园等创业孵化载体，运用市场经济规律，与资本市场、中介服务机构及其他创新资源有机组合形成促进科技创新创业的生态系统；②北京市政府高度重视科技创新，将其摆在了首都发展的核心位置，通过政策扶持、资金补贴、成立产业联盟、带动上下游产业链发展等措施，充分调动科技智力资源，带动北京成为新一轮全球科技创新的高地	①以张江科学城在生物医药产业等领先优势产业中的龙头企业为基础，组建各类各层次的创新联盟或协同创新网络，鼓励政府部门、大学和科研院所的加入，实行"理事会+职业团队+志愿者"的运作模式，共同推进张江科学城内部与外部的创新合作；②在更好地发挥政府的引导作用和市场在资源配置中的决定性作用的前提下，将企业与研究机构间各种分散的创新要素聚合成有效的协同创新网络，进而引领更有价值更大规模的创新

续表

	北京三大科学城	上海张江科学城
产业组织结构	①跨国公司纷纷在北京设立总部和研发机构，总部企业集聚成为北京经济发展的重要支撑；②以中关村大街为主脉，划分为北、南、东、西四个产业功能区，形成“一城四区”产业空间格局；③在北京设立经济技术开发区，颁布大量法律法规和政策文件，实行多方位产业扶持政策，形成集聚效应	①为促进科创要素的集聚发展，形成北、中、南三大科创要素集群，空间规划为“一心一核、多圈多点、森林绕城”；②加快创新产业高端化和集群化发展，加快产业结构从劳动密集型向智力密集型转变，优化产业和就业空间布局，依托张江北区中试区、康桥产业区等，培育信息技术、生物医药等优势产业
创业文化	①北京文化创意产业增加值超过 2700 亿元，占 GDP 中的比重有所提高；②优质的高等教育确保了新知识的生产和基础研究水平，促进了科技创新主体与技术创新主体之间的互动，进一步发挥了北京的城市创新系统功能，为北京创建全球科技创新中心奠定了扎实的基础	①作为国家知识产权示范园区和全国首批“国家专利导航产业发展实验园区”，上海张江科学城积极培养各类知识产权人才并积极培育知识产权类服务机构、再开发机构等的成立与发展，使其在知识产权的创造、检索、运用、合作、保护和管理等方面走在世界前列，真正建构起一张基于知识产权的国际国内协同创新网络；②积极支持各层次科技类、行业类协会等开展国际国内各类交流合作，促进创新“落地”
作为商业基础设施的专业机构	①依托孵化机构，集聚了一批高水平的科技企业中介服务机构、创业投资机构以及一系列高端创业要素，市级科技企业孵化机构将基本实现公共服务平台全覆盖，50 家具备天使投资或持股孵化功能，80 家形成创业导师辅导体系	①上海张江生物医学服务联盟等社会组织自发成立，一些新的社会组织也正在积极筹办之中，有利于发挥科技类协会和行业类协会等自主发展型社会组织对张江科学城的支撑作用；②张江科学城规划中的新建住宅，大部分用于租赁，这意味着其鼓励通过城区内外联动、租售并举的方式，为园区中工作的人群，提供多样化的选择
成功之钥	R&D 投入强度大、科技企业孵化体系	空间规划清晰、创新联盟

资料来源：高维和著《全球科技创新中心：现状、经验与挑战》，格致出版社，2015；根据网络数据整理。

我们可以从表 1 的七个典型案例中总结出国际科技创新中心建设中的诸多共同特征和独特路径，这对于正在向国际科技创新中心迈进的粤港澳大湾区具有重要的参考价值和启迪作用。

第一，全球重大经济周期调整和科技革命都会催生新的国际科技创新中心。正如蒸汽动力之于英国，信息技术之于美国，粤港澳大湾区应努力抓住正在进行中的全球经济格局巨变和科技重大突破机遇，顺势而为、借势发力。

第二，国际科技创新中心的形成都有重大制度创新作为前提。例如，英国的专利制度和技工制度、美国大型企业与小型公司组成的双重生态系统、瑞典的三角螺旋模式等。这也提醒大湾区必须高度重视制度创新工作，破除国际科技创新中心建设中的体制机制瓶颈。

第三，人才是国际科技创新中心建设的核心要素。大湾区应始终将人才建设放在第一位，树立创新驱动就是人才驱动的现代理念。这方面可向瑞典的西斯塔科学城学习，运用多种灵活的方式，培育出针对企业需求的人才队伍。

第四，实现创新链、产业链、价值链三链融合是国际科技创新中心建设的重要规律。对于大湾区而言，应提升产业界、大学和政府的互动广度与深度，推动人、财、物各种创新要素向企业集聚，使创新成果更快地转化为生产力。

第五，政府的科学规划和有效服务是建成国际科技创新中心的必要条件。粤港澳大湾区涉及社会主义和资本主义两种制度，更要注重在遵循现代科技发展规律的基础上，更好地发挥政府的作用。

第六，开放包容、接受失败的创新环境是国际科技创新中心的重要特征。大湾区应大力弘扬“海纳百川”的湾区精神，全面释放开放多元、包容异质等城市特质对国际科技创新中心建设的正面效应。

二　粤港澳大湾区城市创新功能分工与广州优势

在经济全球化和区域经济一体化的背景下，城市群已成为参与国家与国际分工和全球竞争的基本地域单元，区域创新发展越来越多地依赖于城市群内部的分工与协同。粤港澳大湾区建设国际科技创新中心需要我们了解区域创新活动的分布特征，掌握粤港澳大湾区各城市的竞争优势，尤其是作为省会城市与中心城市的广州的优势，从而制定合理的引导政策，发挥优势、补足短板，推进粤港澳大湾区城市群创新系统的协同发展。

创新活动存在于不同的技术领域中，一个地区在某个领域中具有明显的创新优势，就表示该地区在该领域实现了专业化，不同地区在不同领域实现专业化从而形成创新分工，这种分工模式的协调将影响整个区域的创新效率。本研究以粤港澳大湾区城市群为研究标的，利用分城市、分行业、分年度的专利数据展示城市群内部的创新分工情况，同时将不同年份的创新分工情况与产业分工进行对比，考察城市群从生产活动到创新活动的集聚与分工的演进特征，在此基础上提炼出广州的优势与创新发展模式，并据此提出对策建议。

（一）技术创新分工的度量方法

1. 数据指标

专利是用于科技发展水平评价的最常用指标。我国的专利类型分为发明专利、实用新型和外观设计，其中发明专利往往被认为所含科技含量最高，开发难度最大，收益率最高，代表着核心创造力。因此，本研究利用发明专利授权数据考察城市群技术创新的分工情况。考察样本是粤港澳大湾区城市群，包括广州、深圳、珠海、佛山、中山、东莞、肇庆、江门、惠州，以及香港、澳门，考察时间是2004~2006年和2014~2016年，用三年的发明专利授权量总和代表各地区的创新总规模，以避免单个年份专利数据可能出现的偶然性。

2. 技术领域分类

以往研究利用专利划分技术领域时往往按照国际专利分类标准进行，但这种分类难以体现技术领域与经济活动的关系。为使技术创新活动与当地产业对应起来，本研究将技术领域与行业分类进行匹配。利用科技创新情报平台提供的专利所属国民行业分类①，本研究共考察34个行业，

---

① 将专利按国民行业进行分类的主要方法是将国际专利分类（IPC）与国民经济行业分类（GB/T 4754—2011）进行匹配，数据来源于 www. incopat. com，为付费数据。

包括27个制造业部门、农业、采掘业、废弃资源利用业、电力热力及水的供应业、建筑业和电信服务业，涵盖国民经济中与技术创新密切相关的所有行业。部门代码和名称如表2所示。

表2　代码、全称、简称对应表

代码	全称	简称	代码	全称	简称
A	农林牧副渔业	农业	C28	化学纤维制造业	化学纤维
B08/09	金属、非金属矿采选业	采掘业	C29	橡胶和塑料制品业	橡胶塑料
C13	农副食品加工业	农副食品	C30	非金属矿物制品业	非金属矿物
C14	食品制造业	食品制造	C31/32	基本金属的制造	金属冶炼
C15	酒、饮料和精制茶制造业	茶酒饮料	C33	金属制品业	金属制品
C16	烟草制品业	烟草制品	C34	通用设备制造业	通用设备
C17	纺织业	纺织业	C35	专用设备制造业	专用设备
C18	纺织服装、服饰业	纺织服装	C36/37	交通运输设备制造业	交通运输
C19	皮革、毛皮、羽毛及其制品和制鞋业	皮革制品	C38	电气机械和器材制造业	电气机械
C20	木材加工和木、竹、藤、棕、草制品业	木材制品	C39	计算机、通信和其他电子设备制造业	电子设备
C21	家具制造业	家具制造	C40	仪器仪表制造业	仪器仪表
C22	造纸和纸制品业	造纸业	C41	其他制造业	其他制造
C23	印刷和记录媒介复制业	印刷业	C42	废弃资源综合利用业	废弃资源利用
C24	文教、工美、体育和娱乐用品制造业	文体用品	D44	电力、热力生产和供应业	电力热力
C25	石油加工、炼焦和核燃料加工业	石油加工	D46	水的生产和供应业	水的供应
C26	化学原料和化学制品制造业	化学制品	E	建筑业	建筑业
C27	医药制造业	医药制造	I63	电信、广播电视和卫星传输服务	电信服务

3. 优势领域的计算方法

显性技术优势（以下简称“*RTA*”）是分析各地区专利结构分布不均匀性的常用指标，体现了不同类别的创新活动在各地区的专业化程度。公式如下：

$$RTA_{ij} = \frac{p_{ij}/p_i}{p_j/p} \tag{1}$$

其中，RTA_{ij}表示 i 地区 j 行业专利的显性技术优势，p_{ij}为 i 地区 j 行业的专利授权量，p_i 表示 i 地区所有行业专利的授权总量，p_j 为所有考察地区 j 行业专利的授权数量，P 表示所有地区所有行业专利的授权总量。若 $RTA_{ij}=1$，说明该地区该行业的创新产出分布处于全地区的平均状态；若 $RTA_{ij}>1$，说明该地区该行业的创新产出相对集中，具有相对比较优势；若 $RTA_{ij}<1$，说明该地区该行业的创新产出相对分散，不具备相对比较优势。

为将创新活动在行业间的集聚与分工情况与生产活动在行业间的情况进行比较，本研究还将计算 2005 年和 2015 年各行业的产业区位熵指数。以往研究在计算这两项指数时，产值数据和就业人员数据是运用较多的指标，工业行业多用产值进行计算①，服务业则多用就业人数进行计算②。为保证统计口径的统一以及数据的可得性，本研究运用各工业行业的规模以上工业总产值计算工业行业区位熵和区位基尼系数，运用第一产业就业人员数、建筑业企业就业人员数和服务业就业人员数代表农业、建筑业以及服务业的区位熵和区位基尼系数。囿于数据的可得性，产业区位熵只测算珠三角九个城市的结果。

① 丁焕峰：《珠三角城市制造业聚集与分工研究》，《城市发展研究》2010 年第 8 期，第 45~50 页。

② 任国岩、蒋天颖：《长三角知识密集型服务业集聚特征与成因》，《经济地理》2015 年第 5 期，第 85~90 页。

4. 优势领域的识别

某地区某行业的 *RTA* 系数较大代表了该地区在这一产业的创新活动上具有相对比较优势，不同地区在不同产业上具有比较优势则可以展现出一种分工格局，然而，若该地区总体创新发展水平太低，即便该产业相对于某地区而言具有地方性优势，但对于整个区域而言也算不上比较优势。因此，为了真实反映地方性的创新优势所在，需要设定一个标准，若某一产业的创新产出具有地方化比较优势则必须满足两个条件：一是该地区该行业的 *RTA* 系数必须大于 1；二是该地区该行业的发明专利授权量必须高于所有考察地区的平均值。产业的生产活动也存在同样问题，按相同标准进行处理。

（二）粤港澳大湾区城市群的创新分工格局

1. 创新活动的行业分布

研究发现，粤港澳大湾区城市群的创新产出向部分城市和部分行业集中，其中行业主要集中在电信服务、电子设备、医药制造、电气机械等，城市主要集中在深圳、广州、香港、东莞、佛山，行业间和地区间均体现了一种分工格局。

有学者认为经济圈的中心城市和其他城市之间主要有两种专业化分工形式，一是根据比较优势生产不同技术等级的产品，二是根据比较优势从事不同的产品生产环节。[①] 从第一种分工形式看，不同技术等级的产品生产所要求的研发强度不同，不同地区进行不同等级的产品生产，自然会造成创新产出方面的差异。例如，深圳聚集着计算机、通信和其他电子设备制造业，使得深圳在这一行业及相关领域的专利数量远超其他地区，类似的，香港在医药制造上的专利数量最多，广州在化学原料和化学制品制造业上的专利数量最多。所以由自身的产业基础带来的产品

① 张若雪：《从产品分工走向功能分工：经济圈分工形式演变与长期增长》，《南方经济》2009 年第 9 期，第 37~48 页。

分工，也会带来创新活动在产业间的分工。从第二种分工形式看，研发属于生产环节中要求较高的一环，城市群的中心城市相对于外围城市将承担更多的研发功能。研究结果显示深圳、香港、广州几座城市大部分行业的发明专利数量高于其他城市，并不能说几乎所有产业集聚在中心城市中，而是要素集聚使城市间产生产业链环节上的分工。综上所述，粤港澳大湾区城市群的创新分工也具有两种形式：一是创新功能在产业间的分工，即各个城市依据自身产业基础，在不同产业间进行创新活动；二是创新功能在地区间的分工，即资源要素的集聚使城市间产生产业链分工，部分城市专门进行创新活动，部分城市专门进行生产活动。

2. 各城市的比较优势分析

根据公式（1）计算出粤港澳大湾区 11 座城市 34 个行业的显性技术优势，并根据前文的筛选标准确定各城市的优势领域，为方便判断分工格局，用色阶图形式对结果进行展示。图 1 表示 2004 ~ 2006 年和 2014 ~ 2016 年两个时间段的创新分工格局，图 2 表示 2005 年和 2015 年的产业分工格局，图中横坐标表示 11 个城市（图 2 只有 9 个城市），纵坐标表示 34 个行业。图内色块表示该地区在该行业上具备比较优势，色块中的数字为显性技术优势系数（或产业区位熵），色块的颜色越深表示集聚程度越高，比较优势越明显，图中的空白部分表示不具备比较优势。色阶图可以直观展现城市群创新活动和产业活动的布局、分工和同构等现状。

（1）总体趋势

由图 1 可知，与 2004 ~ 2006 年相比，2014 ~ 2016 年在技术创新上具备比较优势的行业更加集中在中心城市。2004 ~ 2006 年，由于发明专利的整体数量较低，比较优势更容易显现，地区差距也较大，香港在发明专利数量上遥遥领先；2014 ~ 2016 年，珠三角九座城市的发明专利数都经历了 10 倍以上的增长，赶超香港，数量上的差距相对降低，但具有比较优势的行业几乎全部集中在广州、深圳、香港、佛山和东莞五座城市中。

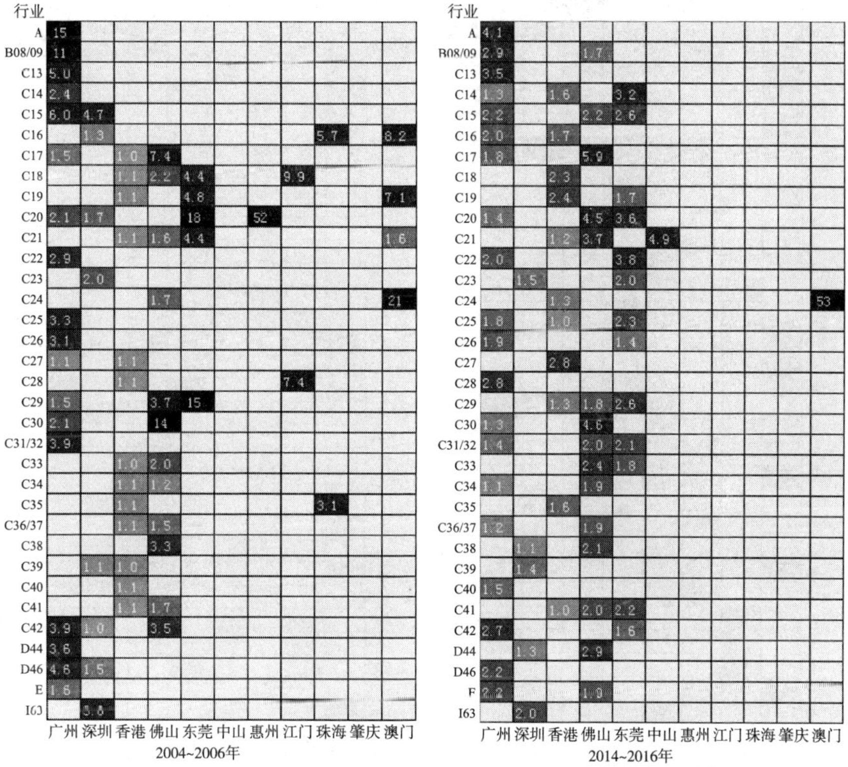

图 1　2004~2006 年与 2014~2016 年创新分工格局比较

由图 2 可知，从产值（就业人数）上看，2015 年比较优势行业在城市群中的布局更加分散，外围城市拥有的比较优势行业数量相对增多。2005 年珠三角九座城市中，三城以上共有的行业为 11 个，2015 年上升至 13 个，优势行业的互补性降低。类似石油加工、炼焦和核燃料加工业，非金属矿物制品业，木材加工和木、竹、藤、棕、草制品业的比较优势向外围城市扩散。

综上所述，在十年的发展过程中，中心城市几乎包揽了所有行业在技术创新上的优势，功能集中度很强，但在产业本身的集中度方面有所降低。可以看出，粤港澳大湾区城市群的产业同构性有一定提高，同时

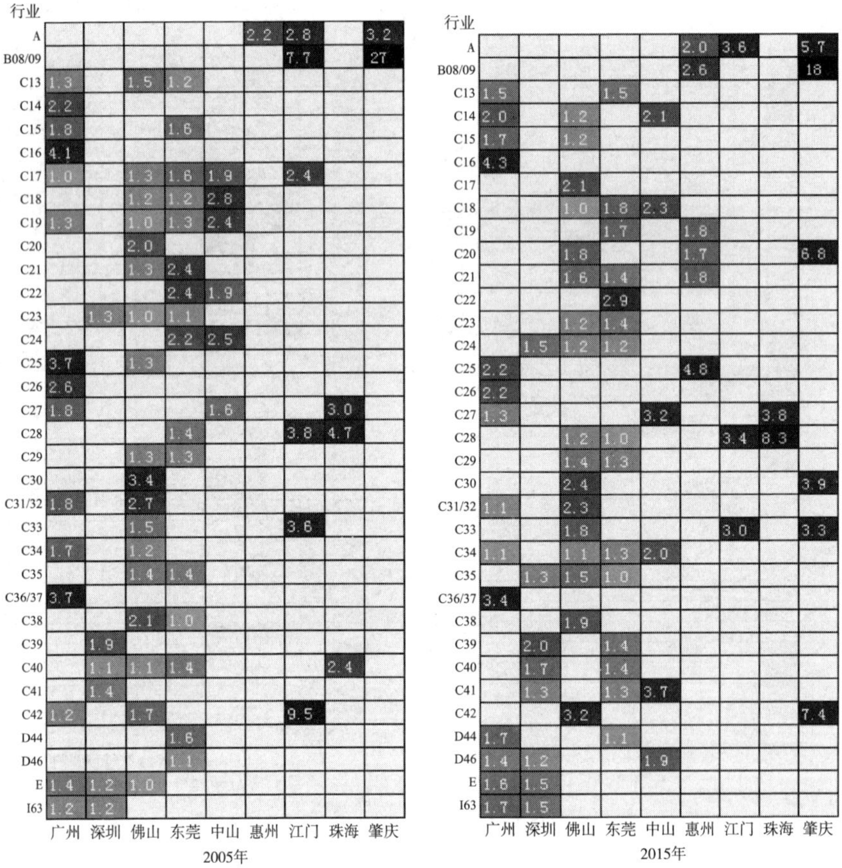

图 2　2005 年与 2015 年产业分工格局比较

创新功能的集中程度也在提高，表明城市分工形成从产业间分工向产业链分工的演化趋势。对比图 1 和图 2 可以发现，在某种产业上具有比较优势的城市在该产业创新方面不一定具备比较优势，同样，拥有创新上比较优势的产业不一定是这座城市的优势产业，这是产业链分工的一个具体表现。

（2）广州与深圳的互补

广州市是粤港澳大湾区城市群中拥有创新优势领域最多的城市。在十年的时间跨度中，广州市在技术创新上具备比较优势的行业数量增多，涵盖绝大部分行业，优势较为突出的行业包括农业，农副食品加工业，金属、非金属矿采选业，化学纤维制造业，等等。从产值角度看，广州市的比较优势产业结构没有太大变化，交通运输设备制造业、化学原料和化学制品制造业、烟草制品业等行业一直是广州的优势产业，但区位熵大多有所下降。综合来看，广州市在技术创新方面的优势越发明显，在产业集聚上的优势有一定下滑，许多在创新上具有比较优势的产业并非广州自身的优势产业，反映了广州市的创新发展模式是向产业间横向发展的，承担了许多产业链的创新功能。

深圳市是珠三角城市群中专利数量最多的城市，但可以发现深圳市无论是在技术创新上还是在产值上拥有比较优势的产业并不多，体现出与广州市截然不同的发展模式。首先，在十年的时间间隔中，深圳市的比较优势产业基本维持在计算机、通信和其他电子设备制造业，仪器仪表制造业，电信、广播电视和卫星传输服务上，这些行业均属于高技术制造业和服务业，表明深圳在高技术行业上的集聚优势明显，并且从区位熵数值可以看出集聚效应越来越大。其次，深圳市在创新方面拥有比较优势的行业基本上是自身的优势行业，与广州市相比，深圳市是在自身产业优势的基础之上进一步发展创新优势，是产业链纵向发展的模式，在电子设备制造及电信服务上一直牢牢掌控着绝对优势。并且，深圳市在创新方面的优势行业与广州形成了互补。

（3）广东、深圳、香港的比较

2004~2006 年，香港的科技创新优势遥遥领先，三年发明专利授权总量已达 34609 件，而当时深圳的发明专利授权量仅为 3180 件，广州不足 2000 件。那一时期香港在所有行业领域的专利数量均超过了城市群其他城市，优势突出的行业主要为医药制造、通用及专用设备制造、仪器仪表制造等，大多是高新技术领域。经过十年的发展，广东的科技创新能力迅速提升，到 2014~2016 年，深圳的发明专利授权总量已超过香港，广州与香港的差距进一步缩小。在这一时间段内，香港的创新优势较为突出的行业包括医药制造、专用设备制造、皮革制品、纺织服装等，在高新技术领域的优势逐渐被深圳和广州所取代。通过观察图 1 中广州、深圳、香港三座城市的分工情况，可以发现三座城市具备创新优势的领域基本没有重合，且优势领域的加总基本囊括了所有行业，表明广州、深圳和香港形成了良好的分工格局，具备深度合作的基础。此外，澳门的技术创新虽然总体规模偏小，但在文教、工美、体育和娱乐用品制造业中具备创新优势，同样是进一步合作的方向。

（4）其他城市的分析

佛山市和东莞市的发展模式比较类似，放在一起讨论。首先，佛山市和东莞市是在产值方面具有较多优势行业的城市，属于工业重地，其中佛山的金属制品业较发达，东莞更专注于电子设备产业。其次，由于工业基础良好，两座城市在创新方面的优势基本围绕自身的优势产业，在十年的跨度中具有比较优势的产业数量均增加，但更多体现在传统行业中。佛山市和东莞市是在夯实产业基础的同时进行创新发展，但两市存在一定的同构化现象。

中山、江门、惠州、珠海、肇庆这几座城市不论在产值方面还是在创新方面具备的优势均比较小。在十年的跨度中，这部分外围城市在产值上具有相对比较优势的行业数量增多，但在创新上的优势几乎全部向中心城市集聚，反映了外围城市更多地承担了生产功能。其中，中山、江门、珠海这三座珠江西岸的城市在医药制造业（中山、珠海）、化学纤维制造业（江门、珠海）上的生产优势较为明显，惠州和肇庆在农业之外，承接了石油加工（惠州）、木材制品（惠州、肇庆）和金属制品（肇庆）等产业的生产。

（三）创新分工特征与广州优势

通过以上分析，总结粤港澳大湾区城市群的创新分工特征如下。

粤港澳大湾区城市群的创新分工主要有两种形式。一是创新功能在产业间的分工，即各个城市依据自身产业基础，在不同产业间进行创新活动；二是创新功能在地区间的分工，即资源要素的集聚使城市间产生产业链分工，部分城市专门进行创新活动，部分城市专门进行生产活动。

创新功能向中心城市集聚。在十年的时间跨度中，城市群中心城市几乎在全部行业中具备创新比较优势，而外围城市具备产值比较优势的行业增多，一定程度上体现了中心城市主要承担创新研发功能，外围城市主要承担制造和加工功能的空间功能分工趋势。

技术创新优势体现在成长快、前景好的技术领域中。城市群与国家级高新区的创新产出向部分行业集中，主要包括电信服务、电子设备、医药制造、电气机械、化学制品等，均具有良好的发展前景和较大的发展机会。广东省是中国为数不多的在高技术领域中具备专业化优势的地区，这是广东省的一大优势，表明广东省一直走在技术创新的前沿地带。

港穗深具有良好的创新分工格局，具备深度合作的基础。在十年的时间跨度中，深圳和广州与香港的创新差距从遥遥落后到逐步赶超，且香港在高新技术领域的优势逐渐被深圳和广州所取代。三座城市具备创新优势的领域基本没有重合，且优势领域的加总基本囊括了所有行业，表明广州、深圳和香港形成了良好的分工格局，具备深度合作的基础。香港在医药制造方面的优势、澳门在文体用品方面的优势，是粤港澳大湾区城市群进一步合作的方向。

基本形成了珠江西岸装备制造技术、珠江东岸电子信息技术为主的技术创新格局。在粤港澳大湾区城市群中，中心城市及高新区承担更多高新技术领域的创新活动，而外围城市及高新区承担更多传统技术领域的创新活动，总体上形成了珠江西岸装备制造技术、珠江东岸电子信息技术为主的技术创新格局。中心地区的创新活动正在向外辐射，但辐射范围仅限于邻近区域，外围城市的产业集聚效应逐步增强。

广州是国家中心城市，也是粤港澳大湾区的增长极，是粤港澳大湾区创新发展的重要引擎，广州与深圳的创新活动具有不同的发展模式。与香港和深圳比较，广州的创新优势有以下几点。

技术多样化程度高。广州以及广州高新区的技术多样化程度高，拥有20个优势领域，囊括高技术产业和传统产业，门类齐全；而深圳的技术专业化程度高，优势仅集中于3~5个领域。

创新活动向产业间横向发展。广州有许多在创新上具有比较优势的产业并非自身的优势产业，表明创新发展模式是向产业间横向发展的，承担了许多产业链的创新功能；而深圳在创新方面拥有比较优势的行业基本上是自身的优势行业，创新活动朝产业链纵向延伸。

优势领域与深圳、香港形成互补。广州的创新优势主要体现在化学纤维及传统行业方面，深圳在计算机、通信和其他电子设备等高技术领域具有极强的优势，香港在医药制造、专用设备方面的优势显著，三座城市在优势领域上形成了互补。

广州的技术创新领域门类齐全，得益于广州丰富的科教资源、良好的经济支撑以及包容的城市环境。但同时，广州也面临着多而不精的问题，最明显的不足在于缺乏科技创新巨头企业，缺乏高端科技人才。面对深圳的竞争，广州需把握机遇，发挥优势，补足短板。

三、粤港澳大湾区的创新优势及国际科技创新中心建设面临的主要问题与推进路径

（一）粤港澳大湾区的创新优势

通过与国际三大湾区的对比，我们不难发现粤港澳大湾区的确具备一些得天独厚的创新优势。具体而言，主要体现在以下几个方面。

经济总量大。2017年粤港澳大湾区11城GDP之和已经达到了10.22万亿元，这也是粤港澳大湾区GDP首次突破10万亿大关，仅略低于全球第11大经济体韩国，与纽约湾区实力相当。也就是说，粤港澳大湾区仅凭借0.6%的国土面积，贡献了12%的经济总量，成为中国最具经济活力

的湾区。

人口结构优。粤港澳大湾区2017年末总人口接近7000万人，远高于世界三大湾区。根据广东省社会科学院发布的《粤港澳大湾区建设报告（2018）》，粤港澳大湾区人口年龄结构为年轻型结构、劳动力人口比重高、可持续发展后劲强，人口的增加不断增加大湾区的人力资本，为湾区未来的发展注入了活力。

政策制度新。粤港澳大湾区承载多项国家战略，既是对外开放的门户，也是“一带一路”的重要节点，更是我国自贸区战略先行先试区。再者，从制度方面而言，粤港澳大湾区不仅包含香港和澳门两个特别行政区，还包含了作为改革开放试验田的深圳特区和中国（广东）自由贸易试验区。由此可见，粤港澳大湾区在改革开放和制度创新方面均走在全国前列。

科研实力强。粤港澳大湾区拥有170多所高校，其中香港大学、香港科技大学、香港中文大学、香港城市大学等均跻身于QS世界百强高校名单，集聚了一大批创新型国际化领军人才。2017年粤港澳大湾区发明专利总量达25.80万件，已然超越了三大湾区，且差距还在继续扩大。

（二）建设粤港澳大湾区国际科技创新中心面临的主要问题

1. 体制政策因素导致的互联互通程度低

体制因素造成要素流动受限。粤港澳大湾区涉及不同制度的行政主体，在“一国两制”的框架下，内地实行的是社会主义制度，而香港、澳门实行的是资本主义制度。由于体制上的特殊性，大湾区的人才、资金、设备尚不能自由跨境流动，不能发挥其巨大价值，这无形中制约了科技创新的持续发展。

政策协同性不强。粤港澳大湾区承载多项国家战略，既是对外开放的门户，也是“一带一路”的重要节点，更是我国自贸区战略先行先试区。虽然集聚了多项政策优势，但政策间的协同性有待加强。

2. 经济发展质量不高

产业结构性矛盾突出。2016 年，四个湾区中，纽约湾区的第三产业占比居于榜首，高达 89.4%。而粤港澳大湾区的第三产业占比为 62.2%，是其中最低的。三大湾区的经济发展主要以房地产业、金融保险业和批发零售业等为驱动力，而粤港澳大湾区最重要的产业仍为工业和进出口贸易。

同质化竞争激烈。粤港澳大湾区内有实力相当的几大中心城市，城市之间也一定程度上存在同质化竞争。这可能会伤害到区域整体经济竞争力，浪费经济资源。

3. 金融体系不完善

货币金融制度差异明显。粤港澳大湾区内同时流通着三种货币，人民币在资本项目下还没有实现完全可兑换。此外，金融与科技产业的融合也不够。传统的粤港澳大湾区科技创新产业具有高风险、高回报、无形资产比重高等特点，这些特点决定了科技企业必须要获得金融支持才有可能得到持续发展。然而，粤港澳大湾区在科技创新的财政支持体系、银行信贷体制和金融服务体系上都还不够完善，缺乏一个良性的金融生态环境。

4. 缺乏创新创业环境

湾区包容性、多样性亟待提升。创新嵌入特定的文化之中，社会多样性、社会开放性与文化包容性有利于激发创新创意。根据 2017 年的数据，旧金山湾区和纽约湾区的移民比例分别是 5.87%和 3.5%，同在东亚的东京湾区移民比例也达到 2.61%，而粤港澳大湾区的移民比例仅为 1.85%，为四大湾区中的最低水平。这种低开放的社会在一定程度上限制了创新活动的发展，具有“注重制造而忽略创造”的文化特征。

缺乏创业公司与大型企业共存的生态系统。大型企业不仅可以辐射带动小企业发展，还可以通过并购小企业来求得整个商业生态系统的可持续发展。一方面，粤港澳大湾区的大型企业还比较少，仅有华为、腾讯、比亚迪等企业作为“领头羊”。另一方面，大型企业对小微企业的带动能力明显不够，尚未形成如同硅谷般的创业公司与大型企业能和谐共存、良性循环的营商环境。

5. 湾区的环保约束趋紧

建设世界级的湾区，需要世界级的环境质量作为支撑。粤港澳大湾区处于陆海交接地带，属于生态环境敏感、脆弱的区域，推动大湾区绿色发展尤为关键。珠三角近岸海域、主要河口污染仍然较为严重，海洋生态环境不容乐观。在这方面，东京湾区算是前车之鉴，粤港澳大湾区建设绝不能重走这种“先污染后治理”的老路。

6. 科技创新实力有待加强

创新引擎企业的辐射带动不够。与世界级湾区相比，缺乏创新引擎企业是粤港澳大湾区建设国际科技创新中心所面临的关键瓶颈之一。粤港澳大湾区的引擎企业少之又少，2017 年汤森路透公布的全球 100 强创新力企业中只有华为入榜，同时这也是中国唯一入围全球 100 强的企业。

产学研尚未形成合力。粤港澳大湾区尽管在发明专利数量上超过旧金山湾区、纽约湾区，但在施引专利数量上却远远不及两大湾区。数据显示，2013 年粤港澳大湾区的发明专利施引数为纽约湾区的 46.37%，2016 年为 14.95%，差距变大，2017 年为 84.34%，差距缩小。虽然有改善的趋势，但是粤港澳大湾区在科研产业化上还有很长的路要走。

未充分发挥研究性大学的溢出效应。国际知名湾区的另一个显著特征就是以世界知名研究型大学的知识外溢为牵引。大湾区不乏研究性大学，拥有包括香港大学、香港科技大学、香港中文大学等世界知名大学在内的 170 多所高校。但总体而言，粤港澳大湾区还没有将研究性大学的知识溢出效应发挥出来。具体表现为：大学专利等科研成果的转化效率很低，且研究性大学对大湾区创新创业的影响更多的还是体现为人力资本而非创新氛围。

政府的支持力度不够大。国际科创中心在发展过程中都离不开政府强有力的支持。这种支持既有显性的，比如税收、补贴贷款方面的优惠，也有隐性的，比如破除壁垒、出台有针对性的法律法规等。例如，日本筑波从确立建设科技创新中心起的每一阶段，日本政府都有相应的专门规划，在科技创新过程中制定了大量优惠政策，并通过立法形式予以保障，政府强大的意志和巨大的投入直接推动着筑波的发展。而粤港澳大湾区还缺乏此类支持创新创业的政策和法律法规。

缺乏创新专业服务。一般来说，国际科技、产业创新中心都拥有比较完善的创新专业服务，主要包括生产性服务和创新中介服务两大类。例如，硅谷的律师事务所就以较低费用或者无前期费用为资金有限的创业公司提供法律服务，这大大减少了初创企业在非核心业务方面花费的时间和精力。从这方面来说，粤港澳大湾区的创新配套设施还做得不够到位。

（三）如何推进粤港澳大湾区国际科技创新中心的建设

为加快粤港澳大湾区国际科技创新中心的建设，针对粤港澳大湾区现存的问题，结合世界三大湾区的成功经验，我们认为以下几方面值得关注。

1. 发挥政策优势，集聚创新要素

粤港澳大湾区需要形成更加精准、更具竞争力的人才政策优势。应该加快推进大湾区创新人才高地建设，探索粤港澳跨境引智机制。一是政府可鼓励广东省内的科研企业在港澳设立分部，吸引和招聘更多国外高端科研人才，进一步开拓国际市场；二是通过集聚创新要素，加强国内外自主创新示范区、高新技术园区之间的合作等方式，加快粤港澳大湾区创新主体的培育；三是加大投入力度，遴选、发掘前沿领域的战略科学家、科技领军人才、创新型企业家及一大批高质量科技人才，探索更具引才力度的“粤港澳大湾区绿卡”制度。

2. 完善创业配套设施，为打造科创中心提供强有力的支撑

加快商业基础设施的建设和保证创新服务的提供。完善的商业基础设施是创新创业企业增值和成功的重要支撑。一是在围绕科技园区建设的同时，应着重加强产业生产网络的建设；二是扶持建设科技创新孵化器，帮助高新技术小企业和项目快速成长；三是建立面向珠三角中小高科技企业的信用担保机构，健全中小企业信用担保体系和信用管理体系。

可探索成立粤港澳大湾区政策性的科技银行，通过引入商业银行和其他金融机构运作模式开展存贷、质押等业务，针对高科技企业提供政策性金融服务。事实上，早在2012年8月，上海就成立了这样的专门服务于科技创新产业的浦发硅谷银行。考虑到粤港澳大湾区的金融银行服务更为成熟，我们建议也可以成立一个粤港澳大湾区科技银行，促进金融与科创的“联姻”，加快形成以创新为主要引领和支撑的经济体系以及“科技—产业—金融”协同创新中心。

此外，要营造鼓励创新、包容失败的创新创业文化。良好的创新氛围将会极大地提升创新创业成功的可能性。应高度重视中介协会在推动企业间互动交流、为创新创业者提供互动平台、营造互帮互信氛围等方面的功能和作用。

3. 加强产学研互动，促进科技创新成果转换

全面深化创新改革试验，探索粤港澳跨境科技成果转化机制。建设国际科技创新中心的一个重要任务就是要形成促进人才、金融及大装置、大平台、大学等创新要素高效发挥作用的体制机制和成果转化机制。一是要建立技术许可办公室等相关机构，将有研发能力的科研机构或大学与需要研发成果的企业联系起来，加快推动研发成果转化为生产力；二是完善产学研人才流动机制，鼓励专家学者在追求基础研究上的突破与创新时，到科创企业中去了解真实的产业界动向；三是鼓励企业的实践型人才去高校授课，让理论与实践碰撞出火花。

另外，应该发挥研究型大学的知识溢出效应。在创新活动中，大部

分的新知识都是隐性的。由于隐性知识溢出具有空间黏性，建议围绕研究型大学建设创业园区或孵化器，并鼓励大学生在空闲时间或寒暑假期间进入园区或企业实习，成为更符合实践需求的新人才。

4. 积极探索大湾区内部合作与国际合作新模式

建立粤港澳三地协同发展的协调机制。目前粤港澳大湾区建立了粤港合作联席会议、粤澳合作联席会议机制，但缺乏粤港澳三地及各城市政府共同参与的协调机制，故需要进一步完善多层级政府的协调机制。应在国家层面建立湾区城市群发展协调机构，重点协调小珠三角城市与港澳的经济交往，建立区域经济协商的常态机制，加强区域经济联系。

明确大湾区城市的功能定位，引导广州、深圳、香港、澳门四大中心城市错位发展。广州是华南地区重要的高教基地，高校与科研院所集聚，在科技创新人才培育和基础研究方面具有极大的优势；深圳是重要的科技创新中心，高新技术发达，企业为主体的应用型技术研究实力强；香港科技创新国际化程度高，商业咨询、风险投资发达可为科技创新提供支持；澳门是中国与葡语国家进行商贸的合作服务平台。四城应发挥各自的比较优势，错位发展。另外，可发挥港澳国际化优势、香港和广州知识创新优势与深圳的产业技术创新优势，结合东莞、佛山、惠州、中山等地制造业基础，成立广深港澳科技创新走廊建设协调机构，促进湾区城市群的持续发展。

最后，除了加强大湾区内部的联系与合作外，还应当积极探索大湾区对外交流合作模式，全方位融入全球创新网络，完善科技创新开放合作机制。利用港澳的国际化优势和粤港澳科技创新合作平台，吸引世界级科学家来大湾区从事研究与产业化工作，提升知识创新能力和发挥技术创新优势，加快产业化进程，增强经济活力。进一步推进产业协同发展，统筹利用全球科技创新资源，完善创新合作体制机制，优化跨区域合作创新发展模式，构建国际化、开放型区域创新体系。

四、广州引领国际科技创新中心建设的政策建议

（一）形成服务高新技术产业融资的金融体系

完善风险融资平台，构建信息流畅的网络化体系。新兴产业的投资充满了长期性与风险性，因此需要构建健全的沟通体系，为新兴产业与直接融资牵线搭桥。通过政府引导科技金融体系，以市场为主导，推动构建多层次资本市场的现代金融的发展；完善科技金融服务体系，引导社会资本进入新兴领域，与企业面对面交流，为新技术产业提供资金保障；鼓励优势新兴企业上市融资，进行合并重组，构建一批有发展前景的战略企业，调动资本市场力量，推动企业的创新研发活动。

深度链接资金链与创新链，推动科技与资金相结合。系统性的创新工程，需要产学研紧密结合，以资金推动创新，以创新激励资金。鼓励创新成果面向市场，对于孵化类基金给予政策支持，吸收本地与港澳资金，走出一条良性循环的系统性道路；积极开展知识产权保护，深化知识产权投融资基金建设，优化知识产权金融发展环境，促进知识产权向现实生产力转化；解决小微企业融资难问题，发展普惠金融，创新抵质押担保方式，降低小微企业融资成本，发挥小微企业在市场创新中的活力。

（二）建设提供高质量、多样化和流动的人力资源的劳动力市场

创新的主体是企业，创新的关键在于人才，高水平创新人才是创新发展的第一资源。大湾区汇聚了粤港澳的众多高校和科研机构，相较之下，广州虽然也拥有广东省大部分科教人力资源，但是在发展程度上，都和纽约湾区等世界著名的湾区存在较大的差距。

拓展人才市场发展空间，构建多层次、立体化、网络化、开放性人才市场体系。理顺政府与所属服务机构的职责关系，推动人才市场管办

分离，实现政事、政企分开，明确权利和义务，形成与其他要素市场相贯通的新型人才市场管理机制；完善户籍制度，便于外来人口在广州定居，享受与本地人同等社会福利待遇，进一步激发新居民的创造热情；健全人才资源的市场价格机制，建立以能力为导向的科学人才评价机制，为创新创业企业提供高水平和多样化的人力资源；完善产学研人才流动机制，鼓励专家队伍进入企业，围绕市场热点、需求痛点、产业空白点，充分发挥自身的创造力，进行应用研究和技术革新。

社会多样性、文化包容与开放有利于激发创新活力。以美国的主要创新中心为例，在高科技创业领域，具有多元文化背景的移民在全部创业人口中占有重要比例。开放的竞争环境和包容的文化氛围，使得广州更易于成为培育创新精神的土壤。广州悠久的外贸历史和开放的态度，使得广州能够包容来自全球各地的人才。在科技创新的过程中，延续开放包容的心态，接受特立独行的创业者和梦想家，才能迎接中国的“乔布斯”的到来。

（三）形成大学、产业界和政府之间的良性互动

当前产学研协同创新，已成为推动知识创新与产业进步的重要形式。一流大学、新兴产业以及科研机构的多方面合作，在硅谷等科技中心发挥出巨大的创新作用。广州拥有包容的城市环境，汇聚了丰富的科教资源，但自身创新引擎作用仍未充分发挥，需要构建协同互动的网络创新模式，推动国际科技创新中心的形成。

沟通创新体系上下游，建设产学研协作网络。各方主体的协同创新，是知识流动的过程，需要明确合理的合作机制，以实现知识的共享、转移和创造。发挥企业的资源整合作用，鼓励企业家与科研人员进行合作，以市场为导向，培育关键技术，使科研成果成为企业发展的原动力；围绕大学建设创业孵化基地，引进社会专业人才，引导社会资本参与创新培训，发挥隐性知识的溢出效应；转变研究机构方向，由单纯技术型转

向技术、方向兼顾型，推动科研人员参与产业发展，面对市场热点研究，为新兴产业提供原始创新。

联通跨区域资源，打造战略合作共生体。产学研的合作沟通，重点在于突破体制与机制壁垒，建立释放创新活力的协同创新平台。链接整合高端资源，引领区域创新发展，对接本地与港澳创新链条，着力创新产学研合作模式，加快建设区域创新合作区；丰富产学研合作方式，不仅有非正式的联系，也要建立正式的契约，保护知识产权各方利益，建立降低沟通成本的长效机制；联手高校，推动产业转型升级，共建校地产业化基地，促进科技成果产业化，优化产业环境，合力打造产学研合作高地。

（四）构筑知名大企业和中小企业共同成长的产业生态体系

纵观世界著名的湾区的崛起，无不伴随着著名大企业的兴起和众多小企业的发展。广州虽然有着完备的制造业体系，却缺乏具有引领型的大型重点企业，中小型企业的生存环境也存在波动。为了进一步激发企业活力，广州在培养大型企业的同时，也应该兼顾中小型企业的成长，建设大企业和中小企业良性互动的双重产业生态体系。

大型企业是产业发展的基石，是融入全球产业科技网络的主力军。专业化分工与协作精细化，使得中小企业能发挥其灵活的低成本优势，取代原本属于大企业的部分，进一步提高生产经营的专业化水平。众多高度专业化生产的小企业聚集在大企业周围，为它们提供低成本、高质量、多方面的配套服务的同时，也为自己争得了更广阔的生存和发展空间。优化大湾区的企业结构，加快企业组织结构调整，抓大做强，放小扶小，逐步形成以大企业为主导、大中小企业合理分工的协调发展格局。一方面，加快培育一批创新能力突出的大公司和企业集团，重视大型企业的招商和培育，为之提供高质量的发展环境；另一方面，也应该重视中小企业的发展，特别是创新型中小企业的发展，研究制定鼓励中小企业发展的指导目录，重点扶持科技型和社区服务型中小企业，淘汰能耗高效益低的企业。

建立一个鼓励竞争的有效产业组织，保护创新知识产权，通过产业集群的建设，发挥集群内企业的优势；通过企业之间的分工合作，减少市场交易成本，提升经营效率；加强大企业和中小企业之间的良性互动，弥补自身创新资源的不足。

（五）建立鼓励大众创业、万众创新的社会制度

大众创业是经济发展的动力之源，也是稳定增长、激发创造力的重要举措。广州作为中国的南大门，拥有悠久的创业文化，但其在创业服务方面尚有不足之处，如何形成鼓励创业的社会制度、构建有活力的创新环境是其未来发展的重点。

建设利于创业的市场运行机制，打造有助创新的服务型政府。大众创业、万众创新，重点在于理顺政府与市场的关系，构建宽松完善的宏观环境和公平竞争的市场环境。鼓励创业风投，完善风险投资运行体系，培育公益性创业基金，降低银行贷款门槛，推动多元化创业融资体系的形成；建立公平的市场运行规则，健全市场立法，打破不合理的垄断地位，降低创业准入成本，最大限度为创业企业提供优良的市场环境；健全公共创业服务体系，支持并鼓励小微企业创业，打造创新创业一条龙服务，调动创业积极性，同时也要完善企业市场退出机制。

营造宽容的创业文化氛围，构建创新创业导向的教育体系。培育鼓励创业的社会文化，允许失败，接受失败，关爱与支持创业失败者，使理解与包容成为创业者成长的文化基础；重视勇于冒险的企业家精神，由逐利转为创利，将企业家精神融入新型价值观建设；借鉴国外先进教育方法，创新高校教育理念，增设创业导向课程，丰富创业意识，将创业与教学有机结合起来。

（六）建设服务创新创业企业产生和成长的服务体系

创业被认为是驱动创新的动力，但创业环境的短板效应，使得创业企业难以得到正规的发展和合理的指导。在缺乏竞争性资源的前提下，创业企业迫切需要良好的创业系统，保护公司的知识产权和创新性，扶持企业突破创业发展的瓶颈期。

管理不善和资本缺乏，常常导致小企业难以度过创业起步期。构建完善的创业孵化器，为创业企业构筑良好的成长环境；通过提供商务管理经验等孵化服务，支持帮助创业企业成长壮大；通过政策上的先行先试，帮助创业企业突破现存障碍；加速信息传递，促进各种创新要素整合；充分发挥社会力量，发展众创空间，着力发挥政策集成效应，实现创新与创业相结合，推动孵化与投资相结合，为创业者提供良好的资源共享空间；积极推动各组织交流，达成正式或非正式的战略关系，通过资源整合和合作研发等方式，形成合作的产业联盟。

集聚优势服务资源，完善企业创新创业的投融资机制。整合资源，降低创业企业商务运行成本，对科技创业企业实行鼓励性税收优惠政策；构建法律服务所等专业机构网络，提升创业企业的公共服务水平，完善科技创新创业服务体系建设；加强对创业企业政策、人才等方面的服务支持，优化企业创新创业发展的“软环境”；通过在线空间变革创业生态系统，利用线上平台整合全球创业信息资源，注重实体空间对生态系统的根基作用。

（七）发挥重要领域主导企业的带头作用

大企业是市场的技术创新主体，担负着研发与整合科技资源的重要任务。在硅谷发展的历程中，微软、苹果等企业发挥着巨大的创新引擎作用。广州作为世界一线城市，吸引了大量的投资与企业，但是在主导企业方面仍有不足之处，与同类城市相比世界500强企业较少，需要依托当地优势资源，吸引企业总部入驻，培养出带动广州创新发展的引擎企业。

做大做强主导企业，推动产业转型升级。壮大特色产业集群，推动经济高质量发展，离不开大企业对产业发展的重要支撑及为地方树立鲜明特质的产业地标。增强企业核心竞争力，依托企业建立一批重点实验室，规范并支持与高校联合共建，促进科技创新体系的形成；引进世界500强企业，积极发挥本地优势，对接国内国际资源，吸纳大企业总部落户广州，全面优化升级特色产业链；建立企业培育库，围绕重点产业发展领域，支持鼓励优质企业，优化政府服务平台，推动创新驱动发展。

坚持以市场为导向，发挥企业市场主体作用。坚持以精益制造为管理目标，加强企业家教育培训，提升团队业绩能力，打破企业粗犷生产的发展瓶颈；坚持以质量为核心做大品牌，优化政策法规环境，营造品牌发展的良好氛围，使市场、企业、政府和社会的力量有机结合；坚持企业改制上市与规范股改，建立现代企业制度，实行公开透明运作，提高发展能级，增强企业的国际竞争力。

粤港澳大湾区科技金融创新生态体系的构建与对策研究

陈远志　张卫国*

摘　要： 在打造国际科技创新中心、建设国际一流湾区和世界级城市群的重大背景下，围绕粤港澳大湾区科技金融创新生态体系的构建及对策问题，分析比较粤港澳大湾区与国际知名湾区科技金融的发展现状与特征，深入研究国际湾区科技金融创新的发展动态，准确把握前沿趋势。在此基础上，提出了粤港澳大湾区科技金融创新生态体系的结构布局、总体发展战略及实现路径，明确了由穗港科技信贷创新合作平台、深港风投创投与科技创新合作中心及两者的关联机制所构建的核心三角结构以及主要城市功能定位，进一步重点研究了建设穗港科技信贷创新合作平台、筹建湾区专业科技银行、完善湾区多层次资本市场、建设粤港澳大湾区科创四板市场等重要措施的必要性及可行性，并提出了构建粤港澳大湾区科技金融创新生态体系具体的对策建议。

关键词： 粤港澳大湾区　科技金融　创新生态体系

---

* 陈远志，经济学博士，华南理工大学工商管理学院财务管理系主任、副教授，广州市金融服务创新与风险管理研究基地核心成员，主要研究领域为科技金融、资本市场与公司财务；张卫国，华南理工大学工商管理学院院长、教授、博士生导师，“长江学者奖励计划”特聘教授，国家杰出青年科学基金获得者，广州市金融服务创新与风险管理研究基地主任。

建设粤港澳大湾区是“一个国家、两种制度、三种货币与三个独立关税区”背景下的重大国家战略与探索性实践，以何种可行路径先行突破湾区建设的前期约束是重要的问题。从现实背景看，建设粤港澳大湾区在区位优势、综合经济实力、创新要素集聚度、区域合作基础及国际化程度等方面均具备坚实的发展基础，但也在体制差异、跨境创新合作、要素流动、生态协同发展等诸多方面面临较大的阻力和挑战。

在以建设国际一流湾区及世界级城市群为发展目标、以打造国际科技创新中心为建设重点的背景下，粤港澳大湾区建设的推进路径及规划发展问题备受瞩目。从全局战略及有序推进的角度看，粤港澳金融合作与协同创新先行是大湾区建设的重要突破口，科技金融创新合作先行有助于为大湾区后续的全面战略合作提供坚实的前期基础、必要的融合时间及更大的发展空间。从国际知名湾区尤其是美国旧金山湾区的动态演进经验和前沿发展趋势来看，以金融创新引领区域合作，并以湾区内具有坚实发展基础且更为活跃的科技创新合作及相应的科技金融服务创新作为粤港澳大湾区建设的先行突破方向，推动湾区以科技金融、生态资本或生态基金引领战略性新兴产业的创新方向，进而带动湾区后续建设中其他关键要素的流动及常态化跨境合作机制的逐步建立与完善，是较为可行的现实路径。

科技金融概念在我国最早萌生于20世纪90年代，之后科技金融的相对狭义定义①主要研究严格分业经营背景下我国的科技信贷创新与科技支行等问题，随后其含义进一步拓展，涵盖科技小额贷款②、风投创投、科技股权投资与科技信贷的投贷联动创新机制、政府的科技信贷风险补偿机制等。美国总统科技顾问委员会（PCAST）在2004年首次提出了创

① 赵昌文、陈春发、唐英凯：《科技金融》，科学出版社，2009。

② 参见朱鸿鸣、赵昌文、李十六、付剑峰《科技支行与科技小贷公司：谁是较优的“科技银行”中国化模式?》，《中国软科学》2011年第12期；朱鸿鸣、赵昌文：《科技银行中国化与科技银行范式——兼论如何发展中国的科技银行》，《科学管理研究》2012年第6期。

新生态系统（Innovation Ecosystem）的明确定义。近年来，有关科技创新体系尤其是硅谷的科技创新生态体系方面的相关研究较为丰富，但是，科技金融创新生态体系的相关理念仍缺乏深入的研究分析。2015年10月，浦发银行在银行业内首推“科技金融生态圈”观念，提出科技金融应由“工具角度”向“生态角度”转变，并自2015年起逐年发布《中国科技金融生态年度观察》。但总体而言，有关科技金融创新生态体系的深入研究仍鲜见，对于湾区科技金融创新生态体系的专题研究则更为匮乏。

从国际知名湾区的成长经验及前沿发展趋势来看，湾区的科技金融创新是一个由多元要素构建形成的内生高效、共生关联的生态体系，包括极富活力的科技信贷体系，风投创投引领的科技直接融资体系，科技信贷与风投创投网络的有效关联机制，政府的引导与支持机制，科技保险、科技担保、再担保、信用互换等风险缓释及信用增级机制，以及绿色金融、生态资本、前沿金融科技与保险科技引领的内生创新驱动机制。

在全球经济由传统的“技术寻找资本”和“科技创新催生金融创新”模式向“资本寻找技术”和“生态资本引领战略性新兴产业的创新方向”模式急剧转变的大背景下，并非只有科技创新会催生和促进科技金融的创新发展，生态资本及前沿科技金融创新对于城市群的颠覆式科技创新及战略性新兴产业的发展也具有重要的方向引领及加速促进作用。在此背景下，把握国际湾区科技金融创新的发展动态及前沿趋势、深入研究粤港澳大湾区科技金融创新生态体系的构建及对策建议问题，对以科技金融的创新合作引领湾区科技创新的高速发展，加快粤港澳大湾区先进制造业的创新升级，培育和壮大湾区的战略性新兴产业及“独角兽”企业群，推动湾区建成具有国际竞争力的现代产业体系，有效推进粤港澳大湾区国际科技创新中心的建设，进而实现“建设国际一流湾区及世界级城市群”的总体发展目标，具有重大的战略价值和现实意义。

本报告在比较分析国际湾区的科技金融发展经验、准确把握国际湾区科技金融创新的发展动态与前沿趋势的基础上，深入研究粤港澳大湾区科技金融创新生态体系的结构布局、总体发展战略及实现路径，并提出相应的对策及建议。报告的主体内容包括以下五大部分：第一部分为粤港澳大湾区与国际湾区的科技金融比较分析；第二部分为国际湾区科技金融创新的发展动态及前沿趋势；第三部分为粤港澳大湾区科技金融创新生态体系的构建；第四部分为构建粤港澳大湾区科技金融创新生态体系的具体对策建议，涉及科技信贷创新合作平台的建立、风投创投与科技创新合作中心的建设、科技信贷创新合作平台和风投创投与科技创新合作中心的关联机制的构建、湾区多层次科技股权直接融资市场建设、绿色金融合作平台的建立、常态化的湾区科技金融国际合作机制建设等；第五部分为结论与展望。

一　粤港澳大湾区与国际湾区的科技金融比较分析

在《粤港澳大湾区发展规划纲要》正式发布不久的背景下，粤港澳大湾区以打造“具有全球影响力的国际科技创新中心”为战略定位，以建成“国际一流湾区和世界级城市群”为发展目标，已形成多方的共识并成为关注的焦点。

放眼全球，纽约、东京、旧金山、伦敦等国际知名湾区的前沿科技创新高度发达并持续引领经济高速增长的深层次原因在于，各湾区拥有完备的引领基础科技创新及前沿科技颠覆式创新发展的科技金融创新生态体系，并且各具特色，优势明显。这对粤港澳大湾区打造成为新兴的国际科技创新中心，实现其建成“国际一流湾区和世界级城市群”的发展目标，具有重要的研究价值和启示意义。

1. 国际知名湾区的金融体系都高度发达，优势明显，且特色鲜明

从湾区包含金融服务业的第三产业所占比重看，东京、纽约、旧金山湾区 2016 年的比重分别达到 82.3%、89.4%、82.8%，而粤港澳大湾

区2016年和2017年仅分别为62.2%和64.9%。从金融业增加值占GDP的比重看，三大国际湾区分别为15.1%、27.14%、16.09%，粤港澳大湾区则是14.93%，其中香港的金融业增加值占GDP的比重已达到18%，但由于体制上的特殊性，与内地金融业仍处于相对割裂状态。

从各国际湾区的金融特色看，纽约湾区是全方位金融创新的“激进派”，汇聚了全球市值第一和第三的两大证券交易所，其证券总市值是粤港澳大湾区深、港交易所总市值的4.6倍，全球100家最大银行中90%以上在纽约设有总部或分行。东京湾区则聚集了全球最多的银行机构，是传统银行金融和产业金融的坚定守护者，据风投数据公司CB Insights统计，日本投资界在2015年之前几乎没有涉及金融科技领域。而旧金山湾区则被誉为“科技湾区”，其坚持走兼顾传统银行与新兴科技金融的协同创新路径，核心特色为富有活力的风投创投网络以及内生高效的湾区科技金融创新生态体系。

2. 国际知名湾区的国际金融中心地位稳固，综合实力及特色金融竞争力领先

从英国Z/Yen智库2018年3月26日发布的全球金融中心指数（GF-CI）排名情况看，四大国际湾区主要城市中的伦敦、纽约、东京、旧金山分别位列第1、2、5、8位，而粤港澳大湾区中的香港、深圳和广州则分别位列第3、18、28位。其中，纽约以综合实力位居全球第2位，东京以银行与产业金融为特色，旧金山则以风险投资与科技直接融资优势见长，并且风投创投增速较大的旧金山、深圳、广州等城市均较上一期排名提升，其余三个城市则持平。

2018年9月12日最新发布的第24期“全球金融中心指数”（GFCI 24）报告显示，伦敦、纽约、东京、旧金山分别位列第2、1、6、14位，而粤港澳大湾区中的香港排名不变，仍位列全球第3位，深圳和广州则分别跃升至第12位和第19位，粤港澳大湾区的国际金融中心地位持续快速增强。

3. 以科技湾区和风险投资著称的美国旧金山湾区，拥有高效的科技金融创新生态体系，作为全球领先的国际科技创新中心其优势仍极为凸显

旧金山湾区以其发达的风投创投网络而著称，其科技金融创新生态体系包括极富活力的科技信贷体系，风投创投引领的科技直接融资体系，以及科技保险、科技担保、信用评级和科技股权评估等科技金融中介机构所形成的共生关联体系，对于粤港澳大湾区建成以科技金融创新引领的新兴国际科技创新中心具有重要的借鉴意义和研究价值。

其中，旧金山湾区的科技信贷体系涉及以硅谷银行为代表的专业科技银行、以 WTI 与 TriplePoint Capital 等为代表的非银行信贷机构以及相应的科技信贷服务中介体系，对于粤港澳大湾区建立相应的科技信贷创新合作平台、推动科技信贷的突破性发展、探索及推进湾区普惠式科技金融服务的创新实践，均具有重要的启示及借鉴意义。美国硅谷银行成功的关键在于，自 1993 年起退出房地产和传统商业银行信贷业务，奉行利基市场战略（Niche Market Strategy，又称缝隙市场或小众市场战略），致力于风投（VC）机构介入的高新技术和生物科技领域科创企业的投贷联动业务，以风投机构的先期投资与介入结果来甄别和筛查科技企业的经营风险及潜在的违约风险，有效控制和降低其科技信贷风险，并通过贷款利息、股权及认股权证收益等多种灵活方式获得利润。此外，硅谷银行实施科技信贷与硅谷资本股权投资的分离决策机制，通过强化与风投创投机构的深度合作实现对高新科技企业投贷决策的全过程风险管理。

相比而言，我国商业银行当前设立的国内科技支行，普遍受非独立法人实体资格以及银行禁止持有企业股权或股票期权的严格分业经营约束，商业银行无法获取贷款利息以外的股权或认股权证收益，种子期、初创期企业的科技信贷面临“高风险、低收益”的风险与收益严重不相匹配困境，因而，国内普通商业银行从事科技信贷业务的积极性普遍较低。即便是目前国内的投贷联动试点银行，由于缺乏明确的风险隔离与

控制机制，其业务发展也仍然面临困境。除此之外，旧金山湾区以 WTI 与 TriplePoint Capital 等为代表的非银行信贷机构作为湾区科技信贷的有力补充，也极富活力，其运作模式近年来在中国本土化为天津模式及江苏模式等两类科技小额贷款公司。

在粤港澳大湾区内，广州的科技信贷实力强劲。自 2016 年初广州的科技信贷风险补偿资金池正式运作以来，补偿资金池备案企业累计已超过 9000 家，并且备案企业数量仍在持续快速增长。2017 年 6 月，广州市科技信贷金额已突破 60 亿元，纯信用科技贷款占 75%，科技信贷规模居全国第 1 位。截至 2018 年 10 月，广州科技信贷风险补偿资金池共撬动 8 家合作银行为全市 1211 家科技企业提供贷款授信超过 138. 87 亿元，实际发放贷款 84. 33 亿元。在已获批企业中，高新技术企业占 80. 68%，新三板企业占 16. 18%，首次获贷企业占 36. 17%，获得纯信用贷款的企业占 61. 77%。

但是，受信贷与股权投资严格分业经营的限制，广州以及粤港澳大湾区其他内地城市的科技信贷业务仍以商业银行的科技支行为主要载体，缺乏与风投机构及风投资本紧密合作、服务于高新科技企业的专业科技银行。从科技小贷行业看，2016 年 12 月《广东省人民政府金融工作办公室关于进一步促进小额贷款公司规范发展的意见》放宽了广东的小额贷款公司准入门槛及投融资渠道等相关规定，港澳资本设立境内小额贷款公司的门槛降低，股东持股比例限制也被取消，但粤科科技小贷等专业科技信贷企业仍有待持续培育与发展，并且新规虽然支持优质小额贷款公司开展试点投贷联动业务，但其股权投资比例仍严格受限于 20%。从粤港澳大湾区的整体层面看，内地城市与港澳之间缺乏科技信贷的互联互通与合作共建平台，整合潜力巨大。

4. 国际湾区是全球风投创投资本的高密度聚集地，并且优势区域的自我强化趋势明显

全球 68. 6%的风险投资集聚于美国，全美 48. 28%的风投总额又聚集

于美国加州，而其中的旧金山湾区更是高密度聚集了加州87%的风险投资（截至2018年上半年）。从全球角度看，旧金山湾区在风险投资领域仍处于明显的领先地位，占全美风险投资总额的42%、全球风险投资总额的28.81%，并且该区域的风投创投集群趋势还在加速。

在全球吸收风险投资前20强的城市中，美国有12个，并且前6强均为美国城市，其合并额就约占全球风投总额的45%。旧金山湾区中的两座城市旧金山和圣何塞分别占全球风险投资20强城市总投资额的15.4%和9.9%，合计占25.3%；纽约和伦敦分别占5.0%和2.0%，分列第4位和第7位。国内的北京和上海分别占1.8%和1.2%，分列第9位和第14位。粤港澳大湾区中的香港，以及风投总额全国排名靠前的广东省内的深圳、广州等城市均未能上榜。可见，虽然深圳的风投创投发展趋势强劲，但与全球领先水平还有较大的差距。2017年，广东省的天使、风投、私募股权基金的总投资额为1626亿元，仅占GDP的1.81%，落后于北京和上海居全国第3位，与美国的全国平均水平3.6%相比，仍存在较大的差距。

5. 国际湾区引领着金融科技、保险科技、绿色金融与生态基金、战略性新兴产业的最新发展趋势，并成为助推湾区未来科技金融创新的强大动力

美国聚集了全球众多的顶尖金融科技企业，而旧金山湾区公司则占据美国最具创新力金融科技企业的52%，纽约湾区占22%。深圳的金融科技在移动支付、智能投顾、数字货币、区块链等领域持续快速发展，并且在某些局部领域具有全球领先优势。科技金融创新也推动了广东制造业的智能化转型以及互联网科技金融的高速发展。深圳的网贷平台居全国首位，互联网众筹平台急速发展，但目前仍以粗放扩张为主，亟待规范监管。香港在全球金融科技枢纽中位列第5，有200多家与国际前沿接轨的初创型科技金融企业，但由于缺乏互联互通机制，与内地产业缺乏深度的关联合作。

另外，旧金山湾区和纽约湾区也是全球领先的保险科技创新中心，

全球高达4万亿美元的保险行业价值之中美国就占据了其中的1.3万亿，并且主要的创新型保险科技企业均集聚于这两大湾区。近年来，纽约湾区中的Lemonade、Policygenius、Oscar等保险科技创新企业备受关注，而旧金山湾区也有Zenefits、Trov、Metromile、Coverhound、Stride Health、Next Insurance、SimplyInsured等众多的保险科技明星公司。由于旧金山湾区更倾向于奉行细分的市场渗透战略，未来可能产出更多颠覆型、更具破坏力的创新型企业。保险科技创新助推科技保险的普惠式增长，成为旧金山湾区科技金融创新生态体系中的重要组成部分。

此外，近年来国际湾区中的绿色金融、生态资本以及战略性新兴产业的加速发展也备受关注。美国发布的《2016—2045年新兴科技趋势报告》列举了未来30年最值得关注的物联网、机器人与自动化系统、智能手机与云计算、智能城市、合成生物科技、气候及生态科技等20项新兴科技的创新发展方向，而这些领域及创新方向在国际知名湾区的战略性新兴产业前沿发展动态中都得到充分体现，并且也是旧金山湾区风投创投资本所重点关注的对象。

二　国际湾区科技金融创新的发展动态及前沿趋势

科技金融创新的本质是金融创新与科技创新的深度耦合。国际知名湾区的发展经验及前沿趋势表明，并非只有科技创新能够催生和促进科技金融的创新发展，生态资本以及科技金融创新对于科技创新也具有重要的引领作用，尤其在颠覆式科技创新领域以及战略性新兴产业的前沿创新方向上。湾区高效的科技金融创新生态体系具有引领战略性新兴产业的未来发展方向、推动和引领基础科技创新及颠覆性前沿科技创新的强大动力，因而，科技金融创新生态体系对于推动湾区的科技创新及战略性新兴产业的发展至关重要。

近年来，旧金山、伦敦、纽约与东京等国际湾区的科技金融创新呈现若干明晰的发展动态与前沿趋势，值得深入研究与借鉴。

第一，风投创投加速聚集、自我强化的趋势越发明显，风投创投高速增长的城市或区域的国际金融中心指数排名持续提升。

第二，湾区科技金融创新需要打造科技信贷、风投创投引领的科技直接融资市场、科技保险、科技担保、科技信用评级、科技股权评估、金融科技与保险科技创新等核心要素或机制共生关联的生态体系，旧金山湾区作为全球领先的国际科技创新中心，其优势依然非常明显，地位稳固。

第三，近年来，国内的北京、上海、苏州、杭州等地科技金融的快速崛起，以及粤港澳大湾区在经济总量上跃居全球第二等经验表明，国家战略、核心城市的引领与带动、政府部门的顶层设计以及政策支持、区域创新生态所激发的个体自发创新动力及群体创新聚合力，均有助于湾区经济的快速崛起与赶超。

第四，近年来，国际湾区以绿色金融、生态资本或生态基金引领战略性新兴产业的持续创新发展方向这一趋势日趋明显。香港特区政府目前已取得了发行基准绿色债券、为绿色项目和证券提供认证等关键性进展。粤港澳大湾区在整体层面应进一步拓宽绿色私募股权投资基金、绿色创业投资基金、生态资本与生态基金的互联互通与发展通道，以持续引领湾区未来战略性新兴产业的创新发展。

第五，旧金山湾区与纽约湾区既是全球金融科技创新的最重要区域，也是全球的保险科技创新中心。金融科技和保险科技等领域的重大创新将改变智能制造、互联网科技金融以及普惠式科技保险的发展业态。并且，旧金山湾区基于精准细分的利基市场战略，更易于产生最具破坏力的颠覆性创新科技，深刻影响全球科技金融创新的方式与方向。

三 粤港澳大湾区科技金融创新生态体系的构建

1. 粤港澳大湾区科技金融创新生态体系的结构布局

国际湾区发展的动态演进经验表明，极富活力的前沿科技创新能力是其能够始终引领区域、国家以至全球经济增长的重要源泉，近年来国际知名湾区的前沿动态及创新实践又进一步显示，不仅科技创新会催生和促进科技金融的创新发展，前沿科技金融创新及生态资本也具有极强的前瞻性，对于颠覆式科技创新、“独角兽”企业的培育与发展以及战略性新兴产业的未来发展方向具有重要的引领作用。因而，对于以打造国际科技创新中心为战略定位、以建设国际一流湾区及世界级城市群为发展目标的粤港澳大湾区而言，构建内生高效、共生关联的湾区科技金融创新生态体系，全力推动湾区科技金融的创新合作，引领湾区前沿科技创新及战略性新兴产业的创新发展，具有重要的前瞻性战略价值及可行性现实意义。

借鉴国际湾区尤其是美国旧金山湾区在科技金融创新领域的成功经验，综合考虑粤港澳大湾区建设的前瞻性战略目标要求、创新发展的现实基础以及既有优势与不足，粤港澳大湾区急需构建一个富有前瞻性、系统全面、内生高效的科技金融创新生态体系以奠定湾区中长期创新发展的坚实基础。粤港澳大湾区科技金融创新生态体系的构建思路与总体目标，是打造一个由多元主体及科技金融创新要素共生关联、内生高效的创新生态体系，其核心要素包括极富活力的科技信贷体系，风投创投引领的科技直接融资体系，科技信贷与风投创投网络的有效关联机制，政府的引导与支持机制，科技保险、科技担保、再担保、信用互换等风险缓释及信用增级机制，以及绿色金融、生态资本、前沿金融科技与保险科技引领的内生创新驱动机制。

图1给出了粤港澳大湾区科技金融创新生态体系的总体结构布局。该创新生态体系具有显著的前瞻性、系统性及可行性特征。第一，粤港澳大湾区科技金融创新生态体系是由穗港科技信贷创新合作平台、深港风投创投与科技创新合作中心以及两者的关联机制构建的核心三角结构所引领的粤港澳城市群科技金融创新生态体系。穗港科技信贷创新合作平台、深港风投创投与科技创新合作中心的建设，既反映了科技信贷与

风投创投网络引领的科技创新合作在湾区科技金融创新中的核心地位，也反映出湾区主要城市在科技金融领域中的既有优势。强调湾区科技信贷与风投创投网络之间的关联机制，则是借鉴了美国硅谷银行及旧金山湾区成功的投贷联动实践经验。在当前我国严格分业经营的法制和银行运行体制背景下，如何建立和强化科技信贷及风投创投网络之间的关联机制，以充分发挥风投创投对于科技信贷的前期风险筛查及辅助甄别功能，既是全新的探索性实践，也是粤港澳大湾区科技金融创新所面临的重大挑战之一。

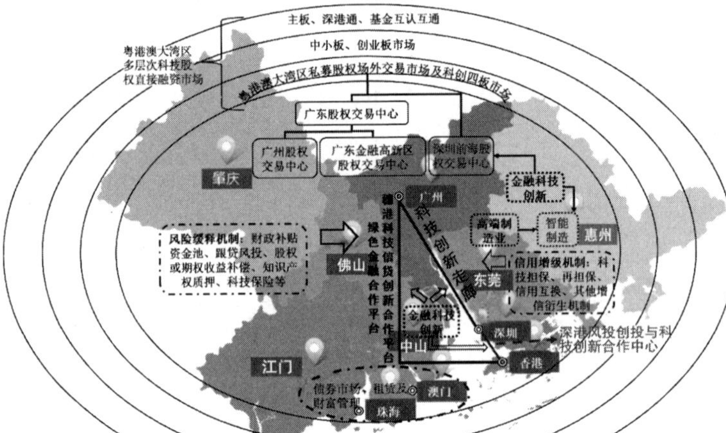

图1　粤港澳大湾区科技金融创新生态体系的结构布局示意图

第二，湾区中广州、深圳、香港、澳门四大城市在科技金融创新生态体系中的定位明晰，澳门与珠海在债券市场、融资租赁、财富管理等业务领域特色较为明显，大湾区城市群中的其他城市也各具特色并积极合作，以广州南沙、深圳前海、珠海横琴、落马洲河套地区为创新实践前沿，各地的科技金融服务中心及创新园区、合作平台构成粤港澳大湾区科技金融创新生态体系中的重要关联网络。

第三，粤港澳大湾区急需建立涵盖湾区私募股权场外交易市场及科创四板市场、深圳中小板、深港创业板、深港主板、深港通、债券通、基金互认以及未来的 ETF 通、新股通、衍生品通等跨区域互联互通的多层次科技股权直接融资市场，通过健全和完善风险资本、生态基金以及科技股权投资的退出渠道及退出机制，逆向促进风投创投及前沿科技投资在粤港澳大湾区的加速集聚与快速发展，加速建成具有全球影响力的国际科技创新中心。除了加速深港场内资本市场的互联互通，粤港澳大湾区急需建设统一的区域性私募股权场外交易市场，联合香港的金融优势及专业能力，实现专业认证、分层运作，并重点发展粤港澳大湾区科创四板市场。

第四，建立和完善科技信贷发展所必需的风险缓释及信用增级配套机制，是构建共生关联、内生高效的粤港澳大湾区科技金融创新生态体系的必然要求。前者包括各级财政的科技信贷风险补偿资金池、鼓励银行跟贷风投、试点银行信贷的股权或期权收益补偿、知识产权质押贷款、科技保险等机制，后者则包括科技担保、再担保、信用互换及其他增信衍生机制。风险缓释及信用增级配套机制创新是解决我国当前严格分业经营约束下普通商业银行科技信贷所面临的“风险与收益严重不对称”问题的重要方向，也是国际湾区结合政府支持及市场化机制解决科技信贷风险分担问题的重要启示和经验。

第五，金融科技创新作为粤港澳大湾区科技金融创新的重要载体之一，在湾区科技金融创新生态体系中具有重要的作用。前沿科技金融创新与湾区的既有高端制造业相结合，成为推动粤港澳大湾区先进制造业持续创新升级的重要力量。同样，保险科技创新，以及绿色金融、生态资本的发展，有助于增强湾区科技金融创新体系的前瞻性及先进性，在粤港澳大湾区科技金融创新生态体系的结构布局中同样不可或缺。

2. 主要城市的功能定位

粤港澳大湾区科技金融创新生态体系中的主要城市功能定位，应与湾区总体规划中城市的产业分工与职能定位思路相符，并体现不同城市科技金融的既有优势及发展潜力特征。如前所述，粤港澳大湾区科技金融创新的总体发展思路是建立由穗港科技信贷创新合作平台、深港风投创投与科技创新合作中心以及两者的关联机制构建的核心三角结构所引领的粤港澳大湾区城市群科技金融创新生态体系。与之相应，粤港澳大湾区科技金融创新的广州、香港、深圳三极核心引领结构如图2所示。

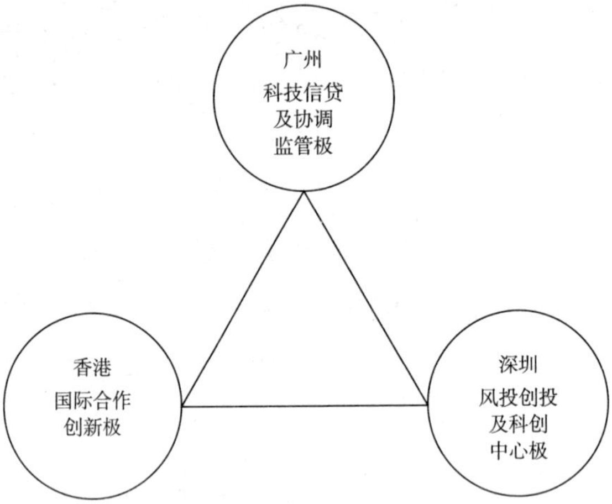

图2　粤港澳大湾区科技金融创新的三极核心引领结构

在粤港澳大湾区科技金融创新生态体系中，广州以其银行体系相对发达、科研院所及重点研究中心密集、湾区内地城市中的绿色金融改革创新试验区等优势，重点建设穗港科技信贷创新合作平台及绿色金融合作平台，并承担湾区科技金融创新的顶层设计、政策建议与区域协调监管职能，定位为湾区科技金融创新生态体系中的科技信贷及协调监管极。香港则重在发挥其作为国际金融中心的全方位引领带动作用，扩大国际合作并提升湾区科技金融创新的跨境合作水平及国际影响力，建设国际绿色金融认证与交易中心，定位为湾区科技金融创新生态体系中的国际合作创新极。深圳则侧重发挥其在风投创投、科技创新、多层次资本市场、金融科技等领域的突出优势，重点打造深港风投创投与科技创新合作中心，定位为湾区科技金融创新生态体系中的风投创投及科创中心极。

其余八座城市在湾区科技金融创新生态体系中也有明确的定位，在延伸拓展临近主要城市的定位功能基础上，大力推动科技信贷创新与风投创投网络建设，并结合制造业及区域特色产业优势，加强跨区域合作，促进与当地特色产业相应的科技金融创新，建立湾区科技金融创新体系高效运作所必备的风险缓释及信用增级等中介机构或运行机制。

3. 粤港澳大湾区科技金融创新的总体发展战略

借鉴国际知名湾区的科技金融创新经验及前沿动态发展趋势，综合考虑粤港澳大湾区建设的前瞻性战略目标要求、现实基础以及优势与不足，基于湾区科技金融创新生态体系的结构布局，粤港澳大湾区科技金融创新的总体发展战略应设定为：以金融整合与金融创新引领湾区合作，以科技金融创新引领湾区的前沿科技创新及战略性新兴产业的创新发展方向，构建共生关联、内生高效的粤港澳大湾区科技金融创新生态体系，打造具有全球影响力的粤港澳大湾区国际科技创新中心，建成国际一流湾区和世界级城市群，打造引领泛珠、辐射东南亚、服务于"一带一路"的金融枢纽及全球领先的湾区金融生态圈。

4. 构建粤港澳大湾区科技金融创新生态体系的实现路径

基于粤港澳大湾区科技金融创新的总体发展战略目标，综合考虑粤港澳大湾区的既有优势与不足、创新发展的现实基础以及战略实施的可行性，粤港澳大湾区科技金融创新战略的总体实现路径可设定为：确立穗港科技信贷创新合作平台、深港风投创投与科技创新合作中心以及两者的关联机制所构建的核心三角结构，明确广州在粤港澳大湾区科技金融创新中的科技信贷、政策建议与协调监管职能定位，以及香港的国际合作创新极、深圳的风投创投及科创中心极等城市功能定位，构建穗港科技信贷创新合作平台及绿色金融合作平台，打造深港风投创投与科技创新合作中心，并通过广州、深圳轮流举办中国风险投资论坛、国际湾区论坛、投贷联动论坛等常态化跨区域合作与交流机制，建立穗港科技信贷创新合作平台与深港风投创投与科技创新合作中心的关联机制，打造互联互通的粤港澳大湾区多层次科技股权直接融资市场，重点建设粤港澳大湾区科创四板市场，大力发展和完善科技金融创新所必需的风险缓释及信用增级工具、中介机构及支持机制，发挥绿色金融、生态资本与生态基金、前沿金融科技与保险科技创新对粤港澳大湾区科技金融创新的重要引领与推动作用，构建内生高效、共生关联的粤港澳大湾区科技金融创新生态体系，推动国际科技创新中心的建设，提升粤港澳大湾区的国际合作水平与国际影响力，逐步实现国际一流湾区和世界级城市群的发展目标。

四　构建粤港澳大湾区科技金融创新生态体系的具体对策建议

构建共生关联、内生高效的粤港澳大湾区科技金融创新生态体系是一项系统工程，需要深入研究与探讨，并提出具体可行的对策建议。

（一）重点建设穗港科技信贷创新合作平台，筹建湾区专业科技银行，全力推进粤港澳大湾区普惠式科技信贷服务的创新发展

1. 既有优势与基础

（1）广州和香港在银行领域的既有优势突出，广州拥有超大的存款、信贷规模以及超强的产业金融综合实力，香港拥有国际金融中心地位，全球百大银行中的70%均在香港营运，截至2017年底，粤港澳三地银行总资产合计约7万亿美元，银行存款总额高达4.7万亿美元，均已超越了美国的纽约湾区及旧金山湾区。

（2）广州的科技信贷实力强劲，2015年就设立了全国规模最大的科技型中小企业信贷风险补偿资金池，2017年6月，广州的科技信贷金额已突破60亿元，科技信贷规模居全国第1位。截至2018年10月，广州科技信贷风险补偿资金池撬动8家合作银行为科技企业提供贷款授信额度超过138.87亿元，科技信贷规模持续扩大，贷款方式及结构持续优化。

（3）广州的高新科技企业及科技型中小入库企业数量持续快速增长，科技信贷及科技金融服务需求急速上升。2017 年广州的高新技术企业新增 3951 家，总数达 8690 家；2018 年广州科技型中小企业入库数达到 7956 家，占全国入库数量的 8%，入库企业数位居全国城市（含直辖市）第 1 位。这对广州及其所在的粤港澳大湾区的科技信贷创新及合作提出了更高的要求。

（4）香港拥有成熟的国际银行运作体系及跨境合作经验，其信贷产品开发与业务创新能力以及推动金融科技创新与银行业务创新相结合的监管沙盒、智慧银行等探索实践及有益经验可考虑拓展运行于整个粤港澳大湾区。

2. 存在问题及挑战

目前粤港澳大湾区科技信贷创新所面临的问题及挑战主要包括以下四方面。

（1）内地与港澳的银行监管法规及运行体制存在较大的差异。香港的银行和信贷体系的运行与国际较为接轨，而内地城市的商业银行受《中华人民共和国商业银行法》第 43 条、《贷款通则》第 20 条等法律法规的约束，除十家投贷联动试点银行外，其业务创新需严格遵守分业经营的相关规定。

（2）粤港澳大湾区目前缺乏科技信贷创新的重点合作平台，普惠式科技信贷服务的创新发展缺少突破性、富有特色的拓展模式。

（3）近年来，苏州、杭州、上海杨浦区、北京中关村等地的科技信贷创新实践，以及全国多地的科技小额贷款公司的快速创新发展（其中以天津模式与苏州模式最为典型），特色鲜明，引领所在区域的科技创新及新兴产业快速增长，对广州的科技信贷及金融创新构成压力及挑战。

（4）虽然广州的科技信贷实力强劲，中国建设银行科技金融创新中心作为国内首家大型商业银行的总行级科技金融创新中心也落户广州，并且广东省全省的科技支行数量也超过了 92 家，但是广州等湾区内地城市的科技信贷业务受严格分业经营的限制仍主要由分散化的多家商业银行的科技支行承载；虽然目前粤港澳三地银行的总资产及存款规模均已超过了美国的纽约湾区和旧金山湾区，但是粤港澳大湾区仍缺乏美国硅谷银行模式的专业科技银行。虽然在法制、体制以及风投创投环境等方面存在较大差异，美国硅谷银行的成功经验、国内浦发银行与美国硅谷银行合资的浦发硅谷银行对于上海科技金融创新的推动作用，以及浦发硅谷银行深圳分行的正式开业，均有力地佐证了广州联合香港申请筹建粤港澳大湾区专业科技银行的必要性及迫切性。

3. 必要性及可行性分析

首先，在国内商业银行严格分业经营、各地形式多样和特色鲜明的科技信贷与科技小额贷款等创新实践日新月异的大背景下，广州联合香港建立并重点建设穗港科技信贷创新合作平台，是应对压力与挑战的必然选择。建立与发展穗港科技信贷创新合作平台的使命和目标在于，发挥香港的银行业优势及专业实力，促进广州在分业经营约束下的科技信贷体系及业务创新，推动香港银行机构在湾区内地城市的科技企业信贷及金融服务业务的发展，促进穗港两地银行部门在科技企业金融服务领域开展深度合作，联合申报与筹建粤港澳大湾区新型的专业科技银行，推动粤港澳大湾区普惠式科技信贷业务的创新合作发展，形成粤港澳大湾区科技金融创新的鲜明特色。

其次，截至 2017 年底，粤港澳三地银行总资产（合计约 7 万亿美元）以及银行存款总额（约 4.7 万亿美元）均已超越了美国的纽约湾区及旧金山湾区。因而，粤港澳大湾区并不缺乏大型的商业银行及巨额信贷资本对于湾区重点项目及重大创新合作项目的支持，但缺乏推动湾区科技创新持续快速发展的美国硅谷模式的专业科技银行。湾区新型的专业科技银行，应重点覆盖获得不同轮次风投融资的众多科技企业，重视与风投创投机构的深度合作以实现科技信贷风险的辅助筛查与甄别，并在获得投贷联动资格的前提下，推进科技股权投资等自营业务，实现科技信贷与科技股权投资决策相对独立、信息高度共享、风险有效隔离的专业科技银行运营模式。美国硅谷银行的成功经验以及合资的浦发硅谷银行对于上海科技金融创新的推动作用，有力地佐证了广州联合香港申请筹建粤港澳大湾区新型的专业科技银行的必要性与迫切性，而浦发硅谷银行深圳分行的正式开业则从另一个侧面间接印证了在粤港澳大湾区设立新型的专业科技银行的可行性。

最后，广州的新三板挂牌企业数居全国省会城市首位，科技型中小企业入库数（2018 年达到 7956 家）居全国第 1 位，拥有坚实的各层级科技型中小企业发展基础，因而需要建立一个长期的创新合作平台，以推动湾区普惠式科技信贷服务的突破性快速增长，并形成鲜明的粤港澳大湾区科技金融创新特色，推动湾区创新驱动战略的落地。广州与香港联合，充分发挥香港的国际金融中心地位及金融创新能力，有助于为穗港科技信贷创新合作平台的建设注入活力及新鲜血液，推动湾区普惠式科技信贷的突破性发展，并奠定粤港澳大湾区科技金融创新发展的中长期坚实基础。

4. 具体对策建议

（1）重点建设穗港科技信贷创新合作平台，建立广州与香港银行业及科技信贷领域的常态化创新合作机制，积极探索穗港银行机构在内地分业经营约束下的科技信贷创新实践以及在香港地区的国际科技信贷合作创新机制，奠定粤港澳大湾区科技金融创新的坚实基础，形成鲜明的湾区特色。

（2）广州联合香港申请筹建粤港澳大湾区新型的专业科技银行，全面提升粤港澳大湾区科技金融创新的国际化水平及全球影响力。粤港澳大湾区新型的专业科技银行应注重粤港澳地区的差异化特色及市场运作实效，重视与风投创投机构的深度合作，对获得 A 轮到 C 轮风投融资的不同企业实施差异化的科技信贷策略，有效筛查和控制科技信贷风险，并在获批投贷联动资格的基础上，推进科技股权投资等自营业务，实现科技信贷与科技股权投资决策相对独立、信息高度共享、风险有效隔离的专业科技银行运营模式。

（3）基于穗港科技信贷创新合作平台建立两地金融监管机构间的业务创新及服务创新合作机制，推广应用互联网大数据监管平台、监管沙盒、智慧银行等金融科技成果，推动针对数量众多的塔基层广州科技型中小入库企业的科技信贷业务及金融服务业务创新，引领和推动粤港澳大湾区普惠式科技信贷服务的创新发展。

（二）打造深港风投创投与科技创新合作中心，推动风投创投基金及私募股权投资基金的跨境互投互通，全面提升湾区风投创投网络的凝聚力及全球影响力

1. 既有优势与基础

（1）深港核心区域的风险投资（VC）及私募股权投资（PE）发达，持续引领科技创新及战略性新兴产业的快速增长。图 3 显示，2005~2017 年深港地区的 VC/PE 融资总额及事件数在波动中有增长趋势，香港地区融资金额的波动较大，深圳则持续强势增长。另外，香港的基金管理业务合计资产超过 23450 亿美元，同时也是亚洲第二大私募基金投资中心，占亚洲私募基金投资总额的 15%，金额高达 1350 亿美元（截至 2017 年 12 月），在国际 VC/PE 投资领域优势明显。

（2）深圳的高科技产业和创新孵化能力具有明显优势，香港则聚集了全球诸多的科技创新要素、国际创投资本以及国际商务资源，深港具备建成粤港澳大湾区风投创投与科技创新合作中心的坚实基础。2017 年，深圳全社会研发投入超过 900 亿元，占 GDP 的比重提升至 4.13%；PCT 国际专利申请量突破 2 万件，占全国四成以上，连续 14 年居全国大中城市第 1 位。世界知识产权组织基于 PCT 专利申请数据综合评价全球城市群区域的创新集群程度，其《2017 全球创新指数报告》结果显示，深圳—香港地区已超越硅谷所在的旧金山湾区，仅次于东京—横

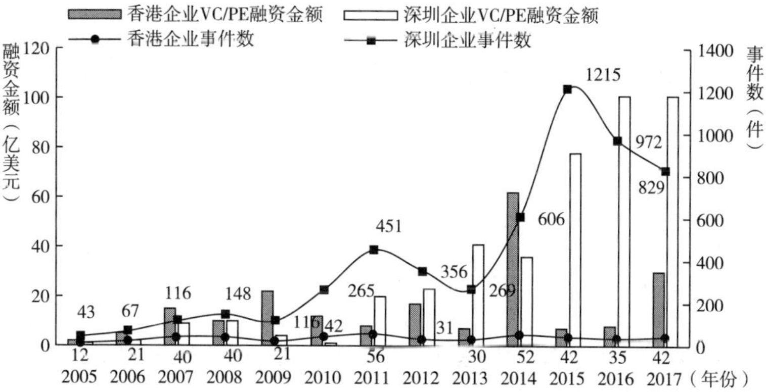

图 3　2005~2017 年深港地区企业 VC/PE 融资金额及事件数

资料来源：根据清科研究中心私募通、德勤研究整理得到。

滨地区，居全球第 2 位。因而，深港地区的专利及知识产权成果获得长足进展，关键在于如何促进专利成果的产业化、商业化，并提高专利及知识产权成果的国际影响力及价值。

（3）深圳已涌现出一批估值在 10 亿美元以上的“独角兽”初创公司。例如，华星光电、证大速贷、房多多、柔宇科技、随手记、菜鸟网络、分期乐、五洲会等 15 家总估值超过 400 亿美元的初创企业成立。香港的“独角兽”投资基金也极为活跃。“独角兽”初创公司的涌现，既见证了深港地区的风投创投成效，也成为深港风投创投网络以及科技创新合作中的新节点，因为更多的科技龙头企业及“独角兽”公司设立内部的风险投资部，以对外风险投资的方式进一步深度参与到区域创投及科技创新的进程中去。

2. 具体对策建议

（1）研究和制定具体行动计划，打造深港风投创投与科技创新合作中心，推动深港风投创投网络的示范性融合发展，强化风投创投网络对科技创新及成果转化的促进及推动作用，引领湾区风投创投网络的加速集聚及创新发展。

（2）重点关注和深入研究全球风险投资的加速聚集趋势以及龙头科技企业和“独角兽”公司对外风险投资（公司风险投资，CVC）等新动向，推动深港风投创投网络的前瞻式发展及完善。

（3）出台政策鼓励深港两地机构的跨境风险投资（跨境互投）、合作共投（跨境合投），发挥香港金融枢纽功能，推动深港风投创投网络的国际接轨转型，更多地引进国际风投创投资本推动湾区国际科技创新中心的建设与发展。

（三）以科技创新走廊建设及常态化跨区域合作交流机制建立穗港科技信贷创新合作平台和深港风投创投与科技创新合作中心的关联机制，完善粤港澳大湾区科技金融创新生态体系中的核心三角结构

1. 发展基础及必要性

（1）2017年12月，广东制定和发布了《广深科技创新走廊规划》，明确了穗莞深的科技创新定位，提出建立跨区域的科技协同创新机制以及2050年建成国际一流科技产业创新中心的预定目标。

（2）虽然《广深科技创新走廊规划》的实施旨在以“一廊十核多节点”推动穗莞深以至于广东省全省的科技创新以及跨区域协同创新机制的建设，但也为粤港澳大湾区构建完备的科技金融创新生态体系提供了关联湾区的科技信贷与风投创投网络、完善湾区科技金融创新生态体系核心三角结构的绝好契机。

（3）在严格分业经营管制下，科技信贷与科技股权投资之间缺乏可行的投贷联动关联机制以有效支持创新型科技企业的发展，因而如何创造性地有效关联科技信贷与科技股权投资机制对于构建湾区科技金融创新生态体系尤为重要。这也是国内各地目前科技金融创新与发展所普遍面临的最大困境之一。2019年2月28日印发的《粤港澳大湾区发展规划纲要》强调：“全面推进‘广州—深圳—香港—澳门’科技创新走廊建设。”“广州—深圳—香港—澳门”科技创新走廊是对广深科技创新走廊

的延伸。科技创新走廊的建设为有效关联穗港科技信贷创新合作平台以及深港风投创投与科技创新合作中心提供了重大契机。此外，建立有效关联科技信贷与风投创投网络的其他常态化合作机制，也有助于完善湾区科技金融创新生态体系中的核心三角引领结构。

2. 具体对策建议

（1）在实施《广深科技创新走廊规划》过程中，出台政策及措施鼓励在穗莞深三地以科技信贷机构与风投机构之间的外部投贷联动创新模式来支持科技企业的创新发展，建立风投机构辅助科技信贷实现风险甄别与筛查、科技信贷辅助风投机构实现投资价值的互惠共赢生态关系。

（2）通过广州与深圳之间轮流举办中国风险投资论坛、召开投贷联动研讨会、加大力度发展广州市政府与深交所共建的广州科技金融路演中心、开展科创企业的跨区域常态化路演和股权投资机构的再融资路演等常态化合作与交流机制，进一步完善粤港澳大湾区穗港科技信贷创新合作平台和深港风投创投与科技创新合作中心的关联机制，构建完备的湾区科技金融创新生态体系。

（四）打造互联互通的粤港澳大湾区多层次科技股权直接融资市场，重点建设统一的湾区私募股权场外交易市场及粤港澳大湾区科创四板市场

1. 既有优势与基础

（1）粤港澳大湾区拥有港交所和深交所两家重要的证券交易所，其中香港交易所 2015~2018 年首次公开发行（IPO）募资总额稳居全球第 1 位，证券市场总市值接近 4.4 万亿美元，而深港交易所的总市值超过 6.5 万亿美元，居全球第 3 位，为粤港澳大湾区完善和发展多层次的场内直接融资市场奠定了坚实的基础。

（2）虽然香港拥有发达的场内资本市场，但是缺少场外的柜台交易（OTC）市场。香港近期也更改了上市规则以吸引优质的创新型科技企业

赴港上市。例如，允许尚未有收益的医药、生物制药和医疗器械生产与研发类生物科技公司，或者不同投票权架构的公司在港上市。新上市规则自2018年4月30日起正式生效，这反映出香港资本市场顺应全球科技创新趋势、积极服务创新型科技企业的强烈意向。

（3）从多层次资本市场中位于塔基层的区域性股权交易市场来看，全国共有34家区域性股权市场，2018年7月之前广东拥有广州股权交易中心、广东金融高新区股权交易中心以及深圳前海股权交易中心3家区域性股权交易中心，广东的风投创投退出机制拥有得天独厚的优势。2018年7月，前两者整合为广东股权交易中心，展示、挂牌、托管公司分别有9458家、2604家、2635家，累积融资总额超过1112亿元，各项综合指标均走在全国前列。深圳前海股权交易中心是经国务院办公厅、证监会和深圳市政府批准设立的区域性股权市场，展示企业13570家，融资总额超过369.67亿元（截至2018年12月），包括标准板、孵化板、海外板三大板块，运作特色鲜明。

（4）现广东股权交易中心涵盖的原广州股权交易中心具有显著的同行优势，全国30余家其他区域股权交易中心绝大部分是借鉴其“无门槛、无台阶”的准入条件设立运营的，其覆盖区域包括整个珠三角地区，相比于除天津股权交易所、上海股权托管交易中心、深圳前海股权交易中心以外的国内其他区域股权交易中心仅允许本地企业挂牌而言，其在覆盖区域方面具有一定的优势。而湾区内的深圳前海股权交易中心的优势在于展示企业覆盖全国各省市，数量众多，并且采用“券商主导、公司化运作”的组建和运营方式，优势突出，特点鲜明。粤港澳大湾区内的广东股权交易中心和深圳前海股权交易中心独立运作，并受单一的协议转让交易方式、挂牌企业股东数上限、“T+5”等规则的严格约束。

2. *必要性及可行性分析*

（1）近年来，香港与内地资本市场的联系日益紧密（见图4），粤港交易所和债券领域的持续深入合作，为粤港澳大湾区多层次资本市场中的场内交易渠道建设奠定了坚实的基础。深港通涵盖了1359只股票（截至2018年5月），基金互认及跨境发行持续推进，未来还会推进ETF通、债券通（南向通）、新股通、衍生品通等更广泛的互联互动机制，进一步夯实粤港澳大湾区多层次资本市场一体化体系基础。

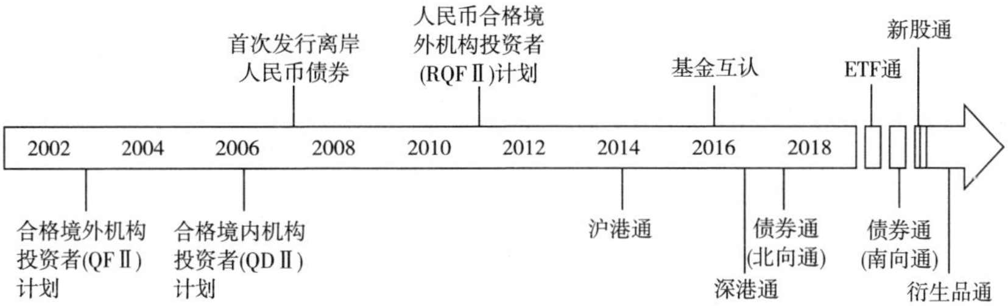

图4　内地与香港资本市场的互联互通进程

资料来源：香港金融发展局著《香港金融服务业概览2018》，香港金融发展局网站，http：//www.fsdc.org.hk/sc。

（2）就完善粤港澳大湾区多层次资本市场、建立统一的湾区私募股权场外交易市场而言，其必要性主要体现在以下五方面。一是一体化的区域性股权市场有助于更大范围覆盖数量众多的科技小微企业，是构建区域普惠科技金融体系的重要组成部分。二是顺应政策法规的要求：国务院办公厅2017年1月发布的《国务院办公厅关于规范发展区域性股权市场的通知》（以下简称《通知》）以及中国证监会发布并自2017年7月1日起施行的《区域性股权市场监督管理试行办法》（以下简称《办法》），对除计划单列市外的省、自治区、直辖市等行政区域实行“一省一市场”规定，并对区域股权市场的覆盖区域、交易品种、交易方式等作出规定。三是在2018年7月广东已按上述《通知》及《办法》要求完成了整合，广东股权交易中心为除深圳单列市之外全省唯一的区域股权市场，但是，在粤港澳大湾区之内，广东股权交易中心和深圳前海股权交易中心仍独立运作；在湾区层面缺乏统一的私募股权场外交易市场不利于实现交易资源的统筹整合及有序发展、制定和实施统一的信息披露规范及公司治理导引规则、实现对粤港澳大湾区科技型企业最有效的规范治理引导及融资服务支持。四是香港目前缺少非上市层面的科技股权场外交易市场，其上市规则的最新修订明确体现出港交所及香港证券行业具有顺应未来科技企业的创新发展趋势、积极服务创新型科技企业的强烈意向。五是在粤港澳大湾区层面，引入香港交易所、香港交易商组织及证券行业协会等专业资源进一步软性整合广东股权交易中心及深圳前海股权交易中心湾区两大区域股权交易市场，实施专业认证、分层运作，不仅有助于发挥香港的金融优势与专业实力，而且也具备相应的法律法规基础：《办法》第33条就明确鼓励区域性股权市场与证券期货交易所、证券期货经营机构或服务机构、证券期货行业自律组织等建立合作机制。

（3）联合香港力量构建统一的湾区私募股权场外交易市场、实现专业认证及分层运作并重点建设粤港澳大湾区科创四板市场的必要性和可行性主要体现在以下几个方面。首先，国外场外交易市场的发展经验，尤其是美国 OTC Markets 成功逆袭 OTCBB 成为美国当前主流的场外交易市场经验表明，OTC Markets 自 2007 年起设立并持续完善的专业认证和分层运作制度是其成功的关键。其次，2018 年 12 月 5 日召开的国务院常务会议决定将三项改革措施推广到先行先试的 8 个区域，这三项举措之一就是在区域性股权市场中设置科技创新专板；这一举措虽然针对的是塔基层的区域性股权交易中心，但与上海证券交易所正在推进的“科创板”（上市型 A 股）都是国家当前推出的旨在进一步支持科技创新的重要举措。最后，广东股权交易中心拥有与广州市科创委共建的科创板，挂牌企业 1656 家，而深圳前海股权交易中心也有孵化板和海外板的前期运营经验，因而实施统一市场下的专业认证及分层运作并重点建设其中的粤港澳大湾区科创四板市场具有一定的现实基础；另外，上海股权托管交易中心于 2015 年 12 月 28 日正式设立了“科技创新板”，首次尝试注册制并建立了以信息披露为核心的挂牌审查机制，其运作经验与上海证券交易所正致力于推进的“科创板”探索实践均对粤港澳大湾区设立及重点建设科创四板市场提供了相应的可行性依据及部分可借鉴的实践经验。对于粤港澳大湾区建立统一的区域性私募股权场外交易市场以及在分层运作基础上重点建设湾区科创四板市场而言，如何建立与香港交易所、香港交易商组织及证券行业协会之间的专业认证及分层运作合作机制，并制定相应的具体行动方案及实施计划，仍需要进一步的深入研究与探索。

3. 具体对策建议

（1）持续推动深港交易所之间后续的 ETF 通、债券通（南向通）、新股通、衍生品通等更多渠道的互联互通，进一步完善粤港澳大湾区多层次资本市场，以此奠定构建粤港澳大湾区科技金融创新生态体系所必需的多层次科技股权直接融资市场中的场内交易机制基础。

（2）落实国务院办公厅与中国证监会“一省一市场”的指导意见以及 2018 年 12 月 5 日召开的国务院常务会议有关区域性股权市场设置科技创新专板的相关决议，广东应站在粤港澳大湾区的战略发展高度，步子迈得更大，在湾区股权场外交易市场的改革与发展中更具前瞻性：联合香港的金融优势与专业实力，软性整合广东股权交易中心及深圳前海股权交易中心，建立统一的粤港澳大湾区私募股权场外交易市场；建立与香港交易所、香港交易商组织及证券行业协会的合作机制，实现粤港澳大湾区私募股权场外交易市场的专业认证与分层运作，并重点建设和发展粤港澳大湾区科创四板市场，完善湾区多层次科技股权直接融资市场中的场外交易机制，推动粤港澳大湾区普惠式科技金融服务的创新与发展。

（3）进一步深入研究和探索与香港交易所、香港交易商组织及证券行业协会的专业认证及分层运作合作方案及行动计划，总结与借鉴广东股权交易中心与广州市科创委共建的科创板以及深圳前海股权交易中心的孵化板与海外板的前期运作经验、上海股权托管交易中心于 2015 年 12 月 28 日设立的“科技创新板”运作经验以及上海证券交易所目前推进之中的“科创板”探索实践，重点建设和发展基于专业认证和分层运作的粤港澳大湾区科创四板市场。

（4）推广广东股权交易中心的“智慧融”“股权质押融资”等科技金融创新实践，出台政策与措施鼓励和促进湾区股权交易中心与风投机构、科技保险、科技担保等中介机构创新合作，融合香港金融的优势及专业智慧，探索湾区私募股权交易市场的金融创新及跨境合作新模式，形成粤港澳大湾区的鲜明特色。

（5）除股权型产品外，湾区私募股权交易市场可针对部分优质科技企业不愿过度出让股权等融资倾向，创新拓展增信债、集合债、园区债、双创债以及其他新型衍生可转债融资业务，推动湾区科技融资服务的持续创新发展。此外，湾区私募股权交易市场可借助香港的金融优势及专业能力，借鉴和引进国外先进、可行的场外市场运作经验及交易机制，完善相应的运行机制，条件成熟时申请取消国内区域股权市场的单一交易方式、股东人数、“T+5”等硬性限制，持续推动粤港澳大湾区私募股权交易市场的发展与完善，建立具有开放的发展理念、完善的运作机制以及持续扩大的国际影响力的湾区私募股权场外交易市场。

（6）深入探讨并适时建立湾区私募股权场外交易市场与新三板、创业板、中小板等市场之间的转板关联机制。粤港澳大湾区软性整合后统一的私募股权场外交易市场融合了香港的金融智慧及专业能力，使探索湾区私募股权交易市场与香港创业板甚至主板市场的转板关联机制更具可行性，并直接提升了粤港澳大湾区私募股权场外交易市场的开放度及潜在的影响力。

（五）建设穗港绿色金融合作平台，顺应国际湾区的前沿趋势，大力促进绿色金融、生态资本以及前沿金融科技与保险科技的创新发展，发挥其对湾区战略性新兴产业的引领及带动作用

1. 既有优势与基础

（1）近年来，国际湾区及核心城市注重发展绿色金融的趋势日益明

显；香港近年来也推出多项绿色金融发展措施，除发行政府绿色债券外，还参考多个国际及内地标准设立"绿色金融认证计划"，为绿色金融工具提供第三方的认证服务，并对使用香港质量保证局绿色认证服务的合格绿色债券发行机构提供资助。另外，2017 年中国发行绿色债券的金额高达 2486 亿元，位列全球第 2；而广州也正致力于建设绿色金融改革创新试验区，并且，由于既有的地理区位优势，广州也是香港与内地合作、建成内地企业首选的国际绿色金融认证中心及离岸绿色债券融资平台的重要纽带城市。从发展现状及趋势看，穗港具备建设绿色金融合作平台的坚实基础。

（2）金融科技创新是湾区科技金融创新的重要载体。深圳作为国内金融科技与互联网金融发展的主要聚集地，形成了 P2P 网贷平台、众筹平台、互联网理财与支付、互联网保险、大数据征信与金融云平台等前沿产业布局。近年来，深圳在移动支付、智能投顾、数字货币、区块链等领域也具有一定的全球领先优势，涌现出一大批"独角兽"公司。而香港在全球金融科技枢纽中排第 5 位，拥有 200 多家与国际前沿接轨的初创型科技金融企业，前沿资讯及国际资源丰富。

（3）香港的保险业优势明显，保险密度居亚洲第 1 位，全球 20 大保险公司中的 65%在香港开业经营，2017 年保费总额达 628 亿美元，占 GDP 的 3.7%。此外，香港特别行政区政府提供虚拟沙盒鼓励香港保险企业创新前沿保险科技并开发新型的个性化保险产品，但科技保险并非香港保险业的优势领域。广东虽然在 2007 年作为全国首批科技保险试点省份之一就已经开始开展科技保险的创新及试点工作，但目前仍需加大力度培育更多的专业科技保险公司，并提供更多湾区科技金融创新所需配备的小额贷款保证保险、专利保险、知识产权质押保险等风险缓释及信用增级产品或创新机制。

2. 具体对策建议

（1）构建与发展穗港绿色金融合作平台，支持广州建立碳排放等绿色生态衍生产品交易市场，建设绿色金融改革创新试验区，支持香港设立国际认可的绿色债券认证机构，打造粤港澳大湾区绿色金融创新中心，引领湾区绿色金融及生态基金产业的创新发展。

（2）推动深港在既有的金融科技优势领域开展深度的跨境投资合作以及前沿技术创新合作，促进前沿金融科技创新与湾区的优势产业深度融合，进一步发挥湾区的“智能制造”优势及促进主要产业的转型升级，全面提升粤港澳大湾区的核心竞争力。

（3）培育更多的专业科技保险机构，出台政策支持港资在粤港澳大湾区内地城市设立专业保险机构或开展跨境科技保险业务，引进前沿保险科技推动湾区内的知识产权质押保险、珠三角专利保险及小额贷款保障保险等科技保险业务的创新与发展，支持深圳建设保险创新发展试验区，持续推动粤港澳大湾区的科技金融创新并引领未来湾区战略性新兴产业的创新发展方向。

（六）制定和出台粤港澳大湾区科技金融创新合作的行动计划及政策支持，建立常态化的湾区科技金融国际合作机制，全面提升湾区科技金融创新的制度保障及国际影响力

（1）建议制定和出台粤港澳大湾区科技金融创新合作的具体行动计划，明确粤港澳大湾区以金融创新推动科技创新的总体发展战略以及广州、香港和深圳等城市的功能定位，建立由穗港科技信贷创新合作平台、深港风投创投与科技创新合作中心以及两者的关联机制构成的核心三角结构所引领的湾区科技金融创新生态体系，建立湾区政府间的政策支持及区域协调机制，推动粤港澳大湾区科技金融创新生态体系的持续发展与完善。

（2）在湾区科技金融创新的国际合作层面，应保障香港的国际金融中心地位及发挥香港的开放辐射作用，建议完善已有的“广州金融世界湾区推介会”机制，广州、深圳和香港三城轮流主办，形成粤港澳大湾区与国际湾区的“湾区金融联盟”常态化合作交流机制，建立国际湾区

科技金融论坛、国际科技创新信息共享与推介平台等常态化合作机制，设立国际湾区知识产权及科技成果转让交易平台，全面提升粤港澳大湾区科技创新的合作层次与金融创新的国际影响力。

五 结论与展望

建设粤港澳大湾区是创新驱动增长新时代背景下的重大国家战略和探索性实践。从全局战略及有序推进的角度看，金融领域的先行合作与协同创新是粤港澳大湾区建设的重要突破口，湾区科技金融的创新合作先行有助于推动湾区前沿科技与战略性新兴产业的创新发展，为大湾区后续的全面战略合作奠定坚实的基础，并提供必要的融合时间及更大的发展空间。国际知名湾区的动态演进经验和前沿发展趋势也表明，以金融创新引领区域合作，并以湾区内具有坚实发展基础且更为活跃的科技创新合作及相应的科技金融服务创新作为粤港澳大湾区建设的先行突破方向，推动湾区以科技金融创新、生态资本或生态基金引领战略性新兴产业的创新发展方向，进而带动湾区后续建设中其他关键要素的流动及常态化跨境合作机制的逐步建立与完善，是较为可行的现实路径。

在对国际湾区的前沿趋势、湾区发展的现实基础及面临的重大机遇与挑战进行综合分析后得知，粤港澳大湾区急需构建一个富有前瞻性、系统全面、内生高效的科技金融创新生态体系，以奠定湾区中长期创新发展的坚实基础。构建粤港澳大湾区科技金融创新生态体系是一项系统工程，其总体目标是打造一个由多元主体及科技金融创新要素共生关联、内生高效的创新生态体系，其核心要素包括极富活力的科技信贷体系，风投创投引领的科技直接融资体系，科技信贷与风投创投网络的有效关联机制，政府的引导与支持机制，科技保险、科技担保、再担保、信用互换等风险缓释及信用增级机制，以及绿色金融、生态资本、前沿金融科技与保险科技引领的内生创新驱动机制。

本报告在比较分析粤港澳大湾区与国际知名湾区科技金融的发展现

状及核心特征、总结与梳理国际湾区科技金融创新的发展动态及前沿趋势的基础上，提出了粤港澳大湾区科技金融创新生态体系的结构布局、总体发展战略及实现路径，明确了由穗港科技信贷创新合作平台、深港风投创投与科技创新合作中心及两者的关联机制所构建的核心三角结构以及广州、香港、深圳等城市的功能定位，并重点研究了建设穗港科技信贷创新合作平台、筹建湾区专业科技银行、完善湾区多层次资本市场、建设粤港澳大湾区科创四板市场等重要举措的现实基础、必要性及可行性，提出了构建粤港澳大湾区科技金融创新生态体系相应的对策建议。

总体而言，创新生态体系的构建要求机制要素齐备、体系结构完整，其最大的优点在于生态体系所内生的个体自发创新动力、群体创新聚合力以及生态体系的核心要素与机制之间的协同合力效应。因而，构建内生高效、共生关联的湾区科技金融创新生态体系，不仅有助于形成湾区科技金融的内生自发协同创新驱动力，奠定粤港澳大湾区未来中长期创新发展的坚实基础，而且还有助于湾区以科技金融创新引领前沿科技创新及湾区战略性新兴产业的未来创新发展方向，具有重要的前瞻性战略价值及可行性现实意义。

从现实背景及发展前景看，粤港澳大湾区在区位优势、综合经济实力、创新要素集聚度、区域合作基础及国际化程度等方面均具备坚实的发展基础，并且具有显著的全局战略规划与顶层设计优势，湾区科技金融创新合作的先行突破能够为大湾区后续的全面战略合作提供坚实的前期基础及更大的发展空间，引领粤港澳大湾区其他领域的协同合作。从现实意义与战略前景看，在平衡兼顾湾区科技金融的全面创新发展及金融创新风险的有效监管基础上，构建内生高效、共生关联的湾区科技金融创新生态体系将会极大地促进粤港澳大湾区国际科技创新中心的建设与发展，打造引领泛珠、辐射东南亚、服务于“一带一路”的金融枢纽及全球领先的湾区金融生态圈，加速建成国际一流湾区和世界级城市群，实现粤港澳大湾区的发展目标。

• 产业发展篇 •

基于粤港澳大湾区经济多极增长背景的广州产业发展研究

贾善铭　位晓琳　潘丹丹　崔聪慧*

摘　要：《粤港澳大湾区发展规划纲要》明确指出："构建具有国际竞争力的现代产业体系。"广州作为粤港澳大湾区的中心城市，要发挥区域发展的核心引擎作用，必须贯彻"创新、协调、绿色、开放、共享"五大发展理念，深入推进供给侧结构性改革，通过产业结构升级实现经济高质量发展，助力粤港澳大湾区构建现代产业体系。目前，广州的产业发展不仅具备发展腹地优势明显、综合发展实力强、生产效率稳步提升以及人力资源良好等要素条件，而且技术密集型制造业、生产性服务业以及高端生产性服务业发展态势良好，但是广州产业发展依然面临劳动密集型和资本密集型制造业违背 Verdoorn 效应、制造业层次相对偏低、专业化部门有所缺失等问题。因此，广州要把握粤港澳大湾区带来的发展机遇，通过推动产业结构升级来推动产业发展，巩固和增强其在粤港澳大湾区中的重要增长极地位，就必须要落实《粤港澳大湾区发展规划纲要》对

* 贾善铭，经济学博士，暨南大学经济学院副研究员、硕士生导师；位晓琳，暨南大学经济学院硕士研究生；潘丹丹，暨南大学经济学院硕士研究生；崔聪慧，暨南大学经济学院硕士研究生。

广州提出的新要求，顺应粤港澳大湾区区域空间结构演变的状态，理顺粤港澳大湾区区域空间结构演变与自身产业发展之间的关系，抓住粤港澳大湾区经济多极增长的有利时机，做好着力营造产业发展的高质量环境，积极构建高端、智能、绿色的现代产业体系，有序提升制造业的发展水平，全面提高金融业服务实体经济的能力，加快构建科技创新成果快速转化的机制五项工作。

关键词： 粤港澳大湾区　广州　产业发展　区域经济多极增长

伴随着我国经济的持续增长，城市群建设的不断推进，城市群的区域空间结构正在发生改变。从城市群理论研究的视角看，城市是构成城市群的基本单元，各个城市的功能定位以及城市间空间经济联系的转变，促进了城市群区域空间结构的演变。如果城市之间没能形成良好的互动，就难以促进城市群整体的发展，进而城市自身的发展也会受到阻碍。因此，城市群的区域空间结构，以及城市在城市群中所处的位置，成为城市发展的重要前提。从粤港澳大湾区建设的视角看，粤港澳大湾区要建设充满活力的世界级城市群，就必须充分释放城市的发展活力。因此，广州作为粤港澳大湾区的中心城市、广东省省会，在粤港澳大湾区建设中应该加强与香港、澳门和深圳等中心城市的合作，同时密切与珠海、佛山、惠州、东莞、中山、江门、肇庆等重要节点城市的联系，进而推动粤港澳大湾区形成高效分工、紧密合作的良好局面，而要实现这一目标，广州必须要构筑坚实的产业基础，这是因为现代产业体系是建设现代化经济体系的重要支撑，产业体系完备并适合城市发展定位、符合基础条件，产业发展才充满活力，才可以更好地带动资源的优化配置，提高劳动生产率，促进经济增长，增强城市的发展竞争力，同时可以通过产业分工合作强化城市之间的合作，推进城市群协同发展。在这样的背景下，广州要推进产业发展，就需要把握粤港澳大湾区区域空间结构演化的过程，确定其在粤港澳大湾区区域空间结构演变中的作用，并进一步分析广州产业发展的特征，进而在分析广州产业发展的要素条件基础上，提出推进广州产业发展的针对性对策。

为此，本报告试图从区域经济多极增长的视角，分析粤港澳大湾区区域空间格局演变的情况，在此基础上分析粤港澳大湾区区域空间结构演变的特点，明确广州在粤港澳大湾区区域空间结构演变中的作用，以此为前提详细分析广州产业发展的特征和要素条件，进而提出在粤港澳大湾区经济多极增长背景下，广州产业发展的具体路径。

一　粤港澳大湾区经济多极增长基本情况

（一）粤港澳大湾区经济发展的总体特征

1. 粤港澳大湾区是中国经济增长的重要源泉

总体来看，粤港澳大湾区的GDP从1993年的0.96万亿元，增长到2017年的10.22万亿元，增长了近10倍。1993年，粤港澳大湾区的GDP占全国的比重就达到了27%，在2017年，这个比重虽然有所下降，但是其占全国的比重依然达到了12%，高于2017年纽约湾区GDP占美国GDP 8%的比重以及旧金山湾区GDP占美国GDP 4.3%的比重。1991～2008年，粤港澳大湾区的GDP与全国的GDP基本呈现平行增长的态势，表明在中国经济飞速发展的阶段里，粤港澳大湾区的经济也蓬勃发展，是中国经济增长的重要引擎。2008年至今，随着中国经济的增长，区域协调发展的有效推进，各个区域的经济发展都得到了不同程度的促进，在这样的背景下，虽然粤港澳大湾区的GDP占全国GDP的比重有所下降，占比从2008年的15%降低到2017年的12%，但是其在全国经济增长中仍然贡献了重要力量，其以占全国0.59%的土地和4.89%的人口，创造了全国12%的经济总量（见图1）。

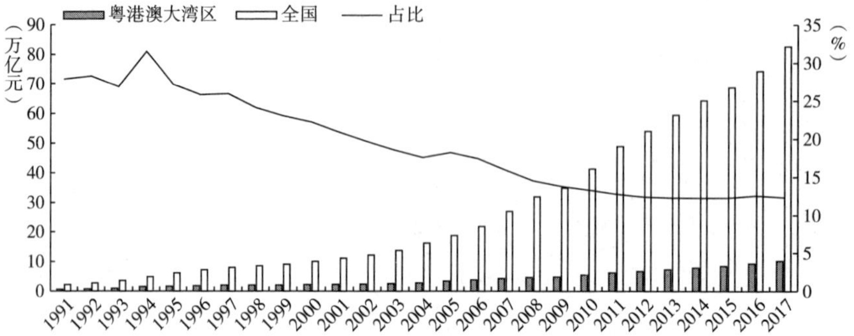

图 1　1991~2017 年粤港澳大湾区 GDP 与全国 GDP 比较及粤港澳大湾区 GDP 在全国 GDP 中的占比

资料来源：根据 1992~2018 年的《中国统计年鉴》及相关资料整理。

2. 粤港澳大湾区经济发展的阶段

城市间合作模式的转变，是粤港澳大湾区建设不断推进的动力。根据粤港澳三地合作的历程，可以将粤港澳大湾区的经济发展划分成三个阶段（见图 2），每个阶段呈现不同的特征。

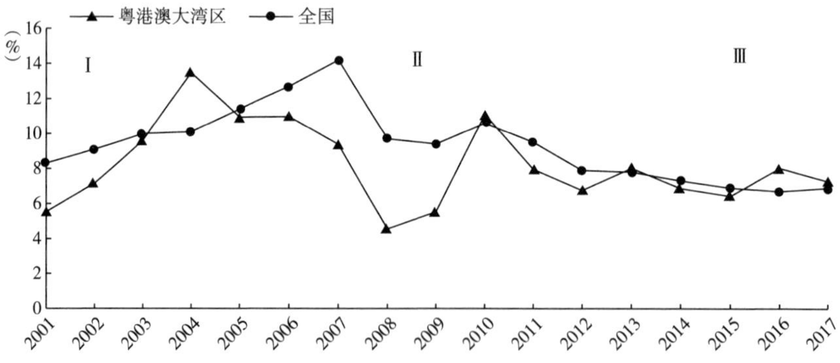

图 2　2001~2017 年粤港澳大湾区 GDP 增长率与全国 GDP 增长率对比

说明：（1）粤港澳大湾区的 GDP 增长率是通过 GDP 平减指数计算出实际 GDP，进而在此基础上计算所得。（2）由于城市层面的 GDP 平减指数数据来源受限，本报告计算的粤港澳大湾区 GDP 增长率是从 2001 年开始的。

资料来源：根据 2002~2018 年的《中国统计年鉴》和 2002~2018 年的《中国城市统计年鉴》数据整理。

第一阶段：2003 年以前，“前店后厂”的合作阶段。这一阶段的主要特征有以下几点。第一，粤港澳大湾区的经济发展处于起飞阶段，GDP 增长率略低于全国平均水平。第二，粤港澳大湾区的 GDP 增长率与全国平均水平的差距呈现缩小的趋势。第三，在长期的合作中，粤港两地已经形成了互利合作、共同发展的关系。

第二阶段：2003~2013 年，全方位开放市场的紧密合作阶段。这一阶段的主要特征有以下几点。第一，粤港澳大湾区的 GDP 增长率围绕着全国 GDP 增长率上下波动。2003~2005 年，粤港澳大湾区的 GDP 增长率高于全国平均水平。2005~2013 年，粤港澳大湾区的 GDP 增长率虽然基本低于全国平均水平，但呈现差距逐渐缩小的趋势。第二，粤港澳大湾区具有开放型经济的特征，容易受到外部发展环境的影响。2008 年经济危机严重影响了香港和澳门的经济，进而影响了粤港澳大湾区的 GDP 增长。第三，内地与港澳的贸易关系进入新阶段，工业、服务业等方面的合作更加深入。在《泛珠三角区域合作框架协议》之下，粤港澳商贸合作进一步延伸到泛珠三角地区。

第三阶段：2013 年至今，深度合作阶段。这一阶段的主要特征有以下几点。第一，随着中国经济发展进入新常态，粤港澳大湾区的经济发展也呈现稳定发展的态势。第二，2015 年后粤港澳大湾区的 GDP 增长率呈现超越全国平均水平的趋势。第三，粤港澳大湾区借势广东自贸区，推动内地与港澳深度合作。

3. 粤港澳大湾区具备建设国际一流湾区的良好条件

根据世界主要湾区的发展实践，结合相关文献，可以总结出建设成熟湾区所需的 4 个条件：具备相应规模的经济体量，有强大的产业集群，能够形成强有力的经济核心区和广阔的经济腹地，有足够的科研教育机构、创新型国际化领军人才（何诚颖、张立超，2017）。结合粤港澳大湾区的发展实践，将粤港澳大湾区与世界主要湾区对比，我们可以发现，尽管粤港澳大湾区在产业集群方面相对较弱，但是总体上粤港澳大湾区基本具备建设国际一流湾区所需的条件。首先，经济体量规模较大，在4个湾区中排名第三，高于旧金山湾区。其次，教育资源丰富，在100强大学中，粤港澳大湾区有4个，多于其他3个湾区。最后，陆地面积在4个湾区中最大，能够为经济发展提供广阔的发展腹地（见表1）。

表1　粤港澳大湾区与世界主要湾区发展条件比较

项目	粤港澳大湾区	东京湾区	纽约湾区	旧金山湾区
陆地面积（万平方公里）	5.6	3.7	2.2	1.8
GDP（万亿美元）	1.6	1.9	1.7	0.8
人均GDP（万美元）	2.3	4.2	8.2	10.2
第三产业比重（%）	64.9	82.3	89.4	82.8
100强大学的数量（个）	4	2	2	3
世界500强企业（个）	16	60	28	22

注：粤港澳大湾区为2017年数据，其他三个湾区为2016年数据。

资料来源：根据世界银行、《2018中国统计年鉴》、深圳市人民政府发展研究中心等公布的数据整理。

总体来看，粤港澳大湾区在不同阶段的经济增速有所差异，但是从全国来看，依然是重要的经济中心。从粤港澳大湾区内部条件来看，其已经具备相应的经济规模、一定的产业集群和产业结构、广阔的腹地以及丰富的教育资源等基本条件，那么在这些条件的支撑下，未来粤港澳大湾区的发展会呈现怎样的态势，空间结构如何？粤港澳大湾区的建设会引起湾区内各个城市的地位发生怎样的变化？本报告将通过构建适当的指标，衡量其空间结构的变化，并且探讨其内部结构特征。

（二）粤港澳大湾区经济多极增长测度与基本情况

本报告借鉴Adams-Kane Jonathon，和Jamus Jerome Lim（2011）的方法构建衡量区域经济多极增长的指标。其中，粤港澳大湾区的11个城市的数据来自《中国城市统计年鉴》、《广东统计年鉴》、香港特别行政区政府统计署以及澳门统计暨普查局等。

1. 增长极的测度指标

增长极理论由法国经济学家弗朗索瓦·佩鲁提出，他认为经济空间是由中心（或极，或焦点）组成，而且强调推进型企业在经济发展中的作用（李小建、苗长虹，1993），后来增长极理论得到不断的发展，法国经济学家布代维尔将抽象的经济空间换成地理空间，将增长极与城市体系结合，指出增长极会通过扩散效应带动所在区域腹地的发展。并且，布代维尔通过研究又进一步提出不同等级的增长极及其腹地是构成区域经济空间结构的最基本单元。

从理论上讲，增长极的本质特征是集聚，这是因为空间经济的核心问题是解释地理空间中经济活动的集聚现象（梁琦，2005）。集聚有两个基本的维度，就是经济主体与空间。因此在测度增长极时，应当注意以下三个特点：一是空间尺度的把握，不同的空间尺度，增长极的类型不同；二是应当注重把握增长极的功能，关注其在经济体中的作用；三是增长极具有历史特征，会随着经济发展而不断演变，但是在空间上又具有很强的稳定性（覃成林等，2016）。

本报告在考虑以上三个特点的基础上，构建以下基于规模加权经济增长率的衡量指标：

$$P_{it}=\frac{\Delta y_{it}}{Y_{t-1}}, \tag{1}$$

其中 y_{it}是城市 i 在时间 t 的 GDP，$Y_t=\sum_j^N y_{jt}$，是所有 $N\in C$ 地区的 GDP 的简单加总。$\Delta y_{it}=y_{it}-y_{i,t-1}$，是城市 i 的 GDP 变化。式（1）也可写成：

$$P_{it}=\frac{y_{i,t-1}}{Y_{t-1}}\cdot\frac{\Delta y_{it}}{y_{i,t-1}}\equiv S^{y}_{i,t-1}\cdot g^{y}_{i,t-1} \tag{2}$$

式（2）是经过经济规模调整后的增长极指数。本报告主要使用粤港澳大湾区 11 个城市的 GDP 的数据来衡量增长极，根据增长极指数的相对大小来识别区域的增长极。

2. 区域经济多极增长指标

2009 年，Barca 为欧盟委员会提供的研究报告指出，区域经济多极增长的目的是平衡区域发展，消除由大城市集聚所带来的不利影响。因此，区域经济多极增长被认为是实现区域经济更持续和更平衡发展的重要条件。

区域经济多极增长指在一定的空间尺度下，区域内部存在两个或者两个以上的增长极，这些增长极在规模和地位上并不存在明显的差异，并且彼此之间相互联系，共同推动整个区域的经济发展。从本质上看，区域经济多极增长是一种区域经济现象，具有动态演化特征，在经济体或者区域不同的经济发展阶段其表现形式存在差异；从形式上看，区域经济多极增长是多个增长极共同作用、相互协调的一种空间组织格局；从结果上看，区域经济多极增长是通过非均衡发展的手段，突破单极增长的局限，实现区域经济相对均衡发展的一种方式（贾善铭、覃成林，2015）。

由此可见，区域经济多极增长是增长极在空间上的一种分布方式。为了更好地理解随着时间的推移增长极在空间的演变规律，本报告在测度增长极的基础上，参照赫尔芬达尔—赫希曼指数（Herfindahl-Hirschman Index）来衡量区域经济多极增长的程度：

$$H_t = \sum_{J(t)} \left(\frac{P_{jt}^*}{\sum_{J(t)} P_{jt}^*} \right)^2 = \sum_{J(t)} r_{jt} \quad (3)$$

r_{jt}是城市 j 在时间 t 的增长极份额，$J(t)$ 是在时间 t 用 P^* 度量的 11 个城市的集合。该指数可进一步标准化，以便符合［0，1］分布：

$$H_t^* = \frac{H_t - \frac{1}{N}}{1 - \frac{1}{N}} \quad (4)$$

为了更直观地反映增长极指数，本报告对 H_t^* 取倒数，得到：

$$M=\frac{1}{H_t^*} \tag{5}$$

M 的值越小，表示空间越趋向于集聚，显示出单一增长极的空间格局；该值越大，表示空间越分散，表示增长极在空间上呈现多极分布状态。

通过上述指标的构建，本报告接下来分析粤港澳大湾区区域空间结构演变过程，进而探讨粤港澳大湾区内部结构的改变以及识别出重要增长极。

3. 粤港澳大湾区经济多极增长的特点

从 1993 年到 2017 年，粤港澳大湾区的区域经济多极增长指数波动较大，但是从趋势线可以看出，粤港澳大湾区的区域经济多极增长指数总体上呈现增长的趋势（见图 3）。

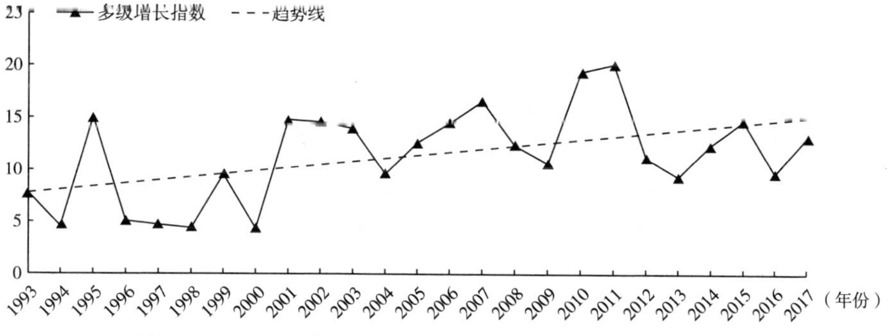

图 3　1993~2017 年粤港澳大湾区经济多极增长指数及趋势线

说明：为了更好反映空间结构特征，并且消除负数对结果的影响，本报告在计算区域经济多极增长指数时，将增长极指标进行了取绝对值处理。

资料来源：根据 1994~2018 年的《广东统计年鉴》、香港特区政府统计处和澳门统计暨普查局提供的数据整理。

为了进一步分析粤港澳大湾区空间结构的特征，本报告将区域经济多极增长指数取平均值后得到图 4。通过区域经济多极增长指数与平均值的对比，我们可以看出，1993~2000 年，区域经济多极增长指数整体上都低于平均值（1995 年除外），区域经济多极增长指数越小，空间结构越趋向于集聚，由此可见，1993~2000 年，粤港澳大湾区呈现区域经济单极增长的特点；2001~2008 年，多数年份的区域经济多极增长指数高于平均值；2009~2017 年，区域经济多极增长指数不仅多数年份高于平均值，且有连续快速增长的区间，表明区域空间结构趋向于分散。由此可见，伴随着经济和社会的发展，粤港澳大湾区区域空间结构逐渐呈现区域经济多极增长的状态。综上所述，本报告认为从区域经济多极增长的角度看，粤港澳大湾区区域空间结构演变呈现由单极向多极演化的态势。

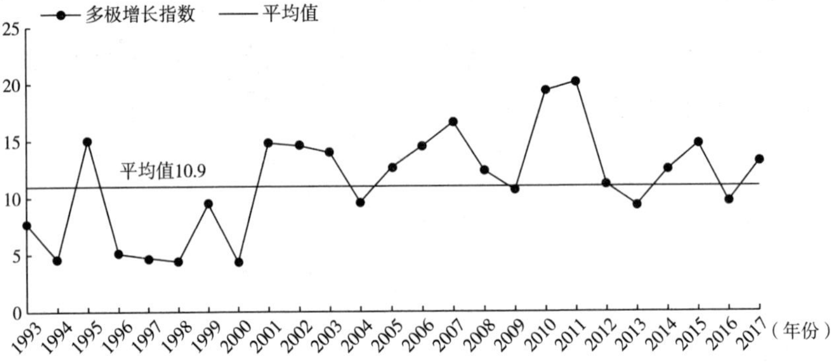

图 4　1993~2017 年粤港澳大湾区经济多极增长指数及平均值

资料来源：根据 1994~2018 年的《广东统计年鉴》、香港特区政府统计处和澳门统计暨普查局提供的数据整理。

整体来看，粤港澳大湾区的 11 个城市的增长极指数差距逐渐缩小。1993~2007 年，香港的增长极指数波动较大，但是整体上是粤港澳大湾区内最重要的增长极。具体来看，1997 年之前，香港的增长极指数在 11 个城市中最高。受到金融危机的影响，香港 1998 年的增长极指数达到了低谷，与此同时，广州和深圳的增长极指数逐渐增大。广州的增长极指数在 2007 年后一直高于香港。2005~2006 年，广州的增长极指数略低于深圳，其余 8 个城市的增长极指数相对较小（见图 5）。

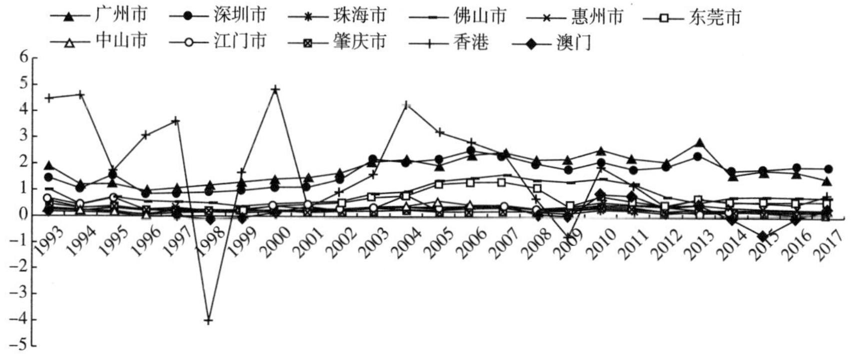

图 5　1993~2017 年粤港澳大湾区 11 个城市增长极指数的变化

说明：由于 1998 年东莞、中山的 GDP 增长率以及 2004 年珠海的 GDP 增长率数值缺失，本报告在分析中使用的是线性插值法计算所得的数据。

资料来源：根据 1994~2018 年《中国城市统计年鉴》、香港特区政府统计处和澳门统计暨普查局提供的数据整理。

为了进一步揭示粤港澳大湾区区域空间结构演变的特征，本报告以 5 年为一个时间区间，将 1993~2017 各年的增长极指数划分为 5 个区间，并且对每个区间各个城市的增长极指数取平均值后，绘制了 5 个区间内各个城市增长极指数的簇状柱形图，从图 6 可以看出，1993~1997 年，粤港澳大湾区内各市的增长极指数差距较大，呈现以香港为核心的单极增长的区域空间结构。1998~2002 年，粤港澳大湾区城市之间的增长极指数差距缩小，且呈现以广州、深圳、香港为核心的状态，体现为区域经济多极增长的空间结构。区域经济多极增长的空间格局对城市的发展也产生一定影响。2003~2007 年，佛山、东莞和澳门的增长极指数相较于前两个阶段增长幅度较大，而香港在经济危机后复苏，依然成为核心增长极。随着经济的发展，以及空间结构的演变，各个城市的增长极指数有所波动，但是整体趋势较为稳定。换句话说，在 2008 年以后，粤港澳大湾区呈现区域经济多极增长态势。

2008~2012年以及2013~2017年，在区域经济多极增长的空间格局下，香港和东莞的增长极指数下降较为明显，澳门的增长极指数先略有上升继而下降，而珠海、中山、江门、肇庆等城市的增长极指数则较为稳定。这表明，粤港澳大湾区在经济多极增长态势下，大湾区内的11个城市也获得了发展，推动了粤港澳大湾区经济发展。

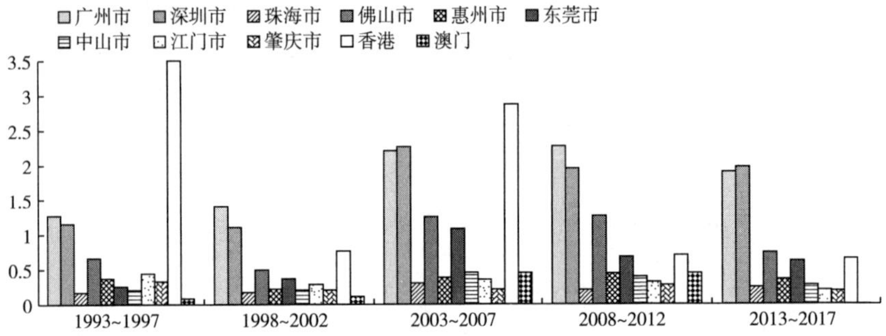

图6 粤港澳大湾区11个城市的5个时间段的平均增长极指数

资料来源：根据1994~2018年的《中国城市统计年鉴》、香港特区政府统计处和澳门统计暨普查局数据整理。

二 广州在粤港澳大湾区经济多极增长中的作用与优势

在粤港澳大湾区的区域空间结构呈现区域经济多极增长的态势下，广州所起的作用是为其他城市提供产业发展策略的重要参考。为此，本报告通过比较粤港澳大湾区11个城市的增长极指数，并进一步将广州与香港、深圳和澳门进行对比研究，分析广州在粤港澳大湾区区域空间结构演变中的作用，特别是其在粤港澳大湾区经济多极增长中的作用，发现广州位居粤港澳大湾区多极增长格局的中心，同时从增长极理论的视角看，广州拥有比香港和深圳更为广阔的发展腹地，特别是粤港澳大湾区建设给广州带来了前所未有的发展机遇，这为广州通过产业结构升级助推自身产业发展创造了更为有利的条件。

（一）广州位居粤港澳大湾区多极增长格局的中心

从广州对粤港澳大湾区经济增长的贡献看，广州是推动粤港澳大湾区经济发展的核心引擎。2017 年，广州的规模加权增长率为 1.47%，在大湾区中居第 2 位，仅比深圳低 0.4563 个百分点，比香港高 0.6132 个百分点，比澳门高 1.166 个百分点（见图 7），并且在 1999 年广州的规模加权经济增长率就已经超过了香港。

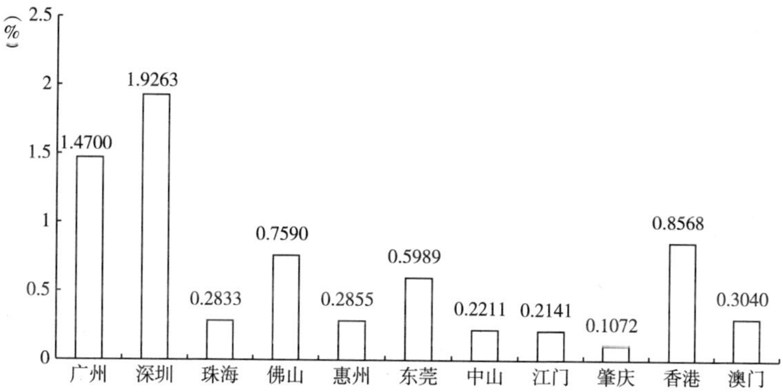

图 7　2017 年粤港澳大湾区 11 个城市的规模加权经济增长率

资料来源：根据《2018 中国城市统计年鉴》、香港特区政府统计处和澳门统计暨普查局数据整理。

进一步，通过比较广州与香港、深圳、澳门的增长极指数，我们发现广州一直是粤港澳大湾区的重要增长极，并且具备三个基本特点。

第一，广州与香港的差距在缩小。在 2007 年之前，广州的增长极指数整体上远远低于香港，在 2007 年之后赶超香港，之后仅在个别年份落后于香港。第二，从增长极指数来看，1993 ~ 2017 年，广州的增长极指数总体上高于深圳，仅在个别年份低于深圳，但差距较小。第三，广州增长极指数一直高于澳门（见图 8）。

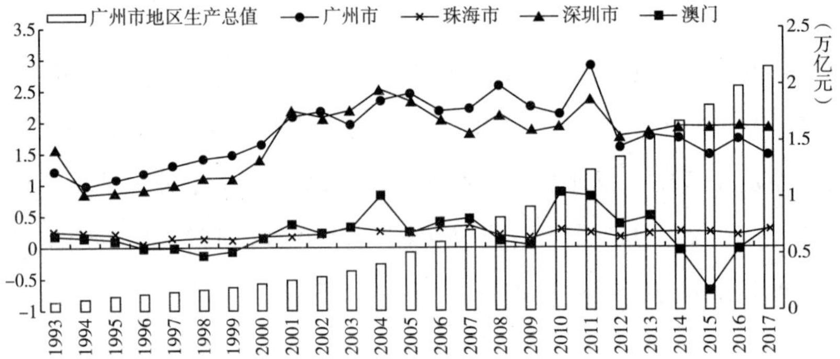

图 8　1993~2017 年粤港澳大湾区广州、珠海、深圳、澳门的增长极指数及广州市地区生产总值

资料来源：根据 1994~2018 年的《中国城市统计年鉴》、澳门统计暨普查局数据整理。

（二）粤港澳大湾区建设给广州发展带来前所未有的机遇

《粤港澳大湾区发展规划纲要》在指导思想部分明确提出：“建设富有活力和国际竞争力的一流湾区和世界级城市群，打造高质量发展的典范。”我们认为这不仅为粤港澳大湾区发展指明了方向，而且给广州带来了难得的发展机遇。

1. 粤港澳大湾区建设提升了广州的城市能级

《粤港澳大湾区发展规划纲要》明确提出，广州要“充分发挥国家中心城市和综合性门户城市引领作用，全面增强国际商贸中心、综合交通枢纽功能，培育提升科技教育文化中心功能，着力建设国际大都市”。同时，《粤港澳大湾区发展规划纲要》使得广州作为区域核心引擎的功能更加全面，这一要求与广州建设“三中心一体系”和“三大战略枢纽”相得益彰，为广州建设成为具有影响力的国际大都市提供了根本遵循，也要求广州必须按照国际大都市的要求，不断提升城市能级，提高在全球配置资源、利用资源的能力。

2. 粤港澳大湾区建设明确了广州的高质量发展方向

国家把“打造高质量发展的典范”作为粤港澳大湾区建设指导思想的重要组成部分，就是要求粤港澳大湾区把高质量发展作为打造国际一流湾区和世界级城市群的主要路径，同时要求粤港澳大湾区在高质量发展方面积极探索，为全国其他地区高质量发展提供经验。粤港澳大湾区的高质量发展明确了广州经济的发展方向，也恰好可以助推广州由高速增长阶段向高质量发展阶段的转换。《粤港澳大湾区发展规划纲要》强调“珠三角九市市场经济体制有待完善”，而完善市场经济体制的一个重要方向就是构建现代化经济体系，实现高质量发展。

3. 粤港澳大湾区建设引领了广州的产业结构升级

产业发展是经济发展的基础，是城市竞争力的根本来源。《粤港澳大湾区发展规划纲要》指出粤港澳大湾区“部分地区和领域还存在同质化竞争和资源错配现象”。解决这两个问题的关键就是要进行更高水平的区域分工合作，而区域分工合作是以产业分工合作为基础的。目前，广州正处在产业结构调整和经济转型升级的关键时期，也是粤港澳大湾区的中心城市，可以将产业结构升级和促进粤港澳大湾区分工合作有机结合起来，强化与香港、澳门和深圳3个中心城市的产业合作，加强与珠海、佛山、惠州、东莞、中山、江门、肇庆等重要节点城市的产业链联系，以产业合作带动粤港澳大湾区形成“分工合理、功能互补、错位发展的城市群发展格局”。

三　广州产业发展的特征

粤港澳大湾区区域空间结构已经呈现区域经济多极增长的态势，广州要在粤港澳大湾区经济多极增长态势中保持竞争优势，继续发挥重要增长极的作用，很大程度上取决于其经济新动能的培育，而经济新动能培育的关键是以产业结构升级形成广州坚实的产业基础。这是因为，产业发展很大程度上决定了一个城市在城市群经济发展中的地位，而产业结构升级是产业发展的重要方向，也是构建产业发展竞争力的重要方面。产业结构升级意味着整体产业效率的提升，其内涵应当涉及不同产业之间和各产业内部两个方面，既包括国内生产总值中三次产业之间比例关系的调整，又包括某一产业内部技术结构的优化。为了详细地考察广州产业发展的情况，我们首先分析了广州产业发展的总体特征；其次从制造业发展绩效和服务业发展绩效两个方面考察了广州产业发展的绩效；最后进一步从广州产业结构高级化发展、制造业升级发展、服务业升级发展三个方面考察了广州产业结构升级的特征。

（一）产业发展的总体特征

城市的二、三产业比值是指城市中的第二产业与第三产业对于地区生产总值贡献率的比值，城市的服务业达到一定比重可以在一定程度上代表城市处于工业化的后期，此时城市对于高端劳动力的需求会加大，就会吸引更多的人才，为城市的产业升级提供良好的劳动力资源。根据二、三产业比值，将产业分为三个层次，第一层次为服务业高度发达，二、三产业比值小于0.2；第二层次是服务业较为发达，二、三产业的比值为0.2~0.7；第三层次为工业高度发达，二、三产业比值大于0.7。

总体来看，广州处于服务业较为发达的发展阶段，与香港、澳门相比尚存在一定的差距。从二、三产业比值上来看，2006~2017年，香港和澳门的二、三产业比值均低于0.2，均处于服务业高度发达的阶段。其中，香港的二、三产业比值最大值为0.09，比广州的最小值低0.31，澳门的二、三产业比值最大值为0.18，比广州的最小值低0.22（见图9）。

（二）产业发展的经济绩效特征

一般而言，一个地区产业转型升级的目的是谋求产业效率的提高，为产业发展提供新的动能，进而促进区域经济增长，因而要求产业规模

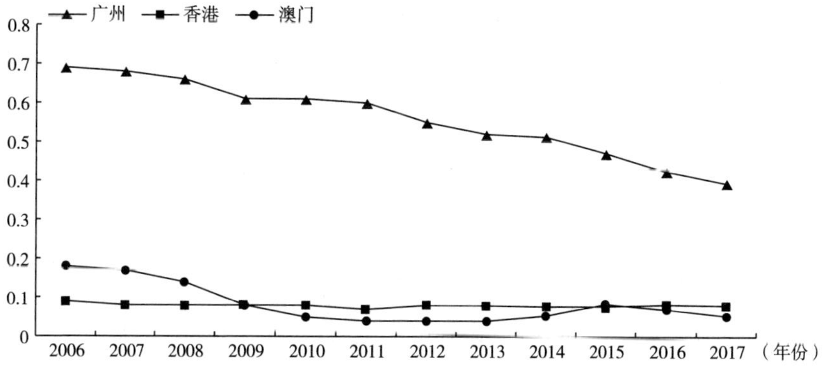

图 9　2006~2017 年广州、香港与澳门的二、三产业比值

资料来源：根据 2007~2018 年的《广东统计年鉴》、澳门统计暨普查局及香港特区政府统计处数据计算所得。

增长与劳动生产率成正比，即符合 Verdoorn 效应。我们从经济学中弹性的角度出发，将劳动生产率增长率与规模增长率之比定义为 Verdoorn 弹性系数，系数为正则表示该行业经济绩效好，系数为负则表示该行业经济绩效差（赵放、曾国屏，2014）。我们以 Verdoorn 弹性系数来考察广州产业结构升级进程中各行业的经济绩效。

1. 制造业发展的经济绩效

一是技术密集型制造业发展态势良好。在广州的 6 个技术密集型制造业中，经济绩效好（Verdoorn 弹性系数为正）的行业有 4 个，且行业规模增速均为正（见表 2）。这 4 个行业分别是“医药制造业”、“专用设备制造业”、“交通运输设备制造业”和“计算机、通信和其他电子设备制造业”。

与深圳进行比较的结果也证实了上述观点。深圳经济绩效好（Verdoorn 弹性系数为正）的技术密集型制造行业有 3 个，但只有 2 个行业规模增速为正，另外 1 个行业规模增速为负。可见，经济绩效好的技术密集型制造业规模扩大是广州制造业发展的一个优势。

表 2　2008~2017 年广州、深圳技术密集型制造业经济绩效

行业	广州			深圳		
	劳动生产率增速（%）	行业规模增速（%）	Verdoorn 弹性系数	劳动生产率增速（%）	行业规模增速（%）	Verdoorn 弹性系数
医药制造业	6.72	3.37	1.99	4.84	3.82	1.27
专用设备制造业	7.79	0.55	14.10	6.65	6.29	1.06
交通运输设备制造业	3.77	3.27	1.15	-9.22	11.87	-0.78
电气机械和器材制造业	2.45	-4.30	-0.57	-6.28	1.27	-4.95
计算机、通信和其他电子设备制造业	7.85	2.67	2.94	0.54	-0.59	-0.92
仪器仪表制造业	9.48	-7.65	-1.24	-2.81	-10.96	0.26

注：（1）劳动生产率增速和行业规模增速均为 2008~2017 年的年均增速。（2）Verdoorn 弹性系数采用劳动生产率增速和行业规模增速的原始数据相除后保留两位小数所得，而不是用表中四舍五入后的劳动生产率增速和行业规模增速相除所得。余同。

资料来源：2009~2018 年的《广州统计年鉴》和 2009~2018 年的《深圳统计年鉴》。

二是劳动密集型和资本密集型制造业违背 Verdoorn 效应。通过测算广州 2008~2017 年劳动密集型制造业的 Verdoorn 弹性系数，我们发现，广州劳动密集型制造业经济绩效较差。在 12 个劳动密集型制造业中，广州仅有 4 个行业经济绩效较好，即 Verdoorn 弹性系数为正。经济绩效差（Verdoorn 弹性系数为负）的行业劳动生产率增速为正，而行业规模增速为负（见表 3）。广州的资本密集型制造业的情况也类似。我们发现“饮料制造业”“烟草制品业”“造纸和纸制品业”“石油、煤炭及其他燃料加工业”“化学纤维制造业”“黑色金属冶炼和压延加工业”等劳动生产率不断提高的资本密集型制造业，行业规模反而不断缩小（见表 4）。

表 3　2008~2017 年广州劳动密集型制造业经济绩效

行业	劳动生产率增速（%）	行业规模增速（%）	Verdoorn 弹性系数
农副食品加工业	-13.13	-4.19	3.13
食品制造业	4.76	0.65	7.29

续表

行业	劳动生产率增速（%）	行业规模增速（%）	Verdoorn 弹性系数
纺织业	7.47	-9.31	-0.80
纺织服装、服饰业	12.94	-6.80	-1.90
皮革、毛皮、羽毛及其制品和制鞋业	13.92	-6.94	-2.00
木材加工和木、竹、藤、棕、草制品业	14.06	-5.96	-2.36
家具制造业	15.53	6.39	2.43
印刷和记录媒介复制业	8.01	-1.93	-4.14
文教、工美、体育和娱乐用品制造业	14.33	1.80	7.95
橡胶和塑料制品业	8.22	-4.97	-1.66
非金属矿物制品业	11.41	-0.40	-28.58
金属制品业	7.15	-6.97	-1.03

资料来源：2009~2018 年的《广州统计年鉴》。

表 4　2008~2017 年广州资本密集型制造业经济绩效

行业	劳动生产率增速（%）	行业规模增速（%）	Verdoorn 弹性系数
饮料制造业	5.80	-1.60	-3.64
烟草制品业	5.88	-0.47	-12.43
造纸和纸制品业	7.75	7.08	-1.09
石油、煤炭及其他燃料加工业	39.07	-9.09	-4.30
化学原料和化学制品制造业	-3.63	-4.38	0.83
化学纤维制造业	5.12	-13.99	-0.37
黑色金属冶炼和压延加工业	2.45	-9.40	-0.26
有色金属冶炼和压延加工业	-11.04	-1.82	6.06
通用设备制造业	4.75	0.40	11.99

资料来源：2009~2018 年的《广州统计年鉴》。

广州的劳动密集型和技术密集型制造业所表现出的劳动生产率上升而行业规模下降的这一现象违背 Verdoorn 效应。这可以从侧面反映出广州制造业结构升级面临的困境。广州致力于制造业结构的升级，大力发展技术密集型制造业。因此，广州必须缩小劳动密集型和资本密集型制造业的规模，即便仍有不少劳动密集型和资本密集型制造业保持劳动生产率的增长。广州为实现制造业结构的升级与优化，必须接受短期内制造业经济绩效的损失。

2. 服务业发展的经济绩效

一是生产性服务业发展较好。在珠三角 9 个城市中，广州的生产性服务业发展较好，但是没有绝对优势。由于肇庆等城市尚未公布 2018 年统计年鉴，此处仅比较 2008~2016 各城市的服务业经济绩效。在所列的 6 个生产性服务业中，广州有 3 个行业经济绩效好，分别是“批发和零售业”、“金融业”和“科学研究和技术服务业”，另外 3 个行业经济绩效差（见表 5）。就所拥有的生产性服务行业的个数来看，广州与其他珠三角城市情况类似，有各自经济绩效好的代表性生产性服务行业。

表 5　2008~2016 年珠三角生产性服务业经济绩效

行业	广州	深圳	珠海	佛山	惠州	东莞	中山	江门	肇庆
批发和零售业	10.09	-9.73	-24.30	0.05	13.68	-11.89	-69.99	-1.49	11.71
交通运输、仓储和邮政业	-3.15	-0.02	-3.40	0.08	0.52	-5.13	642.67	-1.43	3.96
信息传输、软件和信息技术服务业	-2.14	0.89	2.66			8.96	0.14		1.38
金融业	2.89	-11.60	2.93	0.82	1.58	1.67	4.09	2.76	1.33
租赁和商务服务业	-3.80	0.20	-0.87			6.39	-3.68		0.02
科学研究和技术服务业	6.00	1.46	0.00			-3.56	2.48		2.17

注：空缺部分是由于该城市行业数据缺失。

资料来源：2009~2017 年的各城市统计年鉴。

二是高端生产性服务业发展态势良好。参考宣烨、余泳泽（2014）按照人均产值与技术密度对生产性服务业进行的分类，我们认为“信息传输、软件和信息技术服务业”、“金融业”和“科学研究和技术服务业”3 个行业属于高端生产性服务业，“租赁和商务服务业”属于中端生产性服务业，“批发和零售业”和“交通运输、仓储和邮政业”属于低端生产性服务业。根据该分类方法，我们发现，广州的“金融业”和“科学研究和技术服务业”这两类高端生产性服务业经济绩效好，且近年来劳动生产率不断提高，行业规模不断扩大（见表6）。

表6　2008~2017年广州生产性服务业经济绩效

行业	劳动生产率增速（%）	行业规模增速（%）	Verdoorn弹性系数
批发和零售业	0.13	0.01	11.04
交通运输、仓储和邮政业	0.07	-0.04	-1.76
信息传输、软件和信息技术服务业	-0.21	0.01	-27.57
金融业	0.16	0.05	3.18
租赁和商务服务业	0.12	-0.03	-4.33
科学研究和技术服务业	0.20	0.03	5.95

资料来源：2009~2018年的《广州统计年鉴》。

（三）产业结构升级特征

1. 产业结构高级化发展特征

干春晖等（2011）采用第三产业产值与第二产业产值之比构造的产业结构高级化指标来衡量三次产业层面的升级情况。我们借鉴产业结构高级化这一指标来衡量广州在三次产业层面的产业结构升级。为了更好地研究广州如何充分发挥在粤港澳大湾区发展中的增长极作用，我们选取了湾区中的香港、澳门、深圳作为比较对象。我们发现，在三次产业层面，广州的产业结构升级呈现以下三个特征。

第一，广州产业结构高级化水平远远低于香港和澳门。从2017年的产业结构高级化水平的数值来看，香港为12.29，澳门为18.61，而广州仅为2.54，比香港低9.75，比澳门低16.07（见图10）。

第二，广州产业结构高级化水平领跑珠三角地区。2017年，广州的产业结构高级化水平的数值在珠三角 9 个城市中居第 1 位，比第 2 位深圳高 1.13。进一步对比 2008~2017 年各城市产业结构高级化水平数值的增幅情况，我们发现，广州的产业结构高级化指数增幅在珠三角 9 个城市中居第 1 位，增幅达 67%（见图 10）。

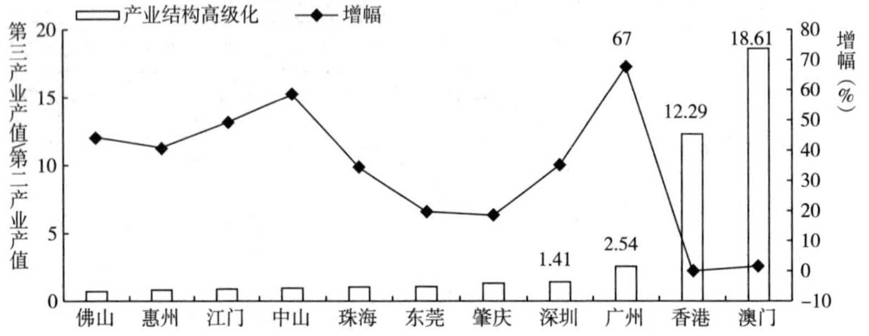

图 10　2017 年粤港澳大湾区产业结构高级化

说明：增幅是指 2008~2017 年各市产业结构高级化水平的增长幅度。

资料来源：各市三次产业产值数据来自《2018 广东统计年鉴》、澳门统计暨普查局和香港特区政府统计处。

第三，广州产业结构高级化水平与珠三角地区的差距在拉大。2008~2017 年，广州产业结构高级化水平上升明显大于整个珠三角地区。广州在 2008 年和 2017 年的产业结构高级化水平的数值分别为 1.52 和 2.54，增幅为 67%，而珠三角地区在 2008 年和 2017 年的产业结构高级化水平的数值分别为 0.94 和 1.36，增幅仅为 45%。2008 年，广州的产业结构高级化水平的数值比珠三角地区高 0.58，到 2017 年，这一差距已经扩大到 1.18（见图 11）。

2. 制造业升级发展特征

制造业结构升级没有公认的衡量标准，其内涵会随着一国或地区要素禀赋和发展状态的变化而呈现不同的特征。近年来，广州及其所在的珠三角地区的制造业发展面临廉价劳动力短缺和商务成本上升等挑战，再加上人民消费水平日益提高，企业更倾向于以资本和技术代替劳动力

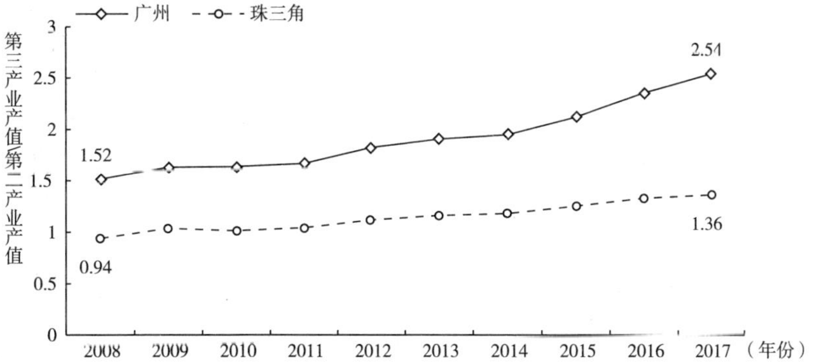

图 11　2008~2017 年广州及珠三角产业结构高级化

资料来源：广州和珠三角地区的三次产业产值数据来自 2009~2018 年的《广东统计年鉴》。

来降低成本和生产满足人民更高的消费需求的产品。这一现象推动了广州及其所在的珠三角地区的制造业不断由劳动密集型向资本密集型、技术密集型产业转型升级。因此，我们采用制造业中资本密集型与技术密集型产业产值占比来反映广州的制造业总体的结构升级情况（汪伟等，2015）。其中，关于劳动密集型、资本密集型、技术密集型制造业的分类如表 7 所示。在此基础上，我们采用区位熵来识别广州呈现专业化的制造业部门。所谓区位熵是指一个地区特定部门的产值（或就业人数）在地区工业总产值（或就业人数）中所占的比重与全国该部门产值（或就业人数）在全国工业总产值（或就业人数）中所占比重之间的比值（赵放、曾国屏，2014）。区位熵大于 1，可以认为该产业是该地区的专业化部门；区位熵越大，专业化水平越高。由于香港和澳门第二产业在国民经济生产总值中占比很小，且统计口径与广州存在较大差异，根据可比性原则，我们选取粤港澳大湾区另一增长极——深圳作为比较对象。我们发现，广州制造业内部的结构升级呈现以下三个特点。

表 7　制造业的分类

产业类型	包括的行业
劳动密集型制造业	农副食品加工业；食品制造业；纺织业；纺织服装、服饰业；皮革、毛皮、羽毛及其制品和制鞋业；木材加工和木、竹、藤、棕、草制品业；家具制造业；印刷和记录媒介复制业；文教、工美、体育和娱乐用品制造业；橡胶和塑料制品业；非金属矿物制品业；金属制品业
资本密集型制造业	饮料制造业；烟草制品业；造纸和纸制品业；石油、煤炭及其他燃料加工业；化学原料和化学制品制造业；化学纤维制造业；黑色金属冶炼和压延加工业；有色金属冶炼和压延加工业；通用设备制造业
技术密集型制造业	医药制造业；专用设备制造业；交通运输设备制造业；电气机械和器材制造业；计算机、通信和其他电子设备制造业；仪器仪表制造业

资料来源：行业名称以 2017 年修订的《国民经济行业分类》为标准；参考王志华、董存田（2012），阳立高等（2014）对制造业的分类。

第一，广州技术密集型制造业与资本密集型制造业发展态势相反。一方面，广州的技术密集型制造业比重远超资本密集型制造业比重。2008 年，广州的技术密集型制造业比重为 44%，资本密集型制造业比重为 32%，两者相差 12 个百分点。2017 年，广州的技术密集型制造业比重为 51%，资本密集型制造业比重为 21%，两者的差距扩大到 30 个百分点（见图 12）。另一方面，二者的发展趋势不同。代表技术密集型制造业比重的实线呈“N”字形，代表资本密集型制造业比重的虚线呈反“N”字形。2013~2016 年，广州的技术密集型制造业比重从 46%上升至 2016 年的 53%，2017 年下降至 51%。2013 年以后，广州的资本密集型制造业比重不断下降，从 2013 年的 31%，下降至 2017 年的 21%。这从侧面反映出近年来广州更注重技术密集型制造业的发展。

第二，在珠三角地区，广州的制造业层次相对偏低。现有研究认为，技术密集型制造业属于高技术产业部门，处于价值链的高端，产品附加价值高，是一个地区制造业结构转型升级进程中重点发展的产业。然而，截至 2017 年，广州的技术密集型制造业比重为 51%，在珠三角 9 个城市中居第 5 位。珠三角 9 个城市中，技术密集型制造业比重最高的是深圳，

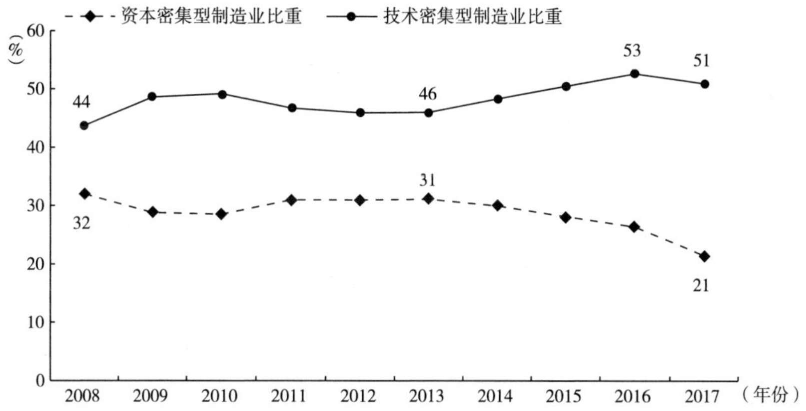

图 12　2008~2017 年广州资本密集型与技术密集型制造业比重

资料来源：根据 2009~2018 年的《广东统计年鉴》数据整理所得。

占比为 77%，广州与深圳的差距高达 26 个百分点（见图 13）。广州的技术密集型制造业比重不仅与深圳差距较大，在珠三角 9 市中也没有规模优势。

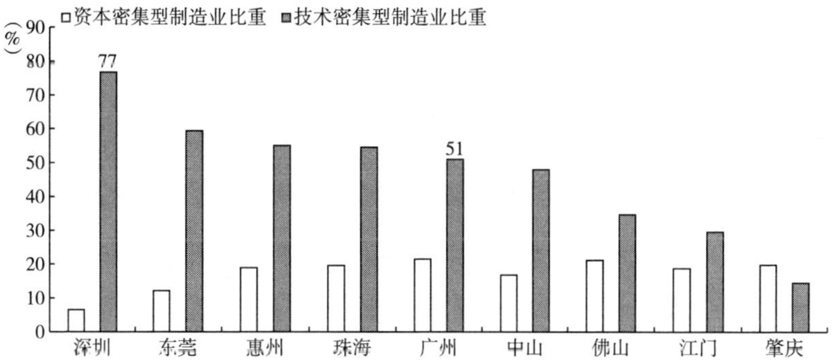

图 13　2017 年珠三角城市资本密集型和技术密集型制造业比重

资料来源：根据《2018 广东统计年鉴》数据整理所得。

第三，广州制造业的专业化部门青黄不接。通过考察广州制造业各细分行业的专业化水平，我们发现广州的传统制造业已经失去专业化地位，然而技术密集型制造业尚未在全国形成专业化优势，没有及时填补广州专业化部门的缺失。

全国分行业工业销售产值数据仅公布至2016年，因此我们计算了2008~2016年广州制造业分行业的区位熵。表8展现了广州失去专业化地位的行业。2008年，广州的“食品制造业”“纺织服装、服饰业”“皮革、毛皮、羽毛及其制品和制鞋业”“文教、工美、体育和娱乐用品制造业”等劳动密集型制造业，“石油、煤炭及其他燃料加工业”“化学原料和化学制品制造业”等资本密集型制造业均是其专业化部门，然而到了2016年，这些行业均失去了专业化地位。

表8　广州失去专业化地位的行业

行业	区位熵		类型
	2008年	2016年	
食品制造业	1.19	0.74	劳动密集型制造业
纺织服装、服饰业	1.15	0.64	劳动密集型制造业
皮革、毛皮、羽毛及其制品和制鞋业	1.22	0.60	劳动密集型制造业
文教、工美、体育和娱乐用品制造业	1.23	0.75	劳动密集型制造业
石油、煤炭及其他燃料加工业	1.03	0.51	资本密集型制造业
化学原料和化学制品制造业	1.24	0.80	资本密集型制造业

注：失去专业化部门的评判标准是该产业在2008年是专业化部门，到2016年不再是专业化部门。

资料来源：行业产值数据来自2009年、2017年的《中国工业统计年鉴》和2009年、2017年的《广东统计年鉴》。

在技术密集型制造业方面，2016年，广州制造业中专业化的行业仅有“交通运输设备制造业”（见表9）。可见，广州其余技术密集型制造业仍处于成长阶段，尚未成为其专业化部门。总之，技术密集型制造业整体发展实力较为薄弱。

表9 2016年广州、深圳专业化水平高的制造业

城市	行业	区位熵	类型
广州	烟草制品业	1.08	资本密集型制造业
	交通运输设备制造业	1.89	技术密集型制造业
深圳	文教、工美、体育和娱乐用品制造业	1.98	劳动密集型制造业
	电气机械和器材制造业	1.17	技术密集型制造业
	计算机、通信和其他电子设备制造业	6.03	技术密集型制造业
	仪器仪表制造业	1.65	技术密集型制造业

资料来源：行业产值数据来自《2017中国统计年鉴》和《2017广东统计年鉴》。

3. 服务业升级发展特征

生产性服务业是指提供生产性服务的企业。所谓生产性服务业是指为满足中间需求、为生产其他产品或者服务提供中间投入的服务活动，与消费性服务业相对。在基于价值链不同环节、工序、模块的新型国际分工和国内区域分工体系中，生产性服务业处于价值链的高端，成为各个国家和地区经济增长的主要推动力和重点发展方向（席强敏等，2015）。因此，生产性服务业也成为各个地区服务业升级的方向。我们借鉴汪伟等人的做法，把生产性服务业增加值在第三产业增加值中的比重作为测度服务业升级情况的指数（汪伟等，2015）。同时，采用区位熵来识别广州的专业化的生产性服务业部门。

学界对生产性服务业具体的行业划分标准尚未达成共识。我们根据《国民经济行业分类》将交通运输、仓储和邮政业，信息传输、软件和信息技术服务业，批发和零售业，金融业，租赁和商业服务业，科学研究和技术服务业这六大类与制造业关联紧密的服务业定为生产性服务业（唐晓华等，2018）。我们发现，广州的服务业升级情况呈现以下三个特点。

第一，广州拉近与深圳生产性服务业发展水平的差距。我们从生产性服务业增加值占第三产业增加值的比重来判断广州的服务业升级

情况。一方面，广州生产性服务业增加值占第三产业增加值比重的增幅高于深圳。2008~2017年，广州的生产性服务业比重上升了1个百分点。而同期深圳生产性服务业比重上升了0.27个百分点（见图14）。另一方面，从生产性服务业增加值占第三产业增加值比重来判断，深圳与广州的差距在缩小。2008年，深圳的生产性服务业比重比广州高4.94个百分点。然而，截至2017年，深圳的生产性服务业比重比广州高4.21个百分点。

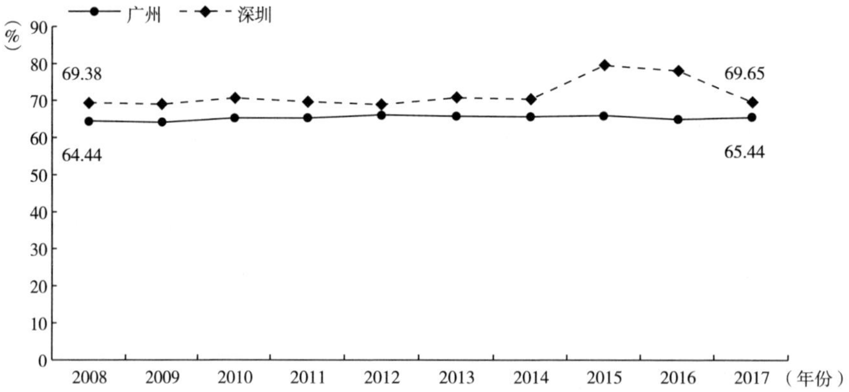

图14　2008~2017年广州、深圳生产性服务业增加值占第三产业增加值的比重

资料来源：2009~2018年的《广州统计年鉴》、2009~2018年的《深圳统计年鉴》。

第二，广州生产性服务业呈专业化趋势，但逐渐被深圳赶超。参考赵放、曾国屏（2014）的做法，我们采用广州、深圳生产性服务业行业增加值数据所计算的区位熵来识别各地区生产性服务业的专业化水平，所选取的生产性服务行业与前文一致。

由于全国分行业增加值数据仅公布至2016年，此处仅考察2008年及2016年服务业专业化水平。2016年，广州6个生产性服务业的区位熵均大于1，均呈现专业化水平。基于可比性和预测性原则，我们对比了2008年及2016年广州和深圳生产性服务业的专业化水平，相关情况如表10所示。对比2008年与2016年的变化情况，我们发现，广州区位熵上升的生产性服务业仅“交通运输、仓储和邮政业”以及“批发和零售业”这2个行业，而深圳区位熵上升的行业有“交通运输、仓储和邮政业”、“信息传输、软件和信息技术服务业”、“批发和零售业”以及“科学研究和技术服务业”4个行业。可见深圳生产性服务业向专业化发展的势头更猛。截至2016年，深圳的“信息传输、软件和信息技术服务业”“金融业”“科学研究和技术服务业”3个行业的专业化水平均高于广州。

表10　广州、深圳生产性服务业专业化水平

行业	广州区位熵		深圳区位熵	
	2008年	2016年	2008年	2016年
交通运输、仓储和邮政业	1.46	1.57	0.72	0.81
信息传输、软件和信息技术服务业	1.64	1.39	1.73	3.08
批发和零售业	1.35	1.57	1.24	1.27
金融业	1.14	1.13	2.86	1.83
租赁和商务服务业	4.39	2.74	1.83	1.37
科学研究和技术服务业	1.44	1.26	1.14	1.83

资料来源：行业产值数据来自2009年、2017年的《广州统计年鉴》，2009年、2017年的《深圳统计年鉴》和2009年、2017年的《中国统计年鉴》。

第三，广州生产性服务业集聚程度高，且优于深圳。参考赵放、曾国屏（2014）的做法，我们采用广州和深圳的生产性服务业行业从业人数所计算的区位熵来表示各地区生产性服务业的集聚程度，所选取的生产性服务业行业与前文一致。

截至2017年，除“金融业”外，广州其余生产性服务行业均高度集聚。与深圳对比来看，在2017年，广州的6个生产性服务业集聚程度均高于深圳。再比较2008年和2017年的变化情况，我们发现除“金融业”以外，广州其余5个生产性服务业的集聚程度均上升，而深圳生产性服务业中集聚程度上升的行业是“交通运输、仓储和邮政业”“信息传输、软件和信息技术服务业”2个行业（见表11）。

表11 广州、深圳生产性服务业集聚程度

行业	广州区位熵		深圳区位熵	
	2008年	2017年	2008年	2017年
交通运输、仓储和邮政业	1.80	1.92	1.10	1.18
信息传输、软件和信息技术服务业	1.58	2.25	1.60	1.85
批发和零售业	1.15	1.79	1.51	1.26
金融业	0.91	0.72	1.20	0.54
租赁和商务服务业	1.75	2.48	2.29	2.26
科学研究和技术服务业	1.30	1.77	0.99	0.93

资料来源：行业产值数据来自2009年、2018年的《广州统计年鉴》，2009年、2018年的《深圳统计年鉴》和2009年、2018年的《中国统计年鉴》。

四 广州产业发展的要素条件

从增长极理论的视角看，增长极的发展需要一些发展的基础条件，这些基础条件是区域经济发展的前提，更是产业发展和产业结构升级的基础。换句话说，如果区域不具备这些基础条件，那么区域经济发展就要借助外部的条件来实现，由此导致区域经济发展的内生性动力不足，进而使得城市的比较优势难以发挥，最终影响城市的发展和竞争力的提升。通过前面的分析，广州作为粤港澳大湾区的中心城市，在粤港澳大湾区经济多极增长的空间格局下，要发挥其区域核心引擎的作用，推动其产业结构升级，就必须具备良好的基础条件。进一步说，结合增长极理论的要求，我们认为广州作为增长极，要实现通过产业结构升级推动产业发展的目标，需要明确其应具备巩固其增长极的基础条件。因此，我们基于增长极理论，从发展腹地优势、综合发展实力、生产效率和人力资源四个方面分析了广州产业发展的基础条件，结果显示广州具备产业结构升级的良好要素条件，可以为其产业发展提供很好的支撑。

（一）广州的发展腹地优势明显

将广州与香港、深圳对比后发现，广州的优势除了经济基础雄厚、区位优势明显、教育资源丰富、文化氛围浓厚、枢纽地位突出外，最为重要的是广州在经济腹地方面拥有很大优势，这为广州与粤港澳大湾区其他城市之间的合作，特别是产业合作创造了条件（见表12）。

第一，广佛同城为广州提供经济腹地。广佛已有25条主要道路通道，形成了同城化的交通体系和空间整体，促进了城市服务功能在中心区域集聚，生产功能在中心区域的外圈层形成产业集群。此外，佛山提出“世界科技+佛山智造+全球市场”理念，定位为粤港澳大湾区的工业智造中心，为广州发展高端制造业及研发产业提供沃土。

第二，穗莞协作发展为广州提供经济腹地。广州与东莞协作发展，是粤港澳大湾区城市协作的主要内容，两市紧扣南沙自由贸易区和滨海湾新区对接合作、基础设施联通等主题，推动深入合作，并致力于建立长效合作机制，通过深化合作为广州发展提供重要经济支撑。

第三，广惠互联互通为广州提供经济腹地。此外，惠州深入实施“海绵行动”，注重引进优质企业、先进技术和高端人才，因此广州和惠州也能够在基础设施、贸易和人文等领域展开交流（汪文姣，2018），惠州不仅能够为广州提供经济腹地，还能够促进人才的双向流动。

表12　广州与香港、深圳发展条件对比

增长极	优势	挑战
广州	区位优势，较大的发展空间、地域面积；高校云集，教育资源优势；岭南文化优势、全球化高地；国际商贸中心	固有的行政、财税、金融体制制约；产业结构调整缓慢
香港	“一国两制”的独特优势；国际金融、航运、贸易中心和国际航空枢纽；金融市场和人才国际化优势	人才流动壁垒

续表

增长极	优势	挑战
深圳	创新优势；人才聚集的优势；政府政策的优势；制度环境的优势	经济发展历史较短；人口密度大；高端制造业和服务业欠发达；土地资源稀缺

资料来源：根据《粤港澳大湾区发展规划纲要》和相关资料整理。

（二）广州的综合发展实力强

1. 广州竞争力位居粤港澳大湾区前列

从城市竞争力来看，广州竞争力位居粤港澳大湾区前列。包括经济总量、经济聚集程度、经济增长水平、产业结构、劳动参与水平以及人民的生活水平6个方面的城市竞争力评价指标体系衡量的结果显示，广州2016年的城市竞争力绝对值为0.78，在大湾区11个城市中处于第3位，尽管低于深圳和香港的城市竞争力，但是差距不明显（见表13）。

表13　2016年大湾区11个城市的城市竞争力排名

城市	城市竞争力	排名
广州	0.78	3
香港	1.08	2
澳门	0.55	4
深圳	1.58	1
珠海	0.30	5
佛山	0.29	6
惠州	0.25	7
东莞	-0.10	9
中山	-0.08	8
江门	-0.44	11
肇庆	-0.41	10

注：城市竞争力指标体系包含指标较多，有些城市的指标尚未更新，能全面反映并可以比较的城市指标最新的数据为2016年，因此本报告城市竞争力只能计算到2016年。

资料来源：根据《2017广东统计年鉴》、珠三角9个城市的统计年鉴及统计公报、澳门统计暨普查局及香港特区政府统计处数据整理所得。

2. 广州经济基础良好

城市的地区生产总值代表了城市的总体产出水平，地区生产总值增长率代表了城市的产出潜力，其生产总值越大，增长率越高，说明城市的产出能力越强，越有利于城市的经济增长，进而可以为城市的产业发展提供良好的经济基础。

从地区生产总值来看，2017 年，广州的地区生产总值达到 21503.15 亿元，是澳门地区生产总值的 6.3 倍，占整个广东省地区生产总值的 23.97%。从地区生产总值增长率来看，2006~2017 年，广州的地区生产总值保持了较快的增长。2006~2017 年，广州的地区生产总值增长率不仅仅高于同期全国增长率的平均水平，也高于广东省的增长率水平。其中，在 2013 年，广州的地区生产总值增长率高于全国平均水平 3.81 个百分点，高于广东省地区生产总值增长率 3.11 个百分点。2006~2017 年，广州的地区生产总值增长率最大值与最小值相差 7.9 个百分点，同期香港为 12.6 个百分点，深圳为 7.8 个百分点。澳门达到 42.6 个百分点，是广州的 5.4 倍（见图 15）。

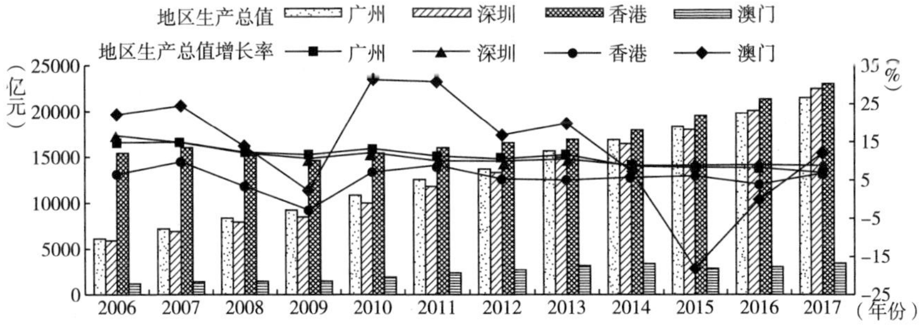

图 15　2006~2017 年广州、深圳、香港、澳门地区生产总值与地区生产总值增长率对比

资料来源：根据 2007~2018 年的《广东统计年鉴》、澳门统计暨普查局及香港特区政府统计处数据整理。

与香港相比，广州的地区生产总值与其差距在缩小。2006 年，广州的地区生产总值为 6124.20 亿元，香港为 15431.64 亿元，是广州的 2.5

倍。甚至，香港的地区生产总值比广州、深圳和澳门的地区生产总值之和还要多出 2208 亿元。但是到 2017 年，广州的地区生产总值达到了 21503.15 亿元，仅比香港低 1531.67 亿元。2006~2017 年，广州与香港的地区生产总值的差距从 9307.44 亿元减少到 1531.67 亿元，减少了 83.54%。2006~2017 年，广州的地区生产总值从 2006 年不到香港的 40%，到 2017 年达到香港的 93.35%。

与澳门相比，广州的地区生产总值更大，增速更加稳定。从地区生产总值来看，2006 年，广州的地区生产总值为 6124.20 亿元，澳门为 1179.12 亿元，广州的地区生产总值是澳门的 5.2 倍。2013 年，广州的地区生产总值为 15663.48 亿元，澳门为 3192.78 亿元，广州的地区生产总值是澳门的 4.91 倍。2016 年，广州的地区生产总值为 19782.19 亿元，澳门为 3009.81 亿元，广州的地区生产总值是澳门的 6.57 倍。

相比深圳，广州的地区生产总值和增速的优势在减弱。从地区生产总值来看，2006~2015 年，广州的地区生产总值一直高于深圳，但是其趋势越来越不明显；2017 年广州地区生产总值低于深圳 986.91 亿元。从地区生产总值增长率来看，2007~2013 年，广州的地区生产总值增长率高于深圳；2014~2017 年，广州的地区生产总值增长率低于深圳且出现拉大的趋势，2014 年，深圳的地区生产总值增长率高出广州 0.21 个百分点，2017 年则高出 1.8 个百分点。从 2013~2017 年的年均地区生产总值增长率来看，广州的年均地区生产总值增长率为 8.76%，深圳的年均地区生产总值增长率为 9.19%，广州低于深圳 0.43 个百分点。

（三）广州的生产效率稳步提升

生产效率包括产出水平和劳动生产率两个方面。城市生产效率的提高代表了城市生产能力的提高，可以为产业发展创造良好的条件。

1. 广州的产出水平明显提高

从地均地区生产总值来看，2006 年，广州的地均地区生产总值为

8169.90 万元/平方公里，2017 年，广州的地均地区生产总值达到 28925.41 万元/平方公里，是 2006 年的 3.54 倍，年均增长率达到 21.17%。从人均地区生产总值来看，2006 年，广州的人均地区生产总值为 62930 元，2017 年，广州的人均地区生产总值达到 150678 元，是 2006 年的 2.39 倍（见图 16）。

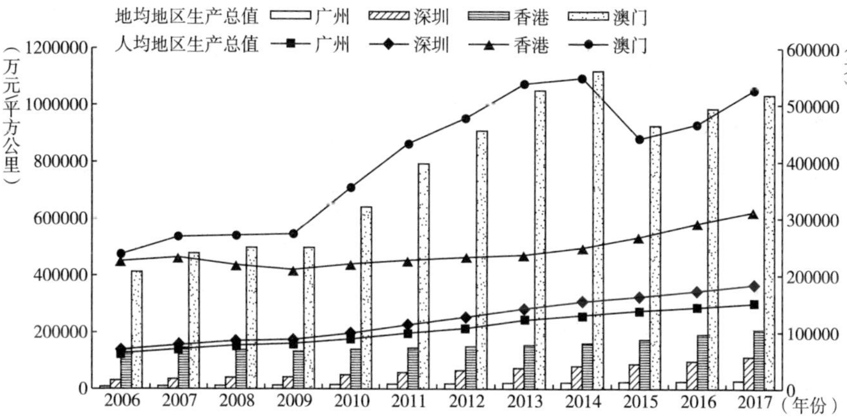

图 16　2006~2017 年广州、深圳、香港、澳门人均地区生产总值与地均地区生产总值

资料来源：人均地区生产总值从 2007~2018 年的《广东统计年鉴》、澳门统计暨普查局及香港特区政府统计处网站直接获得，地均地区生产总值是由所得数据计算得到。

2. 广州的劳动生产率上升态势明显

从社会劳动生产率来看，2006 年，广州的社会劳动生产率为 131896 元/人，2009 年，广州的社会劳动生产率首次超过 200000 元/人，达到 200642 元/人。2014 年，广州的社会劳动生产率超过 300000 万元/人，达到 301779 元/人。到 2017 年，广州的社会劳动生产率达到 328260 元/人。2006~2017 年，广州的社会劳动生产率年均增长率达到 12.41%。

广州的社会劳动生产率高于深圳。2006 年，广州的社会劳动生产率比深圳的社会劳动生产率高出 9072 元/人，2010 年高出 102801 元/人，

2015 年高出 129515 元/人，之后尽管出现下降趋势，但是 2017 年广州的社会劳动生产率仍然高于深圳 75600 元/人（见图 17）。

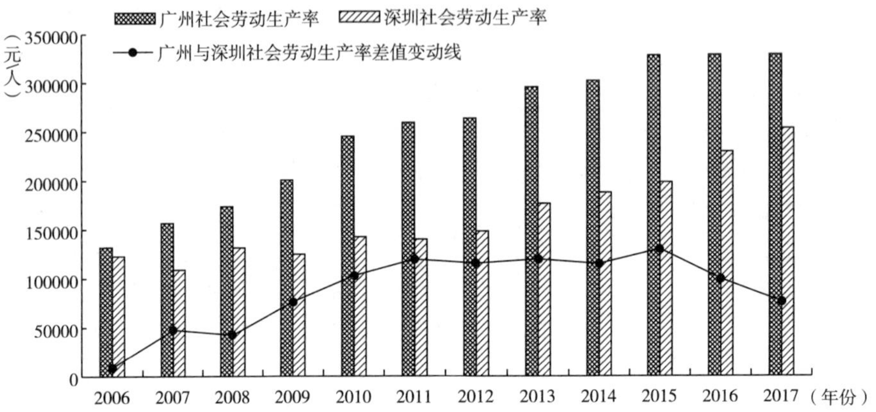

图 17　2006~2017 年广州、深圳社会劳动生产率

资料来源：根据 2007~2018 年的《广东统计年鉴》数据计算所得。

（四）广州人力资源良好

从人口绝对数来看，广州的人口基数最大，比深圳多 234.28 万人，比香港多 562.92 万人，是澳门人口总数的 23 倍。其中，0~14 岁的人口中，广州的人口基数最大，多出深圳、香港和澳门的人口数分别为 43.76 万人、63.61 万人和 138.13 万人。15~64 岁的人口中，广州的人口基数也是最大的，分别是深圳、香港和澳门同期水平的 1.1 倍、2.4 倍与 24.1 倍（见表 14）。

表 14　广州、深圳、香港和澳门人口普查基本情况

单位：万人，%

年龄结构	人数				比例			
	广州	深圳	香港	澳门	广州	深圳	香港	澳门
0~14 岁	145.64	101.88	82.03	7.51	11.47	9.84	11.6	13.6

续表

年龄结构	人数				比例			
	广州	深圳	香港	澳门	广州	深圳	香港	澳门
15~64岁	1040.35	915.64	438.44	43.21	81.91	88.40	62.0	78.2
65岁以上	84.09	18.28	186.69	4.53	6.62	1.76	26.4	8.2
合计	1270.08	1035.80	707.16	55.25	100	100	100	100

注：由于香港和澳门是五年进行一次人口普查，普查年份为20X1年和20X6年，广州和深圳的人口普查为每十年进行一次，为了更好地进行对比分析，最终选择了广州和深圳的第六次人口普查（2010年）中的人口结构数据，香港和澳门2011年的人口结构数据。

资料来源：根据广州第六次人口普查、深圳第六次人口普查、澳门统计暨普查局及香港特区政府统计处数据整理。

五　广州推动产业发展的对策

在粤港澳大湾区经济多极增长态势下，广州作为粤港澳大湾区重要增长极，是推进粤港澳大湾区协同发展的核心引擎。广州要切实承担起核心引擎的重任，就需要以《粤港澳大湾区发展规划纲要》提出的“构建具有国际竞争力的现代产业体系”为根本遵循，构筑符合自身发展优势的现代产业体系，培育支撑经济高质量发展的新动能，为建设国际大都市奠定良好的产业基础，并以此带动区域分工合作，助力粤港澳大湾区的国际一流湾区建设，做好以下五项工作。

（一）着力营造产业发展的高质量环境

“打造高质量发展的典范”是粤港澳大湾区发展指导思想的重要内容。高质量发展是我国经济和社会长远发展的方向，同时也是我国进一步推进改革开放的重要组成部分，更是我国的新探索，没有现成的经验可以借鉴。广州作为广东省的省会，借助广东改革开放先行先试的优势，经济转型升级和产业结构优化已经取得了较大进展。未来，广州产业发展要实现《粤港澳大湾区发展规划纲要》对广州的要求，必须勇担责任，大胆探索，率先找出高质量发展的路径和模式，建设高质量市场，为广州产业发展提供良好的环境。

第一，形成高质量的消费市场。广州经济实力雄厚，商贸业发达，可以借此形成商贸业促进消费提升，消费提升带动商贸业发展的良性互动发展局面。可以以南沙自由贸易区为依托，在积极引进国外优质商品的同时，主动引进国际知名的品牌店，实现高档消费品的多样化，让广州成为引领时尚消费、高品质消费的商贸之城。

第二，营造高质量的销售环境。目前，国内高质量产品日益增多，但是消费者的认可度不高，其主要原因就是对商品缺乏了解，从而对产品缺乏信任。这主要是由于产品宣传力度不够，宣传方式不贴近民众。因此，广州可以积极探索高质量产品宣传的模式，使得高质量产品能够走出展销会，真正地走到消费者身边，并提供高质量的售后服务。

第三，营造高质量的营商环境。产业发展必须以企业为载体，而影响企业区位选择的最重要因素之一就是城市的营商环境。不可否认，广州与香港、深圳的营商环境存在一定的差距，广州必须正视这一差距，全面总结近年来其营商环境建设的经验，积极学习国际一流城市的成功经验，以高质量发展为指导，通过统筹推进专业服务、商业服务、政务服务，建立政府主导的社会信用体系，营造国际化营商环境。

（二）积极构建高端、智能、绿色的现代产业体系

广州要理顺现代服务业和先进制造业之间的关系，从产业链合作的视角，推动现代服务业和先进制造业互动发展，积极推动“新技术、新产业、新业态、新模式”落地，培育发展平台经济、共享经济、体验经济等新业态，推动制造业智能化、绿色化发展，推动现代服务业创新性发展，构建高端、智能、绿色的现代产业体系。

一是坚持做强先进制造业，筑牢产业发展基础。识别具有发展优势的技术密集型制造业。2013 年以后，广州技术密集型制造业比例上升趋势明显，且“医药制造业”、“交通运输设备制造业”、“专用设备制造

业”以及“计算机、通信和其他电子设备制造业”等行业经济绩效都很好，劳动生产率不断上升，行业规模不断扩大，是广州未来可以继续大力发展的制造行业。

二是坚持做实现代服务业，理顺产业发展关系。在6个生产性服务业中，广州有2个高端生产性服务业经济绩效良好，具有相对优势，分别是“金融业”和“科学研究和技术服务业”。这2个行业已经初步达到专业化水平，只是专业化程度还不是很高，仍有进步的空间。因此，广州可以集中力量，利用已有的专业化优势，重点发展这2个高端生产性服务业，打造具有绝对专业化优势的高端生产性服务行业。

三是优化“金融业”和“科学研究和技术服务业”的发展环境，完善高端生产性服务业的融资政策和税收政策，从政策层面支持其发展；发挥政府在高端生产性服务业与制造业互动融合发展中的引导作用，搭建高端生产性服务业与制造业的互动合作平台。

（三）有序提升制造业的发展水平

本报告发现，广州部分劳动密集型和技术密集型制造业的劳动生产率上升而行业规模缩小，且正处于劳动密集型、资本密集型等传统制造业失去专业化地位，而技术密集型制造业尚未形成专业化优势的阶段。因此，广州要及时应对产业发展中面临的挑战，有序提升制造业的发展水平。

首先，提升广州汽车产业优势。抓住新能源汽车、智慧驾驶的发展机遇，大力发展电动汽车的配套产业和以智慧驾驶、智能网联为主的技术研发、生产和服务业，形成新的汽车产业体系。倡导出租车、公务车、共享汽车、公共汽车等更换为电动汽车，培育广州本地电动汽车市场，并产生示范效应，带动粤港澳大湾区电动汽车市场成长。

其次，应进行循序渐进的制造业结构升级，调整劳动密集型、资本密集型制造业的结构，更多地关注上述这些仍具有活力和经济绩效好的传统制造业的发展，将其作为技术密集型制造业的补充，增强广州制造业的整体竞争力；积极发展经济绩效好的技术密集型制造业，聚焦新一代信息技术、人工智能、生物医药、新材料、新能源及海洋科学等领域，培育更多的专业化产业部门，争取在技术密集型制造业的发展方面领跑粤港澳大湾区。

最后，应完善科技成果转化机制，推进高等院校、科研院所的科技成果商业化，为技术密集型制造业的发展提供智力支持，加大招商引资力度，继续发展总部经济，增强对高端制造业、高端人才的吸引力，形成高技术制造业的产业集聚。

（四）全面提高金融业服务实体经济的能力

经济发展的实践证明，金融业发展是实体经济发展的重要基础。习近平总书记在2017年4月25日的中共中央政治局第四十次集体学习时强调："金融活，经济活；金融稳，经济稳。"作为粤港澳大湾区的四大中心城市之一，广州在金融业发展方面与香港、澳门、深圳存在一定的差距。因而广州在金融业发展方面，要坚持错位发展、形成合力的方式，加强与香港、澳门、深圳的合作，积极落实《粤港澳大湾区发展规划纲要》对广州金融业发展提出的要求，全面提高金融业服务实体经济的能力。

一是积极推进绿色金融改革创新试验区建设。落实《粤港澳大湾区发展规划纲要》的要求，以绿色金融为突破口，大力发展特色金融，为粤港澳大湾区绿色发展和广州产业绿色发展提供金融支持，加快设立以碳排放为首个品种的创新型期货交易所的步伐。

二是加快以知识产权保护为核心的产权交易中心建设。《粤港澳大湾区发展规划纲要》明确指出："强化知识产权行政执法和司法保护，更好发挥广州知识产权法院等机构作用，加强电子商务、进出口等重点领域和环节的知识产权执法。"广州要积极落实这一要求，建设区域性私募股权交易市场，建设产权、大宗商品区域交易中心，共建粤港澳大湾区知识产权运营中心，提升国际化水平，成为具有国际影响力的知识产权中心。

三是加大与香港和澳门的金融合作。落实《粤港澳大湾区发展规划纲要》提出的“支持符合条件的港澳银行……设立经营机构”的要求，尽快出台实施细则，以港澳银行设立经营结构为契机，学习港澳银行先进管理经验，强化与香港和澳门的金融合作，全面提升金融业服务水平。

（五）加快构建科技创新成果快速转化的机制

目前，广州拥有广州科学城、广州国际生物岛、清华科技园广州创新基地、广州再生医学与健康广东省实验室、国家先进高分子材料产业创新中心、广州斯坦福国际研究院等一批创新基地，还集中了广东省77%的科研机构、70%的科技人员、80%的高等院校、97%的国家重点学科，创新资源丰富，但是依然面临创新成果转化速度慢的问题，很多科研创新成果无法第一时间转化为产业发展的动力，因此广州要加快构建科技创新成果快速转化的机制。

第一，加快建设科技创新载体。以《粤港澳大湾区发展规划纲要》大力支持中新广州知识城、南沙庆盛科技创新产业基地重大创新载体建设为契机，进一步提升广州大学城—国际创新城、中新广州知识城、广州科学城、琶洲互联网创新集聚区凝聚科技力量的能力，整合广州创新载体建设，打造科技创新成果共享和转化平台。

第二，提升粤港澳大湾区创新合作水平。落实《粤港澳大湾区发展规划纲要》提出的“推进‘广州—深圳—香港—澳门’科技创新走廊建设，探索有利于人才、资本、信息、技术等创新要素跨境流动和区域融通的政策举措”的要求，积极开展科技创新走廊广州段如何实施的研究工作，谋划科技创新走廊互利合作、共同发展的机制，全面提升粤港澳大湾区创新合作水平的同时，提升广州的科技创新能力。

第三，提高广州在国际创新网络中的地位。创新已经成为产业高端、智能、绿色发展的原动力，并且全球创新已经呈现网络化和规模化发展的态势，广州要强化与香港、澳门、深圳，以及其他重要节点城市的合作，全力打造国际科技创新中心，融入国际创新网络的同时积极提升自己的科技成果转化水平。

参考文献

干春晖、郑若谷、余典范，2011，《中国产业结构变迁对经济增长和波动的影响》，《经济研究》第5期，第4~16页。

何诚颖、张立超，2017，《国际湾区经济建设的主要经验借鉴及横向比较》，《特区经济》第9期，第10~13页。

贾善铭、覃成林，2015，《区域经济多极增长的概念界定与辨析》，《兰州学刊》第5期，第152~158页。

李小建、苗长虹，1993，《增长极理论分析及选择研究》，《地理研究》第3期，第45~55页。

梁琦，2005，《空间经济学：过去、现在与未来——兼评〈空间经济学：城市、区域与国际贸易〉》，《经济学》第4期，第1067~1086页。

谭锐，2018，《广州在粤港澳大湾区建设中的城市发展战略》，《城市观察》第2期，第20~29页。

谭弈霖，2018，《粤港澳大湾区中广州的地位优势分析》，《发展改革理论与实践》第3期，第8~10页。

唐晓华、张欣珏、李阳，2018，《中国制造业与生产性服务业动态协调发展实证研究》，《经济研究》第3期，第79~93页。

汪伟、刘玉飞、彭冬冬，2015，《人口老龄化的产业结构升级效应研究》，《中国工业经济》第11期，第47~61页。

汪文姣，2018，《广州与粤港澳大湾区城市群的竞合关系分析》，《特区经济》第8期，第18~21页。

王志华、董存田，2012，《我国制造业结构与劳动力素质结构吻合度分析——兼论“民工荒”、“技工荒”与大学生就业难问题》，《人口与经济》第5期，第1~7页。

席强敏、陈曦、李国平，2015，《中国城市生产性服务业模式选择研究——以工业效率提升为导向》，《中国工业经济》第2期，第18~30页。

宣烨、余泳泽，2014，《生产性服务业层级分工对制造业效率提升的影响——基于长三角地区38城市的经验分析》，《产业经济研究》第3期，第1~10页。

阳立高、谢锐、贺正楚、韩峰、孙玉磊，2014，《劳动力成本上升对制造业结构升级的影响研究——基于中国制造业细分行业数据的实证分析》，《中国软科学》第 12 期，第 136~147 页。

袁宏舟，2018，《浅析香港在粤港澳大湾区建设中的作用》，《宏观经济管理》第 2 期，第 56~60 页。

赵放、曾国屏，2014，《全球价值链与国内价值链并行条件下产业升级的联动效应——以深圳产业升级为案例》，《中国软科学》第 11 期，第 50~58 页。

覃成林、贾善铭、杨霞、种照辉，2016，《多极网络空间发展格局：引领中国区域经济 2020》，中国社会科学出版社，第 157~171 页。

Adams-Kane, Jonathon, and Jamus Jerome Lim. 2011. "Growth Poles and Multipolarity." *Social Science Electronic Publishing*, 2011.

• 开放合作篇 •

粤港澳大湾区市场一体化研究

陈 昭*

摘 要： 粤港澳大湾区是超越当前行政边界的区域构建，在当前的国际环境下，提升市场化水平、推进大湾区市场建设，是广州参与共建粤港澳大湾区的重要内容。本研究从粤港澳大湾区建设的成绩与不足两个角度出发，借鉴国外三大湾区每一个细分个体市场一体化建设独特的成功经验，并从整体上对实践经验进行总结归纳，在多层次多维度分析粤港澳大湾区市场一体化建设优势和挑战的基础上，通过对粤港澳大湾区区域产业分工与协同联动机制的研究，从深化产业分工合作、发挥制度差异优势、促进要素自由流动、完善协调体制机制、对接国家战略五个方面提出具有可操作性的粤港澳大湾区市场一体化与政策协同建议。

关键词： 粤港澳大湾区 市场一体化 国际湾区 区域合作

一 粤港澳大湾区经济合作历程与市场一体化现状分析

（一）粤港澳经济合作发展历程

改革开放40年来，广东省特别是珠三角地区能够引领全国改革开

* 陈昭，经济学博士，现为广东外语外贸大学粤港澳大湾区研究院研究员、教授、硕士生导师，主要研究领域为区域经济学、计量经济史。

放，促进经济的快速发展与增长，港澳地区发挥了重要作用。粤港澳地区地缘相近、人缘相亲、语言文化同源，合作历史悠久。自改革开放伊始，粤港澳地区有良好的市场、资源及产业互补性（黄晓慧、邹开敏，2016），在此基础上开展多维度的合作，联系日益加强，并由此推动了区域经济市场一体化进程（张日新、谷卓桐，2017）。粤港澳地区经济合作由来已久，发展历程可以分为三个阶段。

1. 1978~2002 年，形成以“前店后厂”为主要形式的制造业垂直分工体系

“前店后厂”是粤港澳合作第一阶段的主要特征。20 世纪 70 年代末，香港制造业由于面临着地价上升、人工成本上涨等成本问题，竞争力和优势不断下降，恰逢中国打开国门，实施改革开放，深圳经济特区的建立开启了粤港澳“前店后厂”的工业合作与地域分工模式，港澳地区制造业的生产环节得以就近适时北移至广东珠三角地区，在港澳本地留下了交易环节。珠三角地区具有地理位置临近的区位优势和劳动力、土地的低成本优势，同时也凭借着国家政策的支持，先行一步，大量承接港澳转出的制造业。由港澳提供技术和平台，利用流入广东的廉价劳动力等自然资源进行产品生产，最终产品借助港澳出口外销，粤港澳三地形成了全球生产网络中不可分割的加工贸易链条。这样粤港澳之间就形成了在制造业领域的“前店后厂”式跨境生产与服务的产业分工体系（封小云，2014）。这种以区位优势互补为基础，以外向型市场为导向，以加入国际产业分工体系，参与全球产业价值链为特征的区域经济合作模式不仅造就珠三角“世界工厂”的地位，而且也成功实现了香港的经济功能置换，使香港从劳动密集型制造业中心转变成为国际金融和商贸服务中心。

2. 2003~2014 年，促进以“服务贸易自由化”为核心的粤港澳深度合作与创新

进入 2000 年以后，随着香港和澳门的回归以及港澳自由行政策的制定，同时以中国加入世贸组织（WTO）为标志，内地市场进入全面开放

的新时期。此时，粤港澳合作着眼于突破单纯的产业合作局限，向纵深化发展（封小云，2014）。鉴于粤港澳三方优势产业互补性特征，粤港澳在此阶段的合作以服务业为主要内容，尤其在生产性服务业领域合作不断加强。为加深粤港澳在相关领域的深度合作，中央及粤港澳多方签署了诸多文件，进行制度安排，2003 年，中央政府相继与香港特区政府签署了《内地与香港关于建立更紧密经贸关系的安排》，与澳门特区政府签署了《内地与澳门关于建立更紧密经贸关系的安排》（简称“CEPA”），此后几年，还陆续签署了 CEPA 的补充协议。2008 年，国务院审议通过了《珠江三角洲地区改革发展规划纲要（2008—2020 年）》，2010 年和 2011 年广东省分别与香港、澳门签订了《粤港合作框架协议》《粤澳合作框架协议》，以及制定了《横琴总体发展规划》《前海深港现代服务业合作区总体发展规划》。在诸多政策的安排下，粤港澳合作日趋制度化，粤港澳经济合作也迈入一个新的阶段。广东省则牢牢抓住 CEPA 和服务业开放先行先试契机，推动服务贸易实现自由化，重点建设重大合作平台、跨境基建项目等，粤港服务贸易年均增长 20%。2014 年，《内地与香港 CEPA 关于内地在广东与香港基本实现服务贸易自由化的协议》与《内地与澳门 CEPA 关于内地在广东与澳门基本实现服务贸易自由化的协议》的签署则标志着粤港澳基本实现了区内服务贸易的自由化，极大地增强了粤港澳三地的发展动力。广东与香港的贸易额从 2003 年的 592.56 亿美元增加至 2012 年的 5916.6 亿美元，增加近 9 倍。到 2016 年，粤港服务贸易进出口额更是突破 1000 亿美元大关。

3. 2015 年至今，基于“宏观战略导向”的制度创新推动粤港澳全面深度合作

2015 年，立足面向港澳台深度合作的广东自贸区正式成立后，制度创新为粤港澳生产服务业和服务贸易提供更便利的条件，“一带一路”倡议更是推进了粤港澳在跨境金融、航运物流、服务贸易等领域更深远的合作（林先扬，2017），粤港澳在对外开放中扮演了更为重要的战略角色。2016

年2月，国务院正式批复《广州市城市总体规划（2011—2020年）》，指出广州要强化与香港、澳门的深度合作，建设成为粤港澳深度合作示范区。“十三五”规划明确指出，要发挥港澳独特优势，支持港澳参与国家双向开放、“一带一路”建设和加快前海、南沙、横琴等粤港澳合作平台建设。2016年3月，国务院印发《国务院关于深化泛珠三角区域合作的指导意见》，泛珠区域合作正式上升为国家战略，同时明确提出共同打造粤港澳大湾区，建设世界级城市群的要求。2017年3月5日，粤港澳大湾区写入政府工作报告，2017年7月1日《深化粤港澳合作　推进大湾区建设框架协议》正式签署，标志着粤港澳合作进入世界级湾区经济共建时代，实施以湾区经济为载体共同参与国际中高端竞争的策略。十九大报告也强调要以粤港澳大湾区建设、粤港澳合作、泛珠三角区域合作等为重点，全面推进内地同港澳互利合作，并完善相关政策措施。新时期粤港澳三地勇于探索深度合作新机制，共同推进粤港澳大湾区建设，促使粤港澳合作空间越来越大，合作范围越来越广，合作领域越来越多元，粤港澳经济合作进入全新时代。

（二）粤港澳大湾区市场一体化现状分析

粤港澳大湾区包括香港特别行政区、澳门特别行政区和广东省广州市、深圳市、珠海市、佛山市、惠州市、东莞市、中山市、江门市、肇庆市。粤港澳地区的合作相继经过了“前店后厂”、“服务贸易自由化”和“宏观战略导向”三个阶段，市场一体化已经达到一定的水平，粤港澳大湾区在市场一体化过程中取得了显著的成就，同时也存在不足。

1. 粤港澳大湾区商品市场一体化水平测度

（1）方法和数据

关于地区商品市场一体化的测度方法主要有经济周期法、贸易法、生产法、调查问卷法和相对价格法五类。但商品价格能综合反映市场交易活动的较多信息，是衡量商品市场一体化的最直接的指标。目前，相对价格法已广泛用于市场一体化测度文献中，比如赵奇伟、熊性美（2009），龙志和等（2012），Parsley 和 Wei（2001）。基于此，本研究对其进行借鉴，采用相对价格法测度 2000～2016 年粤港澳大湾区的市场一体化水平。

具体而言，设第 t 期目标商品 k 在 i，j 两地价格分别为 P_{it}^{k} 和 P_{jt}^{k}；商品价格环比指数为 P_{it}^{k}/P_{it-1}^{k} 和 P_{jt}^{k}/P_{jt-1}^{k}，则商品价格差为：

$$\Delta Q_{ijt}^{k} = \ln(P_{it}^{k}/P_{jt}^{k}) - \ln(P_{it-1}^{k}/P_{jt-1}^{k}) = \ln(P_{it}^{k}/P_{it-1}^{k}) - \ln(P_{jt}^{k}/P_{jt-1}^{k}) \quad (1)$$

通过去均值方法剔除 $|\Delta Q_{ijt}^{k}|$ 中由商品异质性导致的不可加效应，最终相对价格变动部分是仅与地区间分割因素和随机因素相关的 q_{ijt}^{k}，即：

$$q_{ijt}^{k} = |\Delta Q_{ijt}^{k}| - \overline{|\Delta Q_{t}^{k}|} \quad (2)$$

因此，测算 $var(q_{ijt}^{k})$，其计算结果即为地区 i 和 j 之间的市场分割指数，其值越大，表明市场一体化程度越低；其值越小，表明市场一体化程度越高。将地级市之间的市场分割指数合并求均值得到每个地级市的市场分割指数，即：

$$var(q_{it}) = \frac{1}{N-1}\sum_{i \neq j} var(q_{ijt}) \quad (3)$$

N 为地区总个数，在市场分割指数的基础上，借鉴毛其淋、盛斌（2011）的研究，构造粤港澳大湾区各城市的市场一体化指数（以 MI 表示）如下：

$$MI_{it} = \sqrt{1/var(q_{it})} \quad (4)$$

可知，市场一体化指数值越大表示市场一体化水平越高；相反，市场一体化指数值越小表示市场一体化水平越低。将所有城市之间的市场一体化指数取均值则得到整个区域的市场一体化指数：

$$MI_t = \frac{1}{N}\sum_{i=1}^{11} MI_{it} \tag{5}$$

本研究使用居民消费价格指数（CPI）来测算市场的相对价格变动，选取珠三角地区9个地级市和香港、澳门2000~2016年的环比价格指数。基于数据的可得性、连续性和完整性，选取了8大类商品，即食品、烟酒及用品、衣着、家用设备用品及维修服务、医疗保健和个人用品、交通和通信、娱乐教育文化用品及服务、住房，资料来源于历年《广东统计年鉴》和《中国统计年鉴》。

（2）测度结果

经过数据收集、整理，得到珠三角地区9个地级市和香港、澳门2个特别行政区的市场一体化指数（见表1），以及大湾区市场一体化指数的时间变化趋势（见图1）。

表1 2000~2016年大湾区11个城市的市场一体化指数

类别	广州	深圳	珠海	佛山	惠州	东莞	中山	江门	肇庆	香港	澳门
2000	31.33	28.78	32.53	34.36	29.47	27.16	29.24	28.36	26.51	21.67	23.35
2001	27.21	20.09	25.20	24.52	21.44	24.75	19.13	22.85	19.96	14.97	17.74
2002	31.22	34.82	33.07	33.62	26.87	33.31	29.48	32.16	29.74	20.66	26.88
2003	29.91	28.77	31.91	27.75	26.75	21.91	23.50	27.44	24.58	26.42	32.01
2004	30.49	25.42	30.34	24.86	21.78	16.68	24.98	24.93	20.59	25.12	24.54
2005	23.15	22.67	28.30	26.76	21.99	23.02	22.13	22.94	19.10	24.25	24.38
2006	31.70	29.88	33.63	34.32	33.11	31.20	28.84	30.01	28.72	31.88	32.07
2007	24.66	25.91	24.55	23.60	26.04	25.93	24.77	27.63	27.00	15.95	14.21
2008	28.19	26.58	23.18	29.57	30.70	28.51	29.19	32.17	29.85	15.99	16.76
2009	29.71	26.22	25.16	28.46	24.23	25.61	25.20	27.42	25.83	10.95	21.39
2010	49.95	53.68	50.24	51.64	48.60	51.63	45.42	50.96	47.60	40.69	27.09
2011	21.05	21.96	22.18	20.70	19.83	21.45	21.93	22.48	21.30	16.22	10.62
2012	24.13	28.73	26.73	28.02	25.75	25.69	23.10	25.96	26.00	13.93	18.52
2013	36.35	36.60	37.19	38.53	35.81	37.40	39.25	40.01	38.05	17.59	32.19

续表

类别	广州	深圳	珠海	佛山	惠州	东莞	中山	江门	肇庆	香港	澳门
2014	72.94	91.83	68.59	69.46	60.87	64.85	69.21	65.27	68.04	36.14	63.43
2015	49.66	54.15	40.83	57.20	63.22	55.87	58.45	54.33	46.70	47.58	25.96
2016	54.38	59.22	58.44	51.85	51.49	54.99	52.99	54.81	46.58	52.23	28.79
最大值	72.94	91.83	68.59	69.46	63.22	64.85	69.21	65.27	68.04	52.23	63.43
最小值	21.05	20.09	22.18	20.70	19.83	16.68	19.13	22.48	19.10	10.95	10.62
中位数	30.49	28.77	31.91	29.57	26.87	27.16	28.84	28.36	27.00	21.67	24.54
极差	51.89	71.74	46.41	48.76	43.39	48.17	50.08	42.79	48.94	41.28	52.81
标准差	13.77	18.57	13.02	13.78	13.93	14.34	14.63	13.34	13.15	12.28	11.56
首尾差	23.05	30.44	25.91	17.49	22.02	27.83	23.75	26.45	20.07	30.56	5.44

资料来源：笔者计算整理所得。

在表1的基础上，计算历年粤港澳大湾区各城市市场一体化指数的平均值可以得到大湾区整体的市场一体化水平，结果见表2。

表2　2000~2016年粤港澳大湾区市场一体化指数

年份	市场一体化指数	年份	市场一体化指数
2000	28.43	2009	24.56
2001	21.62	2010	47.05
2002	30.17	2011	19.97
2003	27.36	2012	24.23
2004	24.52	2013	35.36
2005	23.52	2014	66.42
2006	31.40	2015	50.36
2007	23.66	2016	51.43
2008	26.43		

资料来源：笔者计算整理所得。

（3）结果分析

根据表1做出了粤港澳大湾区11个城市市场一体化水平的时间演变趋势图（见图1）。综合表1和图1发现：粤港澳大湾区11个城市个体从 2000 年以来，市场一体化水平时高时低，波动性较强，但总体呈现上升的趋势，尤其是 2011 年以来，各城市一体化提升显著。比较大湾区 11 个城市 2000～2016 年一体化水平的提升程度，发现大湾区 11 市提升程度由高到低依次是：香港、深圳、东莞、江门、珠海、中山、广州、惠州、肇庆、佛山、澳门。此外，各城市主体之间的市场一体化程度同时期差异性较小。

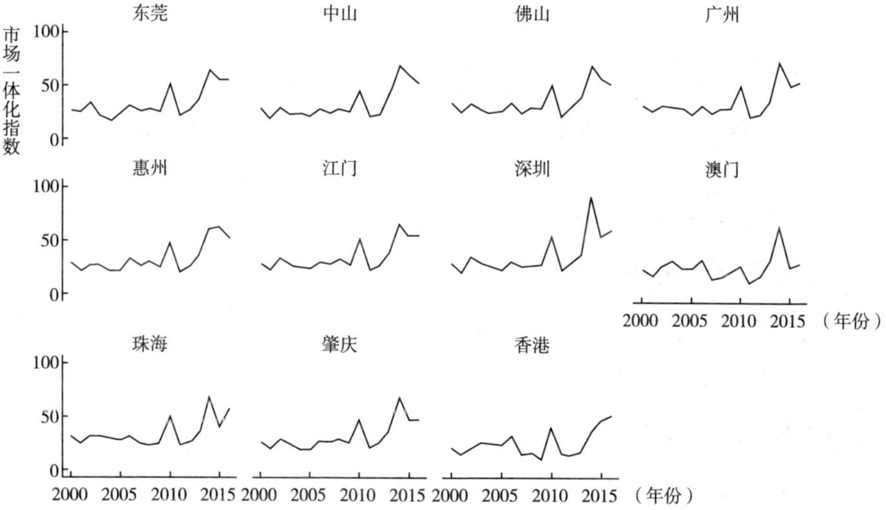

图 1　2000　2016 年粤港澳大湾区各城市市场一体化的时间变化趋势

图 2 是通过计算历年粤港澳大湾区各城市市场一体化指数的平均值得到的大湾区整体的市场一体化水平，从图上可以判断出：从 2000 年到 2016 年，粤港澳大湾区市场一体化指数的变动趋势总体是一个逐渐上升的过程，即大湾区的商品市场的一体化程度越来越高，各城市区域之间市场趋于整合而非分割，但局部个别年份存在波动与振荡。2010 年以前粤港澳大湾区市场一体化水平较低，且提升缓慢，时高时低；2010 年之后，粤港澳大湾区市场一体化提升很快，尤其 2012 年之后，市场一体化提升到较高水平。

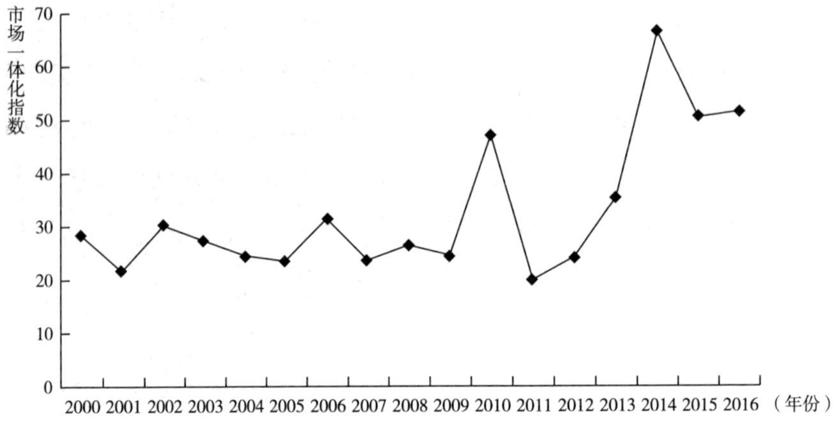

图 2　2000~2016 年粤港澳大湾区市场一体化的时间变化趋势

2. 粤港澳大湾区要素市场一体化分析

（1）劳动力市场

自 2003 年实施 CEPA、《粤港合作框架协议》与《粤澳合作框架协议》等以来，珠三角地区逐渐建立起以养老、医疗、失业、工伤等社会保险为基础的社会保障体系，近年来政府采取了一些措施对户籍制度进行了改革，使得劳动力市场一体化程度有所提高。虽然建立起社保体系，但并未从根本上解决户籍制度、国有部门与非国有部门的工资制度性障碍和住房问题，这些制度性障碍与劳动力就业、社会保障、医疗、入学入托以及相关社会福利政策紧密联系，换言之，外来劳动力无法享受到上述各种保险和福利，在很大程度上增加了劳动力流动的成本，从而弱化了吸引劳动力流动的工资传导机制，进而阻碍了劳动力市场的一体化，且大湾区劳动力市场存在如何实现珠三角 9 市与港澳地区的劳动力制度性衔接，以及劳动力结构和偏向问题。这些将是粤港澳大湾区提高劳动力市场一体化程度必须解决的问题。

从劳动力价格即就业人员的年平均工资来看，截至 2017 年，珠三角 9 市中，年平均工资最高的是深圳，为 99139 元，最低的是东莞，为

61373元，工资差距为37766元。珠三角9市的劳动力年平均工资呈现阶梯状：广州和深圳为第一级，珠海、佛山、惠州和中山为第二级，东莞、江门和肇庆为第三级（见表3），据香港和澳门相关机构统计，2017年澳门人均本地居民总收入为57.5万澳门元；香港人均本地居民总收入为37.4977万港元，都远超珠三角城市。这也表明粤港澳大湾区的劳动力市场一体化程度还较低，城市间劳动力价格差距大，尤其是港澳和珠三角城市之间。

表3　珠三角各市城镇单位就业人员年平均工资

单位：元

年份	广州	深圳	珠海	佛山	惠州	东莞	中山	江门	肇庆
2000	19091	22772	15179	12498	9078	13782	14086	9101	8545
2005	34171	33003	22372	21998	16793	28349	23088	15108	16863
2010	54091	51513	34832	36851	29837	46250	40623	27374	29824
2012	62598	59554	48823	45068	41694	57019	55413	37824	38524
2013	68594	62626	55884	50158	47139	42806	48420	42339	43989
2014	73131	72664	62450	55505	53458	47493	53185	47645	48385
2015	79534	80839	67754	61572	58303	53130	58649	53366	53689
2016	88136	89481	74440	67061	64185	57537	64697	60226	58838
2017	97522	99139	80329	72307	70317	61373	67728	64941	64238

（2）金融市场

作为经济协同发展的重要组成部分，粤港澳三地金融业在区域内必然的联系逐渐加强。金融优势是香港的最大优势之一，也是深化粤港澳合作的重要内容和潜力所在。在CEPA框架下，近年来粤港澳三地不断深化金融合作，为香港和澳门银行、证券、保险机构进入内地制定了多项务实的政策，建立了粤港澳金融合作长效工作机制，扩展了香港与内地的合作内容，丰富了合作形式，使香港经济全面融入内地，为粤港之间更深入的合作奠定了基础。2012 年 7 月 25 日，《广东省建设珠江三角洲金融改革创新综合试验区总体方案》正式公布，明确提出了在政策允许范围内支持粤港澳在多方面深化金融领域的深层次合作，开辟更大的金融合作空间，推动以香港金融体系为龙头、珠江三角洲城市金融资源和服务为支撑的金融合作区域建设。2015 年 12 月，中国人民银行公布了《以粤港澳金融合作为重点　坚持粤港澳一体化发展》文件，要求扩大人民币跨境使用、深化外汇管理改革、深化以粤港澳为重点的区域金融合作和提升金融服务水平。

粤港澳金融的合作与创新虽然取得了一些成果，但存在的制约因素和障碍仍比较多。港澳的金融市场非常开放，没有任何外汇管制，资金可自由出入金融市场，而广东作为中国内地的一个省份，为了维护汇率的相对稳定，实行一定的外汇管制，这种外汇管制一定程度上阻碍了粤港澳金融市场上的资金在各地区之间自由流动，缺少一个统一的汇率安排和货币制度。三地金融监管法律规范适用标准各异，市场准入和业务准入法律标准不同，并且准入门槛普遍较高，影响了三地金融机构的深度合作，而粤港澳金融市场的合作，必须建立在有效的跨区域监管协调基础之上，法律差异导致监管标准不同，缺乏有效的跨区域金融监管机构和监管机制。适时、安全、高效的登记结算和支付清算体系是提高证券市场效率的前提，目前香港支付清算体系发展迅速，但澳门和广东的支付清算体系仍很不完善，并且缺乏一个类似于国际清算银行的处理三个地区之间金融往来的清算机构，三地间金融行为不能迅速、安全进行，区域性的支付清算、评级、担保等配套机构缺失。在抵御金融风险方面，粤港澳统一金融市场还缺乏有效的金融避险机制以减少汇率风险和利率风险。粤港澳三地国际地位的不同以及金融法律规范制度的差异，给形成统一的金融市场造成了诸多具体法律规范适用上的困难，在金融市场一体化的进程中，还突出表现为缺乏一个有效的争端解决机制（吴唐生，2014）。

（3）土地市场

粤港澳大湾区不同发展程度和规模的城市，土地利用效率差异也相当大，且呈现进一步扩大趋势。2017 年，香港和澳门的单位土地面积产出分别高达 19.277 亿元/平方公里和 103.049 亿元/平方公里，在珠三角城市中，城市单位土地面积产出排前三的分别是：深圳（11.234 亿元/平方公里）、东莞（3.082 亿元/平方公里）和广州（2.892 亿元/平方公里）。其他珠三角城市的单位土地面积产出均低于 2.6 亿元/平方公里，可以说珠三角 9 市中只有深圳的产出效率比较高，而其他地区的单位土地面积产出都比较低（见表 4）。粤港澳大湾区中，经济实力强的城市，土地资源少，地价及房价较高；经济实力较弱的城市，土地资源较丰富，地价较低。在大湾区内，土地供应和成交呈现分化的趋势。当前大湾区较发达地区很多城市建设用地指标已经非常稀缺，但仍不允许跨地区的耕地“占补平衡”，可利用的建设用地指标不能在地区间进行再配置，结果就是不同地区之间土地的利用效率差异巨大，市场“供不应求”，大湾区土地市场分割严重，阻碍一体化。

表 4　2017 年粤港澳大湾区各城市单位土地面积产出

城市	GDP（亿元）	面积（平方公里）	单位土地面积产出（亿元/平方公里）
广州	21503	7434.40	2.892
深圳	22438	1997.30	11.234
佛山	9550	3797.70	2.515
东莞	7582	2460.00	3.082
珠海	2565	1732.30	1.481
中山	3450	1783.70	1.934
肇庆	2201	1489.10	1.478
惠州	3831	11346.00	0.338
江门	2690	9505.00	0.283
香港	21327	1106.34	19.277
澳门	3143	30.50	103.049

（4）技术市场

在技术市场方面，粤港澳大湾区 11 市科技投入在地区分布不均匀，科技投入集中于广州、深圳等大城市。以 2015 年为例①，珠三角 R&D 活动人员主要集中在广州（16.74%）、深圳（35.46%）、佛山（13.82%）和东莞（12.05%）四地，而 R&D 内部经费支出情况也如此，深圳市为 6726493.8 万元，占比为 46.87%；广州市为 2122612.7 万元，占比为 14.79%；佛山市为 1929893.3 万元，占比为 13.45%；东莞市为 1267889.5 万元，占比为 8.84%。四者之和占珠三角 R&D 内部经费支出的 83.95%。香港和澳门由于本身经济发展特点，科技研发投入不高，分别占其 GDP 的 0.8%和 0.4%。大湾区 11 市产业发展布局和结构侧重不同导致其对技术市场的要求不同，广州、深圳偏向发展高技术产业，珠江东岸以现代电子信息业为主，珠江西岸以传统制造业为主，香港、澳门则以贸易、金融、旅游等现代服务业为主，技术密集型产业分布呈现区域差异，因此技术市场一体化程度不高。此外，在知识产权保护方面，香港法律体系比较完备。香港以所得税为主，鼓励企业创新。而其他内地城市税收以流转税为主，支持企业科技创新主要采取税收优惠的方式，实际执行较难。在科研经费的使用上，内地城市的科研经费无法跨境在香港、澳门使用。区域内职业技术资格不能互认，香港科研创新人才被视为“境外人员”，须在内地和香港同时交税，很多人被动地“来了又走了”。香港的创新人才可进来可留下，但没有相应通道让他们选择回香港，限制了香港国际化创新人才的引入和回流。新时期，十九大报告提出要“制定完善便利香港、澳门居民在内地发展的政策措施”，这一内容落地实现必将极大促进大湾区技术市场和劳动力市场的整合。

3. 市场一体化取得的成就

粤港澳大湾区市场一体化已经取得的成果主要表现在以下三个方面。

---

① 数据来源于《2016 广东统计年鉴》与《2016 中国统计年鉴》。

（1）珠三角三大经济圈成效凸显，逐步实现粤港澳重心对接，区域发展协调性、整体性逐渐增强。广东省大力打造的广佛肇、深莞惠、珠中江三大经济圈效果显著，分别以广州为核心、对接香港、连通澳门，区域发展协调性增强。三大经济圈在城市规划、产业发展和基础设施建设等多个领域的紧密合作与规划，极大地推动了珠三角城市协同发展。在深莞惠经济圈，深圳与惠州合作建设物流仓储园区，深圳的华为、华硕等电子信息公司分别在东莞、惠州建立工业园及生产基地，还积极与香港实现对接，致力于打造“港深惠莞”新经济圈；广佛肇经济圈以广州为核心，通过年票互通和连接三市的城际轨道交通项目大大加强了城市联合；在珠中江经济圈，三市制定“通信同城化”“年票互认”“饮用水同网”等方案，在城市规划、旅游、环境保护等领域签订了多项合作协议，深入推进城市合作与市场一体化，并逐步规划，完成与澳门的对接，形成了全方位的紧密合作格局。

（2）改革开放以来的粤港澳功能性区域有效协同已经使三方形成了相互依赖的关系，经济发展落差与竞合并没有缩小粤港澳的区域合作空间，无论是在融资租赁等金融创新、国际航运等现代服务业发展方面还是在城市管理方面，粤港澳区域都有广阔的合作空间。实际上，既有的粤港澳合作已经使三地经济紧密相连、荣辱与共，三地合作已从单一的产业分工协作延伸至基础设施、社会民生等多个领域。深圳的科技创新、广州的商贸发展、佛山与东莞等城市的制造业，与港澳的国际化金融、法律、税收、信息等现代服务业平台，形成了相互促进、互利共赢的关系，在未来发展中仍有很丰富的合作内容及广阔的合作前景（杨英，2014）。

（3）粤港澳的协调与合作进一步加强，粤港澳三地的经济合作和市场一体化朝着更宽的领域和更高的层次推进。例如，南沙在科技创新、教育文化、商旅、供港澳鲜活农产品、港口物流等领域与香港、澳门进行深度合作，使得粤企在港开展上市和并购等工作更加顺畅与便利；广深港高速铁路建设和港珠澳大桥建设进展顺利，广深港高速铁路香港段于2018年9月23日通车运营，港珠澳大桥建成并在2018年10月23日通车，这将使广州、深圳和香港三地更加紧密地联系起来；早在2009年，粤港就共建科技创新平台和产权交易平台，推进了技术市场的一体化；粤港、粤澳合作框架协议的签订和实施则便利了货物通关与产品流动，自由行等政策的实施则促进了游客往来和劳动力流动。以上这些措施使得粤港澳三地的商品、资金、技术和人才等的流动更为自由，有利于实现资源的优化配置，大大加快了粤港澳三地市场一体化进程。

4. 市场一体化存在的问题

粤港澳大湾区市场一体化存在的问题集中表现在以下三个方面。

（1）珠三角与港澳城市的协同度不高。目前粤港澳大湾区城市群和经济圈已经形成了三个层级：第一层级是在全球金融体系中占有极重要位置的香港；第二层级是广州、深圳和澳门三个城市，是区域性中心城市；第三层级是珠海、东莞、佛山、惠州、中山、江门、肇庆等城市（覃剑，2013）。由于存在层级，城市间沟通交流就存在一定的阻碍，同时，香港、澳门与珠江三角洲9市有着不同的关税制度以及经济制度和政治制度，粤港澳大湾区城市群内香港、澳门与珠江三角洲其他城市的协同程度还存在很大的差距。

（2）珠三角在日益成长为世界级制造业基地以及走上升级转型之路后，不仅与港澳之间的经济落差发生了根本性变化，而且与港澳之间的互补性发展转换为替代性发展，过去的竞合关系开始转变为竞争多于合作，从而使粤港澳大湾区发展遭遇种种障碍（张晓群，2007）。统计数字显示：香港经济总量已经从2000年占整个大珠三角地区的60%下降为2016年的22.5%；而2016年的广州和深圳分别占19.94%和19.82%，力量对比逆转为珠三角地区的经济总量已经是香港的3倍多（封小云，2014）。不仅如此，在珠三角向高科技制造、服务和创新中心转型过程中，与香港的产业同质化竞争和争夺经济发展腹地竞争也开始显现。相关研究也显示：2000~2014 年，港澳与珠三角的地缘经济关系呈现互补性朝向竞争性的趋势，即港澳与珠三角城市间的分工协作关系较差，粤港澳地区整体的竞争出现同质化倾向（邴綦纶、毛艳华，2017）。

（3）在粤港澳合作不断升级的过程中，建立共同市场始终面临着各种有形和无形的制度壁垒，最终粤港澳区域内商品、人员、资金、技术、信息等要素的自由流动由于缺乏便捷和有效的制度环境，交易成本始终居高不下。在这种制度落差作用下，区域内难以形成一致的合作共识。因此，粤港澳大湾区面临着错综复杂的碎片化制度化环境格局。

二、粤港澳大湾区市场一体化优劣势分析

从历史演进来看，由于山水相连、文化同源、语言相通，粤港澳大湾区的经贸、技术、信息等交流合作紧密，区域市场一体化进程持续推进。在大湾区共建新时期，要实现粤港澳大湾区的协同发展，需要明晰其所具有的优劣势，扬长避短，推动粤港澳大湾区市场一体化发展。

（一）粤港澳大湾区推进市场一体化具有的优势

1. 地理环境优越

粤港澳大湾区土地面积、人口和空港群均处于领先地位，其他资源也非常丰富，地质条件较好，属于亚热带气候，冬季温暖少雨，夏季高温多雨，气候环境相当优越，大湾区区域地壳相对稳定，历史上没有发生过 6 级以上破坏性地震（张磊，2018）。陆域工程建设地基条件较好，尤其是深部岩石地层地基条件良好，有利于楼房、公路、大型机场及各类桥梁的建设。海域工程建设适宜性总体较好，适合港口、核电站、风力发电站、海底光缆、输油管道、大型机场和大型桥梁等设施的建设。此外，河流水系发达，可以形成自内陆向外海扩散的水运体系；沿岸水深条件较好，大型港口众多，包括广州港、深圳港、珠海港、惠州港等亿吨以上的大型港口，可形成规模化的港口群；沿江、沿海大中小型港

口集结，可充分利用资源，优势互补，承接几乎所有区域的物流运输（陈朝萌，2016）。优越的气候条件和环境条件，促进了当地现代农业、工业、旅游业的发展，有利于走绿色发展道路，良好的环境为人们更好地生活、工作提供有利条件，同时也吸引着其他地区的劳动人才前往大湾区投身建设，有利于区域市场的一体化（张磊，2018）。

2. 经济实力雄厚

粤港澳大湾区总体经济规模较大。2017 年，粤港澳大湾区 GDP 突破 10 万亿元人民币，经济规模超过 1.5 万亿美元；其中，香港、深圳和广州经济总量均超过 2 万亿元人民币。同时，粤港澳大湾区经济腹地广阔，拥有全国约 1/5 的土地面积、1/3 的人口和 1/3 以上的经济总量。外向型经济发达。对外贸易总额、利用外资总额、港口集装箱年吞吐量、机场旅客年吞吐量等都位居各湾区前列。2016 年，粤港澳大湾区港口集装箱年吞吐量超过 7000 万标箱，机场旅客年吞吐量达 1.86 亿人次，位居各著名湾区之首。人口总量大。2017 年末，粤港澳大湾区总人口接近 7000 万人，超过纽约、东京和伦敦三大城市群；人口密度约为 1630 人/平方公里，基本与东京湾区持平（见表 5）。粤港澳大湾区经济实力雄厚，可以有更多的力量用于完善区域交通、通信等基础设施，建设现代化的交通体系，加强城市整合，促进区域市场一体化发展。

表 5　粤港澳大湾区城市 2017 年基本数据统计

城市	GDP（亿元）	GDP 占比（%）		常住人口（万人）	人均 GDP（元）	市域面积（平方公里）
		珠三角占比（%）	湾区占比（%）			
广州	21503	28.36	21.44	1450	148297	7434.40
深圳	22438	29.60	22.38	1253	179074	1997.30
佛山	9550	12.60	9.52	766	124674	3797.70
东莞	7582	10.00	7.56	834	90911	2460.00

续表

城市	GDP（亿元）	GDP 占比（%）		常住人口（万人）	人均 GDP（元）	市域面积（平方公里）
		珠三角占比（%）	湾区占比（%）			
珠海	2565	3.38	2.56	177	144915	1732.30
中山	3450	4.55	3.44	326	105828	1783.70
肇庆	2201	2.90	2.19	412	53422	1489.10
惠州	3831	5.05	3.82	478	80146	11346.00
江门	2690	3.55	2.68	456	58991	9505.00
合计	75810	—	—	6152		41545.50
香港	21327	—	21.27	741	287814	1106.34
澳门	3143	—	3.13	65	483538	30.5
总计	100280			6958		42682.34

注：香港、澳门两个特别行政区 GDP 按现时汇率进行折算。

资料来源：各地发布的 2017 年统计公报、香港特区政府统计处网站和澳门统计暨普查局网站。

3. 交通便利和配套设施较为完善

粤港澳大湾区位于珠江口，水网密布，水路畅通。该大湾区内拥有香港、澳门两大自由港，还有广州港、深圳港、珠海港三大城市港口，海运货物吞吐量巨大，海上交通便利，相关配套设施不断健全完善，极大地方便了大湾区城市的内部交流，以及与其他国家和地区的贸易和联系（张磊，2018）。陆路交通也十分方便，公路、铁路四通八达，网线密集，广深港高铁、港珠澳跨海大桥和深中通道连接着粤港澳多个核心区域，缩短了各区域城市间的距离，促进粤港澳区域的经济交流与发展。粤港澳大湾区作为全国经济发展先行官，较于其他地区，拥有更加完善的配套设施。该区域内交通设施、环保设施、能源设施、医疗卫生设施都比较完善，公共服务水平高，缩短了城市间的距离，降低沟通和交流的成本，为城市经济协同发展和社会活动提供全方位的保障。

4. 产业结构不断优化

粤港澳大湾区经济结构正向湾区经济的中高级迈进。珠三角9市的产业体系比较完备，长期以来积累了雄厚的制造业基础，现正向先进高端制造方向升级，新产品、新科技不断涌现，产业层次不断提升，金融、信息、物流、商务、科技等高端服务业发展较快，已形成先进制造业和现代服务业双轮驱动的产业体系。而港澳地区现代服务业占主导地位，服务业增加值占GDP比重超过90%，金融、医疗、旅游、贸易、物流、法律、会计、商业管理、餐饮、博彩等行业发达。粤港澳大湾区整体产业结构的不断优化，产业体系的不断完备为其市场一体化发展提供了良好的物质基础，在此基础上，进一步优化产业分工和布局，因地制宜，错位互补则是粤港澳大湾区市场一体化大发展的潜力所在。表6为粤港澳大湾区、珠三角、广东省、全国各产业GDP构成比重。

表6　2017年粤港澳大湾区、珠三角、广东省、全国各产业GDP构成比重

单位：%

类别	第一产业	第二产业	第三产业
广州	1.0	28.0	71.0
深圳	0.1	41.4	58.5
珠海	1.8	48.1	50.1
佛山	1.4	57.7	40.9
惠州	4.3	52.7	43.0
东莞	0.3	48.3	51.4
中山	1.6	50.3	48.1
江门	7.0	49.2	43.8
肇庆	15.5	36.6	47.9
香港	0.1	7.6	92.3
澳门	0	6.6	93.4
珠三角	1.5	41.7	56.8

续表

类别	第一产业	第二产业	第三产业
广东省	4.0	42.4	53.6
全国	7.9	40.5	51.6

资料来源：根据国家统计局、Wind 数据库、《香港年报》和《2018 中国统计年鉴》数据整理。

5. 合作基础扎实

“一国两制”、CEPA、粤港和粤澳合作机制已实施运行多年，目前香港与内地之间每天有近 70 万人次跨境往来，世界上没有 2 个城市之间如深港一样，跨境往来成为工作生活的常态，粤港澳大湾区 11 城市区位分工明确，特色明显，优势互补。粤港澳地区的合作相继经过了“前店后厂”、“服务贸易自由化”和“宏观战略导向”三个阶段，合作基础十分扎实，市场一体化已经达到了一定的水平，粤港澳三地已经形成多层次、全方位的合作发展机制，粤港澳合作正进入以经贸制度对接、技术标准互认和服务贸易自由化为主导的大湾区市场一体化共建的新时代。大湾区协调度趋向不断增强，城市间合作进一步加深，正从“一群城市”的城乡一体化向“一个城市群”的市场一体化发展，已具备建设世界级城市群的基础条件。

（二）粤港澳大湾区推进市场一体化面临的挑战

目前粤港澳大湾区已有一定的合作基础，但要实现区域市场一体化，实现其建设目标与战略价值仍面临诸多挑战。需要在两种制度、三个关税区、二个法律体系的异质城市群内，按照湾区经济和城市群的发展规律，进行跨境合作与治理（蔡赤萌，2017）。

1. 显著的制度体系差异

既与国内的长三角、京津冀地区不同，也与纽约湾区、东京湾区等国际湾区存在显著差异，粤港澳大湾区并不是在同一个政治经济体制下运行的，而是形成了“一个国家、两种制度、三个关税区、四个中心城市”这样一个“一二三四”独特的格局，这既是它最大的特点和优势，也是大湾区融合的难点与痛点所在，经济制度、法律体系、行政体系各异为大湾区的协调发展带来了高昂的协调成本（李胜兰，2018）。地域间制度多样性、互补性给合作带来共同利益，亦可能产生矛盾。粤港澳大湾区只有展开密切合作，统筹协调，实现市场一体化，消除发展的障碍，才能成为国际一流湾区和世界级城市群。

基于制度差异又产生了跨境治理问题，即如何完善协调机制问题。目前的跨境体制机制安排，是由国家发展改革委和粤港澳四方共同签署协议来推进，较之过往的粤港、粤澳合作机制，这种模式增加了国家发展改革委在其中的牵头协调功能，加大了总体规划和协调的力度，但由于所推进落实的内容，仅限于达成一致意见的事项，整个协同发展的力度和权威性会有所折扣。如果有一方难以落实，或是预期在落实程序上存在不确定性，就会影响到合作进程顺利开展，此外，政府功能强弱上的落差、规划内涵及执行力的不同、行政程序的繁复差异等，都会影响到合作的具体进展（蔡赤萌，2017）。

2. 同质化竞争和资源错配

与国际几大湾区比较，粤港澳大湾区规模大但不强，内部联系的浓度和密度均不足，尚未形成互补互动的产业链条，区域内城市间内在经济联系不强。就城市定位而言，目前“十三五”规划和《深化粤港澳合作　推进大湾区建设框架协议》中明确了广东、香港、澳门三方的合作目标，要在产业分工上进行错位发展，构建协同发展现代产业体系，完善产业发展格局，加快向全球价值链高端迈进。基于该协议，大湾区各城市相继确定了各自的发展方向。香港希望巩固国际金融、航运、贸易三大中心地位。广州市“十三五”规划提出举全市之力建设国际航运中心、物流中心、贸易中心、现代金融服务体系和国家创新中心城市。深圳市“十三五”规划提出，建成更高水平的国家自主创新示范区、金融中心和功能显著增强的国际物流枢纽城市。佛山要强化制造名城地位，建设国家级先进装备制造业城市、珠江西岸先进装备制造业龙头城市。东莞要建设国际制造名城、珠三角创业创新基地。中山要建设世界级现代装备制造业基地。江门要建设世界级轨道交通装备产业基地。肇庆要建设珠江—西江经济带先进制造业重要基地（李锋，2018）。

综观上述定位，粤港澳大湾区各城市的产业定位趋同，同质化竞争严重，金融、制造等领域存在重复建设和恶性竞争的问题（见表7）。各城市单元整合程度较低，缺乏整体协同，城市间合作发展面临障碍，未形成“群”的发展效应，在交通一体化、产业错位发展、公共服务同城化等方面尚面临协调难题，个别领域同质化竞争激烈、资源错配程度高。各方按照简单的梯度分工配置产业，利益共享的产业链发展不足，不利于形成世界级的产业集群。

表7　2016年粤港澳大湾区各城市产业占比

单位：%

城市	农林牧渔业	制造业	建筑业	批发和零售业	交通运输、仓储和邮政业	住宿餐饮	金融业	房地产业
广州	1.83	36.72	4.00	20.69	9.61	3.01	12.74	11.41
深圳	0.05	46.74	3.39	13.99	4.03	2.31	18.07	11.43
珠海	2.58	52.71	6.96	12.48	2.54	2.64	9.15	10.94
佛山	2.06	67.39	2.43	8.41	3.93	1.05	5.14	9.59
惠州	5.92	59.02	3.56	11.95	2.80	3.02	5.21	8.53
东莞	0.46	57.73	1.71	15.96	3.93	2.82	8.25	9.14
中山	2.69	62.85	2.71	11.53	3.06	1.70	7.04	8.42
江门	9.81	55.61	3.38	10.11	4.72	1.83	6.61	7.93
肇庆	18.24	53.78	3.41	10.31	3.87	2.96	3.67	3.76
香港	0.08	1.67	6.96	33.31	9.74	4.91	26.96	16.36
澳门	0	1.39	15.79	27.04	6.64	0	49.14	0.00

资料来源：《2017广东统计年鉴》和《2017中国统计年鉴》。

3. 严格的边境管理与要素流动不畅

目前在交通基建等硬环境方面，粤港澳大湾区改善明显，随着广深港高铁、港珠澳大桥的相继开通以及“一地两检”的实施，大湾区市场一体化的物质基础不断完善。但在软环境上，粤港澳大湾区的融合受到一系列的限制。港澳与广东经济制度不同、法律相异，又分属三个不同的经济体和关税区，致使区内人员、资金、货物及信息等要素在三地间并不能自由流通，存在边境管理问题（蔡赤萌，2017）。此外，三地的关税水准、资金流通制度、投资开放程度、对外经济政策亦有实质性的区别。由于广东并非一个独立经济体，与外界的经济整合受制于全国的开放标准和对外经济政策。这意味着粤港澳大湾区城市群的经济整合程度只能是有限度的整合，内地对外关税标准、要素流通开放程度和管理制度，无法在短期内与港澳特区一致。

三　国外大湾区市场一体化建设的经验解析

目前，旧金山湾区、纽约湾区和东京湾区是全球最具影响力的三大湾区，三大湾区通过合理的产业分工、法制约束、产权保护、环境治理以及高度发达的对外贸易，充分利用独特的“拥海抱湾连河”的地理优势，形成了高度开放、区域融合、创新驱动和产业高端的湾区经济模式，建立起了统一的大市场，引领全球经济的发展（马忠新、伍凤兰，2016）。深入剖析与借鉴世界三大湾区每一个个体市场一体化建设独特的经验，借此助力粤港澳大湾区市场一体化建设与发展，使其有望打造成为世界第四大湾区（伍凤兰等，2015）。

（一）美国旧金山湾区

旧金山是美国加利福尼亚州太平洋沿岸港口城市，从演进历程上看，因港而兴的旧金山湾区也经历了 3 次重要的转型，其演进过程大致可以分为淘金期、后淘金期与后工业化时代 3 个阶段。通过陆续开发，其移民文化深厚，汇集了全国一半以上的精英人才，并通过旧金山湾区政府协会（ABAG）进行综合区域规划，以其行政区的特征强化地方政府间的合作，形成了明确的区域城市分工：北湾是著名的酒乡和美食之都；旧金山市是政治、金融、文化教育中心；东湾以奥克兰为代表，是港口和工业中心；半岛是湾区房产最热门的区域；南湾以圣何塞为代表，依托高科技产业并带动金融、旅游及服务业的发展壮大，硅谷更是享誉全球（鲁志国等，2015；王静田，2017）。

旧金山湾区最显著的特色是以知识技术为基础，拥有雄厚的科研力量和庞大的人才队伍。加州拥有旧金山大学、斯坦福大学、加利福尼亚大学等多所高等院校和丰厚的科研资源，科技人员众多，在企业科技研发、成果转化、产业化发展等各个阶段，各类社会资源均得以充分调动和配置，实现产学研有效协同，再加之卓有成效的科技金融体系和发达的风险投资行业，使得内外部相互促进、共同发展。

粤港澳大湾区与旧金山湾区相比，有着众多共性。粤港澳大湾区是中国创新要素和资源高度聚集的重要地区之一，深圳在研发成果产业化能力和产业配套能力上都名列前茅，并且多元发展新兴产业，和硅谷一样都有敢于变革、善于创新的传统，这与旧金山湾区的“创新型”特点不谋而合（林贡钦、徐广林，2017）。长期以来，粤港澳大湾区十分注重科技创新，并且在这方面成就尤为突出。截至 2017 年底，广东省有效发明专利量为 20.85 万件，连续多年位列全国第一，高新技术企业有 3.3 万家。

（二）美国纽约湾区

世界三大湾区中，纽约湾区地处美国东北部大西洋西岸，人口占美国总人口的 20%，是国际湾区之首。该区核心城市是纽约，次中心城市包括波士顿、费城、巴尔的摩、华盛顿，加上周边 40 多个中小城市，形成“中心城市—次中心城市—中小城市”的塔尖式格局（王静田，

2017）。

在纽约湾区的一体化形成与发展历史中，由“第三部门”主导的跨行政区域的统筹协调规划起了重要作用。迄今为止，纽约区域规划协会（RPA）组织编制了4次区域规划，在区域规划政策领域对跨政府和跨行政边界的合作进行了积极的探索和实践，突出了政府、企业和社会三方合作机制在区域规划中的作用，特别是作为一个由“第三部门”的社会组织牵头编制的区域性协调规划，无论是在制定还是在实施方面，都提供了一个由“第三部门”组织制定和推进区域规划的成功范例。

纽约湾区产业结构演进对中国湾区经济发展具有较大的借鉴价值。从纽约湾区产业结构变迁历史来看，基本上没有太多的重工业，而主要以服装业、出版业、食品加工业等轻工业为主。随着城市经济的发展，制造业从城市撤离成为必然趋势，以知识经济为主导的服务业迅速崛起，提升了整个城市的集聚和辐射功能（马忠新、伍凤兰，2016），经济规模快速扩大，金融业和高新技术产业快速发展。与纽约湾区相比，2016年，粤港澳大湾区GDP约为1.36万亿美元，也具备较大的经济规模，在产业集聚上也极具优势，制造业、金融业、高新技术产业均处于全国领先水平，并且第三产业发展很快，行业之间的互补带动了粤港澳大湾区的协同效应（见表8）。

（三）日本东京湾区

东京湾位于日本本州岛南部海湾，包含东京都、神奈川和千叶等。东京湾沿岸是马蹄形港口群，横滨港、东京港、千叶港、川崎港、木更津港、横须贺港6个港口首尾相连，在庞大港口群的带动下，工业沿着东京湾地区逐步向西和东北发展，形成了装备制造、钢铁、化工、现代物流和高新技术等产业非常发达的京滨、京叶两大工业地带。东京湾区拥有全世界最密集的轨道交通网，是日本最大的工业城市群和金融、商贸、交通、消费中心。

由于没有成立相关的契约型社会组织，东京湾区一般被赋予经济统计意义上的都市区，鼓励要素的自由流动。东京湾区的成功受益于日本政府的顶层规划与制度安排，日本政府先后颁布了《港湾法》、《东京湾港湾计划的基本构想》和“第五次首都圈”基本计划等，明确整个国家港口发展数量、规模和政策三者之间的关系，协调规划港口群，避免恶性竞争，实现港口一体化，保障港口群的最大利益。

粤港澳大湾区与东京湾区相比，发展基础相似度较高，都致力于政策制度引导与促进要素自由流动。大湾区内交通基础设施非常完善，轨道交通系统、高速路网以及港珠澳大桥和深中通道干线已经覆盖广东全省。空、海港资源丰富，不仅拥有广州、深圳、香港等国际航空枢纽；还拥有深圳港、香港港、广州港 3 个世界级集装箱港口及多条水运航线。这些既促进了湾区沿线经济要素的流动，也带动了湾区各城市之间的资源整合，不仅可以实现城市间的优势共享，还可以辐射全国（林贡钦、徐广林，2017）。

表 8　粤港澳大湾区与世界三大著名湾区对比（2016 年）

项目	粤港澳大湾区	纽约湾区	旧金山湾区	东京湾区
面积（万平方公里）	5.65	2.15	1.79	1.35
人口（万人）	6800	2340	760	3500
GDP（万亿美元）	1.36	1.40	0.80	1.80
人均 GDP（万美元）	2.00	5.98	10.52	5.14
核心产业	科技创新业、制造业等	金融服务业等	科技创新业	先进制造业等
第三产业占比（%）	62.2	89.4	82.8	82.3
区域城市结构	多中心，区域发展竞争激烈，环湾发展稍弱	单中心，功能区集中，环湾发展成熟	单中心，功能区集中，南部湾区发展成熟	单中心，功能区集中，湾区西岸发展成熟

资料来源：《2017 广东统计年鉴》和世界经济数据库。

（四）国际湾区市场一体化建设的经验总结

虽然纽约湾区、旧金山湾区、东京湾区三大国际一流湾区的核心定位、发展模式和一体化路径各不相同，但是也表现出了一些共同的特征，如均实现了基础设施的一体化、区域分工协同化、要素流动自由化和营商环境包容化等。这些共同特征表明，其成功路径和实践经验是相通的（申明浩、杨永聪，2017）。

1. 加强顶层设计与统一规划

三大国际湾区通过顶层设计和统一规划在基础设施建设、经济一体化等领域取得了重大进展和突破，为要素市场和产品市场的快速发展创造了条件和机遇。旧金山湾区政府协会（ABAG）进行综合区域规划，纽约湾区通过纽约区域规划协会（RPA）组织编制了 4 次区域规划，东京湾区先后制定了政策、法律和规划安排。在顶层设计的同时，三大国际湾区还对各自的短期规划与长期规划进行了动态的跟踪与修订，保持了政策制度的连续性，从而确保了规划能够充分满足湾区经济发展的实际需求（伍凤兰等，2015）。更重要的是，湾区通过顶层设计和统一规划打破了原本的行政区划格局，突破了行政区划边界对湾区经济融合所造成的限制与阻碍，提升湾区经济作为一个整体的发展效率和发展水平（申明浩、杨永聪，2017）。

2. 促进产业分工与合理布局

纵观三大湾区，它们均成功地建立了产业分工的雁阵布局体系。旧金山湾区核心在硅谷，汇聚了众多电子类高科技企业，而外围的圣何塞和奥克兰，分别为硅谷输送资金、人才和各种原材料、中间品。纽约湾区形成“中心城市—次中心城市—中小城市”的塔尖式格局。东京湾区也形成了京滨、京叶两大工业地带。湾区立足于核心区与外围区的比较优势，核心区扮演着经济增长点和发动机的角色，是高端要素和高端产业高度集聚的区域，在产业价值体系中占据了附加值较高的环节；外围区发挥着承接核心区产业转移和提供配套设施的功能，主要设立与核心区产业关联度较高、处于价值体系中间位置的产业部门。核心区的高端产业与外围区的配套产业相互协同演化，市场既分工又互补，技术溢出效应和反馈促进效应显著，凸显了雁阵布局体系的合理性（申明浩、杨永聪，2017），最终形成了分工明确、协同发展的产业布局体系。

3. 明确市场机制与行政边界

纽约湾区曼哈顿的金融业，旧金山湾区硅谷的高科技产业，都是在市场机制的驱动下发展起来的，政府部门极少直接干预市场，东京湾区的港口群一体化则是在一系列政策、法律的驱动下形成的，行政干预的流程和文件都是高度透明的。明确的市场机制与行政边界，市场机制与行政机制之间的良性互动保证了各种资源、商品和要素能够在湾区内部自由流动，而不会受到各种显性壁垒或是隐性壁垒的阻碍，并且在市场机制的调配下达到最优配套状态，从而最大限度地提升湾区经济的生产效率和总体竞争力。把组织生产和资源配置的问题交由市场机制去协调，行政机制主要着力于解决湾区经济发展所面临的基础建设和法律保障问题（申明浩、杨永聪，2017）。市场机制与行政机制缺一不可，而且两者间的边界必须予以厘清，这样才能够确保湾区经济发展的可持续性。

四　粤港澳区域产业分工与协同联动机制研究

（一）粤港澳区域分工与市场一体化

粤港澳大湾区市场一体化建设急需明确规划产业区域分工，避免内耗和重复建设。产业发展布局一体化，加强三地产业分工与协同，实现错位发展是建设粤港澳大湾区及促进其市场一体化中最为关键的问题之一。

1. 广东的发展定位

《深化粤港澳合作　推进大湾区建设框架协议》规定，广东的发展目标是“强化广东作为全国改革开放先行区、经济发展重要引擎的作用，构建科技、产业创新中心和先进制造业、现代服务业基地”。通过改革开放以来几十年的发展，珠三角地区已经形成了三大特色产业区域分工体系。第一是在珠江东岸形成了以深圳、东莞、惠州为主体的全国规模最大的电子通信设备制造业基地——广东电子信息产业走廊。第二是在珠江西岸则形成了以佛山和江门为主体的机械电器产业群以及以珠海、中山为中心的家庭耐用品、五金制品为主的产业带。第三是珠三角地区以中部的广州、佛山、肇庆为核心形成的电气、机械、钢铁、建材产业带。广州要依托南沙粤港澳全面合作示范区发挥粤港澳大湾区核心增长极作用；深圳着力于“打造粤港澳大湾区建设在投资贸易、科技创新、规则制定等领域的新引擎”，共建香港最大科技创新园区；广佛同心携手建设粤港澳大湾区枢纽城市、打造大湾区西部航空枢纽、建设大湾区高品质森林城市；东莞加快打造粤港澳大湾区先进制造业中心；中山与大湾区中心城市广州、深圳、香港互动，在规划上主动衔接，在交通上主动对接，在产业上主动承接；珠海成为大湾区的中心连接点和交通枢纽；惠州建设成为粤港澳大湾区科技成果转化高地；肇庆打造大湾区连接大西南枢纽门户城市；江门加快粤港澳大湾区西翼枢纽门户城市建设。

2. 香港的发展定位

《深化粤港澳合作　推进大湾区建设框架协议》规定，香港的发展目标为“巩固和提升香港国际金融、航运、贸易三大中心地位，强化全球离岸人民币业务枢纽地位和国际资产管理中心功能，推动专业服务和创新及科技事业发展，建设亚太区国际法律及解决争议服务中心”。香港除了积极提升自身的国际金融地位和创新研发实力外，还可以成为大湾区“超级联系人”。在湾区经济的大背景下，香港扮演“超级联系人”的角色，负责与国际对接。香港可以利用其国际化的环境和优质的高等教育，以丰厚的奖学金及简化毕业后工作流程，吸引最优秀的学生来港就读，以及毕业后留港发展，增强香港竞争力，同时引入拥有特殊知识和技能的国际人才，以壮大区内创新人才的队伍，构建重要的人才库。借着与内地的紧密联系，香港更可成为国际人才进入内地的中转站，为发展大湾区创新科技生态圈提供支持。同时，香港可利用其国际认可的知识产权保护制度，促进知识产权贸易发展，为国际创新科技交易提供平台，促进技术转移。这不仅有助于大湾区企业引进外国高端技术和把自身的科研成果国际化，还可推动本地创意经济的发展。

3. 澳门的发展定位

《深化粤港澳合作 推进大湾区建设框架协议》规定，澳门的发展目标则是“推进澳门建设世界旅游休闲中心，打造中国与葡语国家商贸合作服务平台，建设以中华文化为主流、多元文化共存的交流合作基地，促进澳门经济适度多元可持续发展”。澳门是典型的城市经济体，产业发展空间十分有限。粤港澳大湾区城市群建设将有效扩大澳门发展空间，延伸其城市功能。澳门要抓住这次发展机遇，除了继续为区域发展提供休闲式服务外，更要扮演好“精准联系人”角色，以免落入被规划的尴尬局面。“精准联系人”就是要集中精力做好事，利用澳门独有的优势，对准市场，做好内地与葡语国家的供求对接。澳门大可帮助内地众多的网络视频企业将内地优秀剧集、纪录片翻译成葡语，开拓葡语国家市场，提升中国文化软实力，传播中国好声音。

在新时期，粤港澳三地协同发展，应立足各自比较优势、立足现代产业分工要求、坚持区域优势互补原则，把产业对接协作和实现市场一体化进程作为改革重点，努力实现良性互动、共赢发展。只要论证好产业布局调整后三地的合作互补关系，形成分工合作有序、突出整体优势的产业协调机制，就一定能在粤港澳大湾区建设乃至更大的范围中，培育出健康可持续的产业体系，实现产业一体化，进而实现市场一体化。

（二）粤港澳大湾区市场一体化协同联动机制研究

构建与完善区域互补联动机制，推动各城市、各区域从各展所长到协同共进、从各有精彩到共造繁荣，不仅是突破区域间合作限制，进一步释放制度红利的重要途径，也是激发湾区创新经济发展潜力，提升其国际竞争力的必然要求。目前粤港澳大湾区市场一体化依然面临区域本位主义、部分产业同质化竞争、体制机制障碍等问题，深入推进区域合作要逐步消除粤港澳三地的文化落差。要坚持优势互补、互惠互利原则，打破地域壁垒，充分实现资源要素的自由流动、产业的合理分工布局。要联合各方构建科学合理有效的利益共享机制、科技创新机制、人才激励机制、区域协调机制，以更完善的体制机制对接、更高水平的互利合作，打造湾区创新型经济发展模式。

1. 提升联通层次，探索利益共享机制

在互利互惠基础上拓展提升区域联通层次，实现路通、人通、商通、财通、政通，探索更为完善的区域利益共享长效机制。资源要素高度自由流通下的城市间功能协调互补是发挥湾区城市群集聚效应、规模效应、创新溢出效应的基本前提。粤港澳之间有着长久的合作历史与经验，以CEPA各项合作协议为代表的跨区域合作框架不断完善与深化，但各方合作中“大门开小门不开”“人才进得来留不住”等问题依然突出。部分合作协议往往因各方利益诉求不一致，而无法真正落实，市场准入门槛仍偏高。粤港澳大湾区各方必须坚持“互惠互利”“互利共兴”原则，探索各城市在产业转移、交通、教育、医疗、技术等多方面的利益共享与利益分配长效机制。要进一步扩大自贸区的改革试验范围，从推进小范围城市圈的市场一体化，逐渐过渡到整个大湾区城市群的市场一体化，加强区域基础设施“硬联通”和制度文化“软联通”，实现人流、物流、资金流、信息流等各类要素高效便捷流动，打造区域自由经济区和利益共同体。

2. 提高创新能力，构建科技创新机制

要以产学研的深度合作为主要载体，加快构建区域科技创新体系。科技创新是未来世界湾区发展趋势。粤港澳大湾区科技创新实力雄厚，世界一流的高等院校与科研机构众多，拥有成熟的产业集群，具备完备的产业链和快速响应的制造能力，产学研合作空间巨大，科研成果产业化条件优越。粤港澳大湾区应加强区域科技创新的顶层设计，强化规划引领和政策扶持。要发挥市场机制在集聚科技创新资源、优化科技创新资源配置上的决定性作用，提高湾区内各高等院校和科研机构的创新能力，构建区域创新体系。要以广深科技创新走廊、深港科技走廊、广佛科技走廊和珠澳科技走廊为主要抓手（综合开发研究院课题组，2017），加快形成一批特色科技创新产业园和支撑性的科技产业带，打造大湾区创新要素、产业要素汇聚的高地，增强对区域创新的服务和辐射功能。

3. 集聚高端人才，构建人才激励机制

要构建行之有效的人才激励机制，引进国内外创新创业型人才，打造湾区“创新人才高地”，真正发挥人才在创新驱动发展中“第一资源”作用。创新发展的核心是人才，湾区可持续发展需要源源不断的智力支持。粤港澳大湾区要创新人才合作机制、出台高端人才政策、搭建高水平的人才交流平台，营造良好的创新创业与社会文化环境，推动国际高端人才向区内集聚和交流合作。要加大对湾区内高等院校、科研机构、创业企业的教育和科研的投入力度，建立覆盖整条创新链的产业研发网络，以人才资源为核心强化各类创新要素的集聚效应，为建设国际一流湾区培养国际化、高端化人才。深圳作为湾区创新高地和主引擎，特别要解决空间局限对人才高生活成本的影响，更加重视一流大学和研发机构源头创新的重要作用。

4. 推进深度合作，完善区域协调机制

以更为完善的区域协调机制，全方位推进湾区城市之间、地区之间经济社会的深度合作。粤港澳三地在现有行政区划不变的前提下，全面对接各地体制机制，提高区域治理水平。要完善政府间协商协调机制，健全管理协调机制、信息反馈机制。要推动设立粤港澳大湾区协调委员会，以定期联席会的形式，对重大合作事项进行磋商与决策。在“一国两制”框架下，要加快三地法律体系、教育文化、医疗卫生、社会保障、生态治理等方面的跨区域合作与协调对接，打造湾区优质生活圈，推动整个湾区经济社会的协调发展。要发挥粤港澳地区商会、协会、咨询机构和智库等中间组织的作用，鼓励工商企业界、劳工界、专业服务界、学术界等社会各界共商共议、深化合作，共同促进大湾区市场一体化创新发展（辜胜阻、曹冬梅、杨嵋，2018）。

五　推进粤港澳大湾区市场一体化与政策协同的对策建议

推进粤港澳大湾区市场一体化应该根据粤港澳发展的现实，着力于解决阻碍市场一体化的主要问题，发挥粤港澳大湾区特有的优势，借鉴国际湾区的实践经验，在确保粤港澳区域分工和协同联动的基础上，推进粤港澳大湾区市场一体化。

（一）深化产业分工合作，推动市场一体化

深化产业分工合作，培育利益共享产业链，推动市场一体化。大湾区内各城市有不同的资源优势与功能定位，要整合各方资源禀赋与产业优势，破解当前粤港澳大湾区建设过程中所面临的各个城市产业结构同化难题，形成各有侧重、互相协同的湾区生产网络体系。进一步强化广州、深圳、香港中心城市的“头雁”功能，发挥其经济集聚效应与辐射效应，将一部分功能性产业转移到外围城市，形成产业雁阵布局，打造体系完备、合作有序的城市群产业链、技术扩散链和市场分工链。涉及多个城市的协同分工需要顶层的制度安排，因此建议设立粤港澳大湾区规划领导小组和建设委员会对相关课题进行研究，统一规划布局。

（二）发挥制度差异优势，打造市场协同体系

“一个国家、两种制度、三个关税区、四个中心城市”是粤港澳大湾区最大的特点和优势。这既对城市之间的协同能力提出了更高要求，同

时也是粤港澳大湾区可以充分利用的比较优势。在“一国两制”的前提下，积极推进粤港澳法律制度衔接、改善营商环境、探索科技创新合作路径，打造市场协同体系，充分发挥“一二三四”的体制性优势，积极进行制度创新，在教育、科技、卫生、文化、社会保障、社会服务等社会领域“先行先试”各项政策和措施，通过深化经济体制改革和国家赋予的特殊政策，借鉴香港的经济体制，实现大湾区市场一体化。

（三）加强基础设施建设，促进要素自由流动

基础设施的互联互通是促进要素自由流动、推进湾区协同发展的重要前提。在这一过程中，建议统筹规划区域交通系统，综合考虑重大交通基础设施建设、管理模式、线网走向，优化高速公路、铁路、城市轨道与内河航道等交通网络的布局。建议衔接各大城市圈轨道通勤体系，以港珠澳大桥为主要连接通道，推进交通、边检、口岸、通信等设施的一体化建设；简化港澳通关手续，打造内联外通的城市群发展格局。要加强信息基础设施建设，推动粤港澳三地信息资源集成共享，建设国际信息网络核心节点，将物联网、大数据、云计算、人工智能等高新科技融入交通管理体系中，为区内生产生活提供高效便捷的信息化服务。要发挥多港联动效应，完善湾区海港群与空港群建设，扩展国际业务职能并扩大其辐射范围，将湾区建设成为世界级海港枢纽和全球航运中心。同时，由于粤港澳三地属于不同关税区域，在经济制度、法律体系和行政体系等软设施方面要加快建立大湾区建设协调机构，聚焦破解要素流通的障碍，畅通人流、物流和信息流等。

（四）完善协调体制机制，破除政策障碍壁垒

在《深化粤港澳合作　推进大湾区建设框架协议》这一顶层制度设计下，各方每年定期召开磋商会议，协调解决大湾区发展中的重大问题和合作事项。通过构建高层次及多层次的协商协调和实施机制，消除三

地合作的政策壁垒，大湾区各城市必须在中央政府统一领导和指导下，共同参与协商与规划，做好政策对接与协同，通过扩大开放和体制对接等手段创造条件以消除粤港澳三地彼此之间的政策障碍、市场壁垒和利益矛盾。

（五）对接国家战略，建设并利用重大合作平台

对接“一带一路”倡议，将粤港澳大湾区建设融入“一带一路”建设中，发挥湾区内外联动、海陆统筹的重要支点和枢纽作用，引领大湾区内各地区协同开放。推进深圳前海、广州南沙、珠海横琴等重大粤港澳合作平台开发建设，充分发挥其在进一步深化改革、扩大开放，促进合作中的引领带动作用，并推广成功经验。支持港深创新及科技园、江门大广海湾经济区、中山粤澳全面合作示范区等合作平台建设，发挥合作平台示范作用，拓展港澳中小微企业发展空间。推进粤港澳青年创业就业基地建设，深化湾区教育合作，整合三地优质教育资源，鼓励知名高校结合社会力量、民间资本开展合作办学，搭建跨区域人才交流平台，创建丰富的访学与交换项目，探索三地学分、学历互认机制，鼓励青年跨地区、跨学科参与学术交流与研发合作。同时以完善的支持人才流动、高端人才落户、住房保障等相关制度安排，吸引更多国际化、复合型人才向湾区集聚。

参考文献

邴綨纶、毛艳华，2017，《港澳台与广东省地缘经济关系匹配研究》，《现代管理科学》第4期，第27~29页。

蔡赤萌，2017，《粤港澳大湾区城市群建设的战略意义和现实挑战》，《广东社会科学》第4期，第5~14页。

陈朝萌，2016，《粤港澳大湾区港口群定位格局实证分析》，《深圳大学学报》（人文社会科学版）第4期，第32~35页。

封小云，2014，《粤港澳经济合作走势的现实思考》，《港澳研究》第2期，第45~52页。

辜胜阻、曹冬梅、杨嵋，2018，《构建粤港澳大湾区创新生态系统的战略思考》，《中国软科学》第4期，第1~9页。

黄晓慧、邹开敏，2016，《“一带一路”战略背景下的粤港澳大湾区文商旅融合发展》，《华南师范大学学报》（社会科学版）第4期，第106~110页。

李锋，2018，《粤港澳大湾区发展现状及展望》，载中国国际经济交流中心编《中国经济分析与展望（2017~2018）》，社会科学文献出版社，第336~348页。

李胜兰，2018，《粤港澳大湾区的意义、优势、挑战与制度创新》，《探求》第2期，第14~16页。

林贡钦、徐广林，2017，《国外著名湾区发展经验及对我国的启示》，《深圳大学学报》（人文社会科学版）第5期，第25~31页。

林先扬，2017，《粤港澳大湾区城市群经济外向拓展及其空间支持系统构建》，《岭南学刊》第4期，第25~32页。

龙志和、林志鹏、吴梅、吴小节，2012，《商品市场一体化的经济增长差异效应——以珠三角为例（2000-2009年）》，《软科学》第12期，第1~4页。

鲁志国、潘凤、闫振坤，2015，《全球湾区经济比较与综合评价研究》，《科技进步与对策》第11期，第112~116页。

马忠新、伍凤兰，2016，《湾区经济表征及其开放机理发凡》，《改革》第9期，第88~96页。

毛其淋、盛斌，2011，《对外经济开放、区域市场整合与全要素生产率》，《经济学》第1期，第181~210页。

申明浩、杨永聪，2017，《国际湾区实践对粤港澳大湾区建设的启示》，《发展改革理论与实践》第7期，第9~13页。

覃剑，2013，《大珠三角城市群金融等级体系分析》，《产经评论》第3期，第117~128页。

王静田，2017，《国际湾区经验对粤港澳大湾区建设的启示》，《经济师》第11期，第16~18、20页。

吴唐生，2014，《以自贸区为平台加强粤港澳金融合作》，《广东经济》第2期，第44~47页。

伍凤兰、陶一桃、申勇，2015，《湾区经济演进的动力机制研究——国际案例与启示》，《科技进步与对策》第23期，第31~35页。

杨英，2014，《基于市场路径的粤港澳区域经济一体化研究》，《华南师范大学学报》（社会科学版）第5期，第101~107页。

张磊，2018，《粤港澳大湾区建设的机遇和挑战》，《时代金融》第17期，第96页。

张日新、谷卓桐，2017，《粤港澳大湾区的来龙去脉与下一步》，《改革》第5期，第64~73页。

张晓群，2007，《粤港经济合作存在的问题及对策研究》，《经济与社会发展》第6期，第79~81页。

赵奇伟、熊性美，2009，《中国三大市场分割程度的比较分析：时间走势与区域差异》，《世界经济》第6期，第41~53页。

综合开发研究院（中国·深圳）课题组，2017，《以“双转型”引领粤港澳大湾区发展》，《开放导报》第4期，第7~12页。

Parsley, D. C, and Shang-Jin Wei. 2001. “Explaining the Border Effect: The Role of Exchange Rate Variability, Shipping Costs, and Geography.” *Journal of International Economics*55: 87-105.

提升开放创新水平　打造粤港澳全面合作示范区

杜金岷　张　珺　陈少凌　杨本建　王　倩*

摘　要： 本报告探讨了粤港澳大湾区建设背景下打造粤港澳全面合作示范区的内涵和意义，指出粤港澳全面合作示范区建设不仅要从经济与贸易方面着力推进，还应该从科创、人才、金融、制度等方面着力推进。在此基础上，本报告从粤港澳经济深度合作、服务贸易自由化、科技合作机制、建设粤港澳青年创新创业合作示范基地、优化制度环境、借鉴港澳社会治理经验等方面阐述了建设粤港澳全面合作示范区的思路和做法。这对于粤港澳全面合作示范区建设具有重要参考价值。

关键词： 服务贸易自由化　科技合作机制　创新创业　制度环境

---

* 杜金岷，暨南大学发展规划处处长、暨南大学中国（广东）自由贸易试验区研究院常务副院长、暨南大学广州南沙自由贸易试验区研究基地主任、经济学院教授、博士生导师、博士，主要研究方向为现代金融理论、公司金融、金融机构与风险管理；张珺，暨南大学经济学院副教授、博士、暨南大学中国（广东）自由贸易试验区研究院及暨南大学广州南沙自由贸易试验区研究基地研究人员，主要研究领域为世界经济；陈少凌，暨南大学经济学院副教授、博士、暨南大学中国（广东）自由贸易试验区研究院及暨南大学广州南沙自由贸易试验区研究基地研究人员，主要研究方向为公司金融与治理、企业投资理论、信息与激励理论、计量经济学；杨本建，暨南大学经济学院副教授、暨南大学中国（广东）自由贸易试验区研究院及暨南大学广州南沙自由贸易试验区研究基地研究人员，主要研究方向为城市与区域经济；王倩，暨南大学中国（广东）自由贸易试验区研究院及暨南大学广州南沙自由贸易试验区研究基地科研助理。

一 推进粤港澳大湾区建设背景下打造粤港澳全面合作示范区的内涵与意义

（一）推进粤港澳大湾区建设背景下粤港澳全面合作的内涵

继纽约、旧金山、东京这三大国际大都市圈相继建立大湾区，世界顶级城市群向湾区聚焦的“湾区经济”生态已成为当前全球经济高端产业链的典型特征。2017 年 3 月 5 日，李克强总理在 2017 年政府工作报告中首次提及粤港澳大湾区，指出“要推动内地与港澳深化合作，研究制定粤港澳大湾区城市群发展规划”，粤港澳大湾区的概念从区域战略上升到了国家战略层面。2017 年 7 月 1 日，香港特别行政区行政长官林郑月娥、澳门特别行政区行政长官崔世安、中华人民共和国国家发展和改革委员会主任何立峰以及广东省省长马兴瑞共同签署了《深化粤港澳合作 推进大湾区建设框架协议》，标志着粤港澳三地将在更宽广的领域内推进全面开放与创新协作，以打造国际一流湾区和世界级城市群。2018 年初，李克强总理在 2018 年政府工作报告中正式提出了“出台实施粤港澳大湾区发展规划纲要，全面推进内地同香港、澳门互利合作”的战略性湾区发展布局。2019 年 2 月 18 日，中共中央、国务院印发了《粤港澳大湾区发展规划纲要》，将粤港澳大湾区战略定位为充满活力的世界级城市群、具有全球影响力的国际科技创新中心、“一带一路”建设的重要支撑、内地与港澳深度合作示范区、宜居宜业宜游的优质生活圈，粤港澳大湾区的发展迎来了前所未有的黄金时期。

粤港澳大湾区的核心区域是大湾区城市群，包括香港特别行政区、澳门特别行政区和广东省广州市、深圳市、珠海市、佛山市、惠州市、东莞市、中山市、江门市、肇庆市，总面积为 5.6 万平方公里，2017 年末总人口约 7000 万人。纽约、旧金山以及东京湾区的发展经验表明，世界顶级城市群大多集中于高度开放、创新引领、区域融合、宜居宜业的近海湾区。据统计，全球60%的经济总量集中在入海口，75%的大城市、70%的工业资本和人口集中在距海岸100公里的海岸带地区。粤港澳大湾区地处我国沿海开放前沿，辐射环大亚湾、环珠江口湾和大广海湾三大湾区，包括深圳、珠海、惠州、江门4个直面海洋的沿海城市，以及广州、佛山、东莞、中山4个距离海岸100公里以内的近海城市，海岸线长，腹地广，拥有成为世界级湾区的先天区位禀赋和后天经济优势。同时，大湾区还拥有深圳港、香港港、广州港3个全球十大集装箱港口，在大亚湾、大广海湾沿岸也有众多优质深水港，是面向东北亚和东南亚的战略要塞，在“一带一路”倡议中具有举足轻重的地位。根据测算，粤港澳大湾区占全国土地面积不足1%，人口数量不足全国的5%，但其经济总量约占全国经济总量的12%，2017年粤港澳大湾区经济总量约10万亿元（约合1.5万亿美元），居四大湾区的第二位，仅次于纽约湾区，经济增速更是位列第一。表1为粤港澳大湾区部分城市区位与经济特征。

表1　粤港澳大湾区部分城市区位与经济特征

项目	广州	深圳	珠海	惠州	东莞	中山	江门
陆地面积（平方公里）	7249.27	1997.47	1736.46	11347.39	2460.08	1783.67	9506.92
大陆海岸线（公里）	157.1	247.9	224.5	271.4	97.2	57.0	414.8
海域面积（平方公里）	460	1145	6000	4520	97	176	2886
海岛个数（个）	11	38	218	140	4	8	267
2017年底常住人口（万人）	1449.84	1252.83	176.54	477.7	834.25	326.00	456.17
2017年GDP（亿元）	21503.2	22438.4	2564.7	3830.6	7582.1	3450.3	2690.3
2017年GDP增长速度（%）	7.0	8.8	9.2	7.6	8.1	6.6	8.1

资料来源：《2018广东统计年鉴》及各城市统计年鉴。

然而，与纽约、旧金山及东京湾区不同的是，粤港澳大湾区具有“一二三四”（一个国家、两种制度、三个关税区、四个中心城市）、“三套监管体系、多个监管主体”的特征，独特的政治格局与复杂的多元文化决定了粤港澳大湾区有着与其他三大国际湾区截然不同的发展之路，如何在全面深入合作的基础上，既充分发挥各城市的开放优势与创新特色，又保证政治社会环境的和谐稳定，是粤港澳大湾区打造全面合作示范区急需考虑的关键问题。2018 年 11 月，香港交易所首席中国经济学家办公室公布的《粤港澳大湾区金融发展报告（2018）》指出，建立两种制度体系间全面的互联互通机制，通过粤港澳地区经济、金融、科创、交通、制造、教育、医疗、服贸等领域的相互开放、相互联通，打造适应中国和国际发展需要的互通渠道，将是粤港澳大湾区纵深协调发展的重要一步，这正是粤港澳全面合作的内涵所在。借助建设粤港澳大湾区的契机，大湾区城市不断明晰自身的产业特点和布局，相互合作协同，促进资源及人才流动，进而提高区域城市的经济活力和创新能力。

1. 经济、贸易方面

从经济开放程度看，广东省实际利用港资和对港投资始终名列前茅，一直是传统的前沿开放窗口。截至 2016 年底，广东实际利用港资 2559 亿美元，累计设立了 14 万家港资企业。截至 2017 年，广东累计在香港设立企业 4878 家，实际投资额为 775.1 亿美元；对香港服务贸易进出口 5666.9 亿元。

从经济融合度看，自 1997 年香港回归以来，粤港经济合作逐渐深化。一方面，广东是香港主要的进口货物供应地，同时也是香港最大的转口市场及最大的产品出口市场，香港的转口货物约有六成来自广东的珠江三角洲地区。另一方面，香港又一直是广东外销产品的主要转口港。2009~2013 年，粤港进出口贸易额不断增加；2014~2017 年虽然呈下降趋势，但粤港进出口贸易额仍不低。图 1 为 2009~2017 年粤港澳进出口贸易额。

2. 金融方面

粤港澳地区历史上一直有着悠久而密切的金融合作。特别是香港，金融服务业历来是其最突出的优势产业。目前，香港是仅次于纽约和伦敦的国际金融中心，2016 年，金融及保险服务业已达香港本地生产总值的

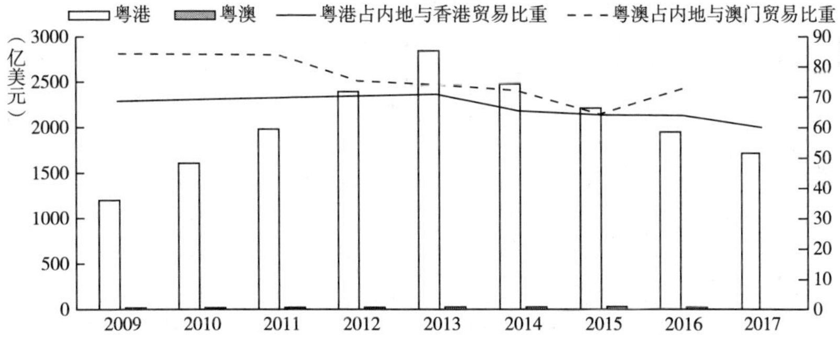

图 1　2009~2017 年粤港澳进出口贸易额

资料来源：中国地区贸易数据库。

17.7%。与香港相邻的广东省借助自贸区的政策优势，大力推动金融开放合作领域的先行先试，粤港澳金融合作迅猛发展。作为国内首屈一指的进出口贸易大省，广东省的进出口额约占全国总量的 25%，对外贸易产生大量的跨境资金结算需求、跨境投融资需求，广东省跨境人民币结算累积业务量为全国第一，这促使香港发展为全球最大的离岸人民币市场。图 2 为 2010~2017 年香港离岸人民币存款、贷款规模。截至 2017 年末，广东自贸区入驻金融类企业 7 万余家，居全国自贸区首位，跨境人民币结算累计业务量达 13.87 万亿元，跨境双向人民币资金池业务累计收付 408 亿元。2017 年，香港、深圳、广州的金融增加值占 GDP 比重分别为 17.5%、13.6%、9.3%，金融业在产业结构中已起到支柱作用。深港通、债券通等金融互联互通渠道不断发展和完善，港股通额度从启动初的 105 亿元扩大到 520 亿元。此外，广东企业赴港上市也日渐成为常态，以腾讯、迅雷为代表的新兴科创产业已纷纷赴港上市。图 3 为 2010~2017 年广东进出口额与跨境人民币结算业务金额。

如果说 2015 年前，粤港澳政策协议主要还是聚焦于解决机构设立、企业赴香港上市、期货市场的合作以及金融产品的互认等市场主体在深化合作中面临的问题，那么，2015 年后的协议则不仅重视市场参与主体

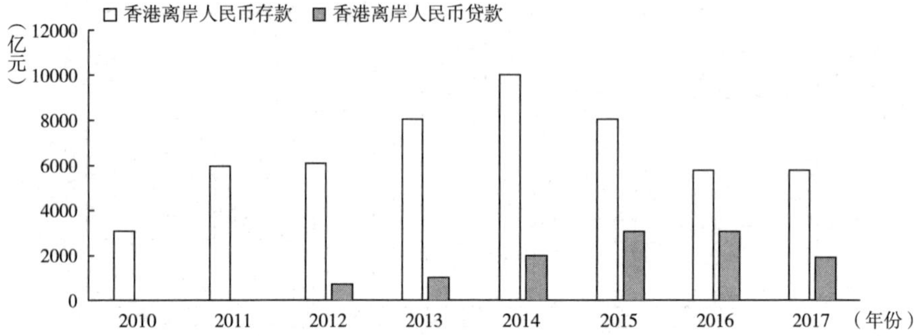

图 2　2010~2017 年香港离岸人民币存款、贷款规模

资料来源：Wind 数据库、《粤港澳大湾区金融发展报告（2018）》。

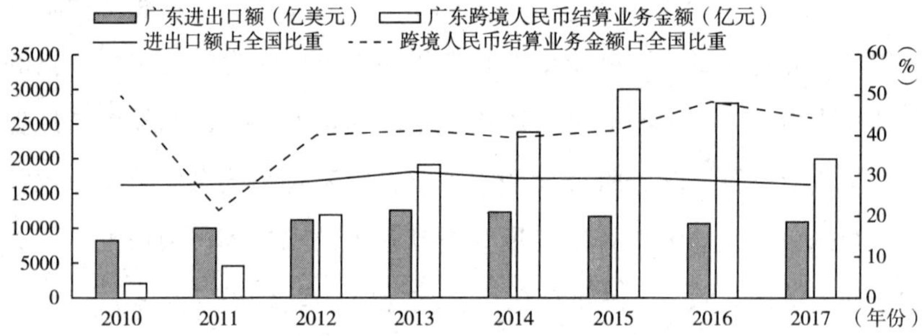

图 3　2010~2017 年广东进出口额与跨境人民币结算业务金额

资料来源：中国地区贸易数据库、《粤港澳大湾区金融发展报告（2018）》。

的合作，还重点关注与人民币国际化相关的人民币离岸中心，促进跨境人民币资金双向流通机制及更紧密的金融合作。2019 年初，《粤港澳大湾区发展规划纲要》指出，要建设国际金融枢纽，发挥香港在金融领域的引领带动作用，打造服务“一带一路”建设的投融资平台；支持广州完善现代金融服务体系，提升国际化水平；支持深圳依规发展以深圳证券交易所为核心的资本市场，加快推进金融开放创新；支持澳门打造中国—葡语国家金融服务平台，承接中国与葡语国家金融合作服务；有序推进金融市场互联互通，逐步扩大大湾区内人民币跨境使用规模和范围。

3. 交通方面

粤港澳大湾区的互联互通在交通方面进展较大。2018 年港珠澳大桥、广深港高铁通车；2019 年虎门二桥将建成通车；大湾区六大机场将组建世界级空港群。港珠澳大桥被誉为世界第一跨海大桥，其通车后珠海至香港的路程缩短至半小时以内，实现了珠海、澳门与香港的陆路对接。广深港高铁全长 145 公里，自广州通往香港西九龙总站，途经深圳北站等 7 个车站。据预测，截至 2020 年底，粤港澳 11 个城市间将形成 34 条轨交、85 条地铁的密集有序轨道交通网络，实现湾区内各城市的无缝连接，以双中心为核心带动整个区域的融合。

4. 科创方面

粤港澳大湾区集聚了香港大学、香港科技大学等世界百强大学，拥有中山大学、华南理工大学等国内重点高校，汇聚 40 多个国家级实验室，科创实力扎实。2018 年，广东印发《广东省人民政府关于加强基础与应用基础研究的若干意见》，这是广东首次出台政策文件助力粤港澳大湾区国际科技创新中心建设。文件支持建立粤港澳科研协作机制，鼓励粤港澳高等院校、科研院所和企业开展合作研究，推进建设粤港澳联合实验室，共同争取国家实验室、大科学装置落户粤港澳大湾区。

5. 人才方面

粤港澳高层次人才交流将日渐频繁。目前，粤港澳大湾区已推出层出不穷的人才政策，深圳“孔雀计划”，广州“红棉计划”、珠海“英才计划”，纷纷吸引全球各地尤其是粤港澳青年才俊。而香港八大高校招收的内地学生数量也逐年增多，人次交流规模不断扩大。

可见，粤港澳经济深度合作关键在于在香港、澳门、广州、深圳等城市的带动下，充分发挥香港国际金融中心和自由贸易港的优势，广州作为国家中心城市和综合性门户城市的引领作用，深圳作为经济特区、全国性经济中心城市和国家创新型城市的引领作用以及前海、南沙、横琴自由贸易区的制度创新优势，通过集聚高端生产要素，鼓励科技创新，注重绿色发展，凭借区域内金融支持，致力于将粤港澳大湾区打造成为充满活力的世界级城市群、具有全球影响力的国际科技创新中心。

（二）推进粤港澳大湾区建设背景下打造粤港澳全面合作示范区的意义

2018年5月，国务院印发《进一步深化中国（广东）自由贸易试验区改革开放方案》，指出广东自贸区的建设目标是，“到2020年，率先对标国际投资和贸易通行规则，建立与国际航运枢纽、国际贸易中心和金融业对外开放试验示范窗口相适应的制度体系，打造开放型经济新体制先行区、高水平对外开放门户枢纽和粤港澳大湾区合作示范区”。

《粤港澳大湾区发展规划纲要》也指出，要加快推进深圳前海、广州南沙、珠海横琴等重大平台开发建设，充分发挥其在进一步深化改革、扩大开放、促进合作中的试验示范作用，拓展港澳发展空间，推动公共服务合作共享，引领带动粤港澳全面合作。

过去，内地与港澳的合作主要靠CEPA及其补充协议支持，总体目标是实现货物贸易、服务贸易的自由化和贸易投资便利化，然而仅靠CEPA的政策支持并未促使香港服务业大幅挺进内地。究其原因主要是粤港澳三地的经济社会管理体制和法律法规体制存在较大差异，三地合作的程序多、效率低、协调难度大；再有CEPA合作存在“大门开小门不开”“玻璃门”“弹簧门”现象，CEPA开放对港澳服务贸易准入门槛要求较高、行业审批程序过于复杂等影响了港澳服务业投资。因此，仅依靠CEPA的支撑不足以促使粤港澳大湾区深度融合，打造粤港澳全面合作示范区的意义不言而喻。

广东自贸区包括广州南沙新区、深圳前海蛇口新区和珠海横琴新区三片区，其最初构想是“粤港澳自贸区”，毗邻港澳的地缘优势是自贸区申报成功的最主要原因。李克强总理曾明确指出：“广东自贸区要利用毗邻港澳的区位和专业人才优势，加强同港澳深度融合，优先发展金融、科研等高端服务业。”这不仅突出了广东自贸区的独特优势，也进一步指出了广东自贸区与港澳合作的方向定位。之所以将广东自贸区定位为粤港澳全面合作示范区，是因其具有区位、创新和政策支持等突出优势，只有发挥自贸区与港澳的比较优势与互补作用，才能推动粤港澳的深度融合，将广东自贸区打造为粤港澳全面合作示范区显然更具代表性意义。

二　促进粤港澳经济深度合作，打造粤港澳全面合作示范区

粤港澳三地的经济结构有着显著的差异，香港和澳门以第三产业为主，但香港金融业发达，而澳门则是以休闲旅游业为主，珠三角九市已初步形成以战略性新兴产业为先导、先进制造业和现代服务业为主体的产业结构，虽然广州的制造业比重在近年来有下降趋势，但制造业在整个经济中的比重仍保持较大份额。这种经济结构的差异为三地经济上的深度合作创造了条件。粤港澳全面合作首先应该体现在经济合作不断深化上。

（一）充分发挥自贸试验区全面推进内地同香港、澳门互利合作的示范引领作用

纵观全球三大湾区的发展历程，都伴随着产业结构转型。即使是世界级国际金融中心纽约，也是在制造业向服务业升级过程中实现金融业的蓬勃发展，且旧金山湾区、东京湾区是“科技+金融”“制造业+金融”的典范。通过广东自贸区与港澳的优劣势对比分析，我们发现香港是国际金融中心，国际贸易是香港、澳门的优势所在，深圳高新技术产业发达利于带动深圳前海蛇口自贸区的信息、科技等企业发展，广州南沙和珠海横琴自贸区的制造业基础扎实，这些地区集合了全球三大湾区的特色（见表2）。要推动粤港澳大湾区的发展，坚持产业和金融联动、建立健全错位发展的产业体系是最优路径。粤港澳大湾区借助于自贸区的新兴科技创新能力和深厚的制造业基础，叠加以香港为主的金融核心圈，科技和金融双轮驱动产业集群发展升级。

表 2 广东自贸区、香港、澳门优劣势分析

地区	核心优势	劣势
香港	✧ 国际自由港 ✧ 国际金融、贸易、航运中心 ✧ 服务业种类全、水平高	◆ 轻型制造业外移，服务业比重大 ◆ 土地资源严重不足 ◆ 新兴优势产业培育乏力、缺乏科技创新
澳门	✧ 国际贸易自由港 ✧ 与葡语国家联系密切 ✧ 旅游业、博彩业发达	◆ 对博彩业的高度依赖 ◆ 土地、劳动力资源稀缺 ◆ 对外经济依赖性增加、辐射能力减弱
广州南沙自贸区	➢ 面积大，约是其他两个自贸区的两倍 ➢ 先进制造业基础扎实 ➢ 港航物流条件优越	■ 经济发展内生动力不足 ■ 金融体系与国际接轨不足 ■ 基础配套设施不够完善
深圳前海蛇口自贸区	➢ “合作区+自贸试验区+保税港区”的“三区”叠加模式 ➢ 积累了优良的信息、科技、金融、贸易、航运服务，蛇口的产业基础支撑 ➢ 具有深港合作的先天优势	■ 自贸区区域小，基础设施建设不完善 ■ 金融业务创新还没有形成规模化与系统化
珠海横琴自贸区	➢ 毗邻澳门，港珠澳大桥通行 ➢ 与港澳接近的税收制度环境 ➢ 制造业、旅游业、绿色生态、土地资源优势	■ 片区多，管理分散，资源整合难度大 ■ 产业比较优势不足，综合配套能力滞后，转型升级压力较大 ■ 缺乏大型仓储、港口等功能，面临着“有区无港”的尴尬局面

资料来源：根据公开资料整理。

（二）加快建设粤港澳大湾区国际航运、国际金融、国际科技创新的重要承载区

1. 国际航运重要承载区建设

《粤港澳大湾区发展规划纲要》指出，巩固提升香港国际航运中心地位，增强广州、深圳国际航运综合服务功能，进一步提升港口、航道等基础设施服务能力，与香港形成优势互补、互惠共赢的港口、航运、物流和配套服务体系，增强港口群整体国际竞争力。

从港口群建设看，粤港澳大湾区拥有 5 个亿吨级别大港，其中的深圳港、香港港、广州港均位列世界前十大港口，区域港口吞吐量位居世界各大湾区首位。根据劳氏 2017 年全球港口百强排名，粤港澳大湾区的深圳港排第 3 位，香港港排第 6 位，较 2016 年下降 1 位，广州港排第 7 位，珠海港排第 80 位，相较于其他三大湾区，粤港澳大湾区拥有天然的良港、悠长的海岸线和广阔的经济腹地，具备形成世界级港口群的优越条件。2017 年，广州港口货物吞吐量达 6 亿吨，香港达 3 亿吨，深圳达 2.5 亿吨。2017 年深圳港集装箱吞吐量为 2521 万标箱（增速为 4.6%）、香港港为 2076 万标箱（增速为 4.5%）、广州港为 2037 万标箱（增速为 9.6%）（见图 4）。而蛇口港、南沙港分别是深圳港、广州港中数一数二的大港口。

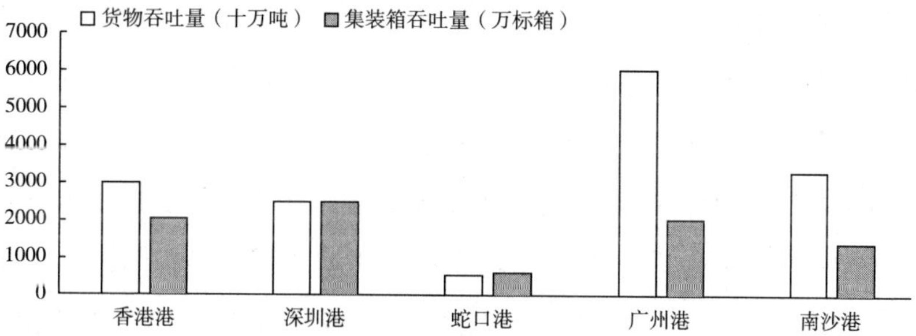

图 4　2017 年港口货物、集装箱吞吐量

资料来源：根据公开数据整理。

可见，广东自贸区拥有天然的港口资源，广州南沙自贸区和深圳前海蛇口自贸区尤甚，香港作为亚洲交通枢纽，港口、造船等相关产业发展较好，通过整合自贸区和港澳的港口资源，将自贸区打造为粤港澳大湾区国际航运中心的重要承载区前景可观。积极的协调与规划，可以避免粤港澳大湾区内港口同质化恶性竞争与重复建设，提高国际航运中心的国际竞争力。

2. 国际金融重要承载区建设

根据“全球金融中心指数”发布的排名，香港是继纽约、伦敦之后的第三大国际金融中心。之前以 CEPA 为基础的系列框架协议为粤港澳三地金融协同发展奠定了良好基础，如降低银行、证券、保险等金融机构进入内地市场的门槛，将跨境人民币贷款试点范围扩大到南沙、横琴等粤港合作重点地区。随着沪港通、深港通、债券通等互联互通机制陆续建立，香港金融业发展与内地联系越发紧密。截至 2018 年 7 月，中资股在港交所主板市值占比为 37.09%，成交量占比为 46.34%。

为促进香港国际金融中心竞争力的增强和国内金融体系与国际接轨，一方面，香港需充分发挥对自贸区内跨境金融和中小企业金融服务的带领支持作用；另一方面，香港可借助自贸区内科技创新、海量客户资源与入口等优势弥补其作为国际金融中心创新意识不足的劣势。2016 年德勤对金融科技中心进行排名，前五分别为伦敦、新加坡、纽约、硅谷和香港，其中香港的创新指标得分最低，原因之一是香港仅少数金融科技公司针对中小微企业及个人客户提供服务。

2015 年《中国（广东）自由贸易试验区总体方案》比较完整地规划了自贸区与港澳金融融合发展的蓝图，以跨境人民币业务为重点，降低自贸区金融准入门槛。《粤港澳大湾区发展规划纲要》指出要强化前海合作发展引擎作用，在南沙建设金融服务重要平台助力打造广州南沙粤港澳全面合作示范区。随着各项支持金融发展政策措施的落实到位，粤港澳之间金融交流转换平台将被搭建，大大推动粤港澳金融融合发展。

现今，广东自贸区成为承接港资机构进驻的重要平台，截至 2018 年 9 月，广东自贸区内共设立港澳资企业 1.1 万家，区内企业在境外直接投资设立企业超过 600 家，中方协议投资额超过 100 亿美元。而广东自贸区中推进深圳前海蛇口自贸区成为国际金融承载区的潜力最大。深圳市内金融业体系逐步完备，其作为支柱产业的实力逐渐增强。深圳前海蛇口自贸区金融业、科技业发展初具规模。深圳前海蛇口自贸区在金融机构创新方面除银行、证券、保险外，还涉及小额贷款公司与消费金融公司等，范围齐全、涵盖面广，可见前海金融与科技业的发展恰与香港发展优劣势互补。前海与香港合作不断向纵深发展，截至 2018 年 3 月，深圳前海蛇口自贸区内金融类企业累计注册约 5 万家。自贸区与港澳通过优劣势的互补发展，可加快自贸区国际金融重要承载区的建设，建设金融业对外开放试验示范窗口，促进粤港澳金融的融合发展，有效提高香港国际金融中心竞争力。

3. 国际科技创新重要承载区建设

科技创新离不开创新主体、研发投入、金融发展等要素的支持。依据“创新源—研发—转化”的创新链，打造贯通的“产学研”体系，形成科技与金融双轮驱动的城市群竞争力，是世界成熟湾区发展的共同趋势。

从四大湾区科创研发水平对比分析可知，大学和科研院所作为优质教育和资源的代表，是重要的创新主体，但是粤港澳大湾区内 100 强大学数量仍较少，研发投入占比有待提升，但其 PTC 专利数量名列第二，超过纽约湾区和旧金山湾区（见表 3）。其中，深圳将发挥作为国家创新型城市的引领作用，努力成为具有世界影响力的创新创意之都。2017 年深圳市 PCT 国际专利申请量为 20457 件，占全国的 43%；每万人发明专利拥有量近 90 件，是全国平均水平的 9.2 倍；有效发明专利维持 5 年以上的比例达 86%，居全国大中城市首位。从转化成果看，大湾区内具有技术研发功能的创新企业发展势头强劲。

表 3　四大湾区科创研发水平对比

创新力指标	纽约湾区	旧金山湾区	东京湾区	粤港澳大湾区
国际 500 强企业总部数（个）	17	16	38	17
最具创新力企业（家）	3	8	26	4
R&D 投入占 GDP 比重（%）	3.1	6.1	3.7	2.7

续表

创新力指标	纽约湾区	旧金山湾区	东京湾区	粤港澳大湾区
PCT 专利数量（个）	47794	59762	261308	69347
100 强大学数量（所）	10	5	2	4

资料来源：《粤港澳大湾区金融发展报告（2018）》；100 强大学数量的数据来源于 2018 年 QS 世界大学排名。

打造广东自贸区成为国际科技创新重要载体，则需区内大力引入创新主体、增强研发投入、支持创新企业发展。毋庸置疑，在港深创新及科技园支持下，深圳市国家创新型城市的地位，叠加深圳前海蛇口自贸区已积累的金融、信息科技产业基础，深圳前海蛇口自贸区建设成为自主创新和科技转化能力强的生态型高新技术产业基地和区域创新平台的发展空间较大。在国家大力支持下，澳门科创成果丰硕，珠海横琴自贸区凭借毗邻澳门的区位优势可推进与澳门高等教育和科研合作，推动横琴粤澳合作中医药科技产业园创新载体建设。广州南沙自贸区也将依托中科院“一院五所”等平台推进南沙庆盛科技创新产业基地创新载体的建设。

珠三角的产业体系比较完备，拥有一些全球竞争力的产业，包括信息科技业等，但广东自贸区的科技创新能力仍处于发展初期，未具备规模，发展任务较重。大湾区将充分发挥科技优势，积极吸引和对接全球创新资源、大力建设“广州—深圳—香港—澳门”科技创新走廊，打造国际科技创新中心。

（三）打造与港澳营商环境对接、产业协同的合作体系

世界银行 2017 年 10 月 31 日发布了《2018 年营商环境报告》，营商难易度评级包括开办企业、办理施工许可证、获得电力、登记财产、获得信贷、保护中小投资者、纳税、跨境贸易、执行合同和办理破产 10 个指标，其中香港营商环境在全球 190 个国家或地区中位列第五，香港拥

有世界一流的营商环境，包括完善的法例、独立的司法、简单的税制、低税率等，广东的营商环境与其仍有一定差距。广东自贸区在深化内地与港澳合作、打造营商环境对接方面取得了较大的成绩，珠海横琴自贸区的“远程可视办税”和“税务数字化”等税收体制改革成效斐然，广州南沙自贸区着力推进投资体制管理、政府职能转变、法治化环境优化等领域的改革创新，深圳前海蛇口自贸区更是位列制度创新指数第一（根据中山大学自贸区综合研究院发布的“2017~2018年度中国自由贸易试验区制度创新指数”）。表4为广东自贸区营商环境对比。

表4　广东自贸区营商环境对比（截至2018年6月）

项目	广州南沙片区	深圳前海蛇口片区	珠海横琴片区
累计注册企业（万个）	5	17.18	5.7
累计注册500强企业（个）	100	350	50
累计金融类机构（个）	3770	59800	—
持牌金融机构（个）	11	228	—
港资企业	新设港澳企业1277家、投资额为424亿美元（2018年1月至2018年10月）	1万家，注册资本9296.79亿元	累计1298家，投资总额为678.6亿美元
澳资企业		—	1335家，投资总额为129.78亿美元
实际利用外资（亿美元）	10.42（2017年）	44.48（2017年）	5.24（2016年）

资料来源：根据公开数据整理。

营商环境的优劣决定了高端要素资源的流向与集聚情况，自贸区与港澳营商环境对接，有利于经济协同发展。广东自贸区必须借鉴港澳国际化营商经验，形成与国际通行规则相衔接的制度体系和监管模式，创新涉外投资管理体制，改革涉外投资审批体制，争取开展外商投资准入前国民待遇加负面清单管理模式试点。以“放管服”改革为抓手，大胆尝试，及时推广试点成熟的改革措施，从而使广东自贸区能够继续有效地利用外资进一步优化和提升营商环境，打造更加开放更加便利的投资环境，继而打造与港澳营商环境对接、经济发展协同的合作体系。

三　深入推动粤港澳服务贸易自由化，打造粤港澳全面合作示范区

香港和澳门均为服务型城市，服务业在生产总值中的比重都在90%以上。随着香港产业加速转型升级，香港现代服务业急需寻求向内地延伸的新空间，以巩固和提升产业核心竞争力。广东尽管仍是世界制造业中心，但服务业的产值比重上升很快，占到GDP的一半（《2017年广东国民经济和社会发展统计公报》显示，2017年广东省三次产业结构比重为4.2：43.0：52.8）。服务业是粤港澳合作重点，粤港澳全面合作示范区将为港澳现代服务业向内地拓展提供一个平台和载体，打造粤港澳服务业高度融合的新高地，进一步提升香港国际金融、航运、贸易中心的地位，提升澳门娱乐文化产业、教育产业优势地位。因此，深入推动粤港澳服务贸易自由化，推进粤港澳三方在服务贸易的合作，是打造粤港澳全面合作示范区的重要内容，通过将港澳的优势与内地的优势相结合，拓展港澳的产业发展空间，促进粤港澳地区的共同繁荣，提升粤港澳综合国际竞争力。粤港澳更大幅度的开放也有助于我国企业开拓国际市场，为我国经济发展注入新动力、增添新活力。

根据各区域的特点，粤港澳在服务业合作和服务贸易自由化的主要领域包括航运物流、金融、专业服务、进口商品保税展示交易、休闲旅游、保健医疗等领域。

（一）深入推动粤港澳航运物流服务贸易自由化

按照分工合作原则，将南沙的内地市场优势、港航资源优势与港澳航运技术与管理优势结合起来，重点在船舶租赁、船舶登记管理、船舶检验、船舶估价、船舶交易、船舶技术服务、海事法律服务、国际货运代理、内外贸物流等领域开展粤港澳三地合作，提升开放水平，互利共赢。

1. 推动粤港澳航运市场自由化

香港作为国际航运中心，除了是区内重要的货物中转港和集散地，拥有高效的港口和众多航线外，还有众多的船和货物代理，以及围绕航运业而发展起来的交易、运输、租赁市场以至保险、金融及法律仲裁服务，软硬件兼备，上中下游产业发展完善。粤港澳可在航运经纪等专业化程度很高的高端航运服务项目上进一步合作。

粤港澳可开展航运服务配套业务，共同组建行业组织，在航运经纪、船检机构等方面开展多样化的合作，重点发展船舶注册等高增值服务，吸引更多船东和经纪人入驻粤港澳航运业务基地，进而推进到船舶保险、船舶融资、航运法律等相关服务行业，带动粤港澳航运产业链的发展。

利用南沙现有的国际船舶代理、国际船舶管理和船舶交易市场等产业基础，积极推动粤港澳共建航运交易所，提供评估、鉴证、过户、登记等船舶交易“一站式”综合服务，发展航运人力资源供求市场及信息平台，开展船员人事代理、人才测评、劳务中介等服务，建设船舶舱位、货源供求市场，延伸粤港澳船舶交易产业链。

加快培育和完善船舶经纪人交易模式，重点建设运价指数衍生品交易、船舶租赁与船舶买卖、船员劳务市场等交易平台以及航运信息研究与咨询、航运资信评估、口岸航运服务等服务平台，积极探索船舶交易市场的服务标准、交易规则、船舶交易合同示范文本。进一步推进粤港澳全面合作示范区航运制度改革创新先行先试政策，创新开展示范区的国际航运交易、国际航运指数发布、国际物流金融保险、国际大宗商品采购等业务创新。

2. 推动粤港澳航运配套专业服务的合作与开放

世界各地约900家与航运有关的公司在香港提供全面的航运配套专业服务，包括法律、管理、核数及税务、通信、教育及训练等。香港还依托本地高校成立了一批航运研究与教育机构，提供海事、航运的知识和信息，助力建设知识型国际航运中心。粤港澳全面合作示范区可以以船运交易、航运信息、航运咨询、海事培训教育等服务领域作为突破口，将港澳的管理和技术优势、航运产业优势与内地的市场优势有机整合，粤港澳共同建设临港产业配套服务合作区。鼓励粤港澳航运服务企业双向投资，大力培育和发展航运服务产业，积极发展人才中介、资格认证、航运咨询等配套服务，建设粤港澳航运服务集聚区。发挥粤港澳港口的联动作用，联合构建具有国际竞争力的航运发展机制和运作模式，形成以港口及航运物流服务为龙头，航运保险服务、航运金融服务、海事法律、航运信息服务、保税仓储、国际中转、大宗商品展贸功能为一体的航运综合服务集聚区。

充分利用香港国际航运中心的国际地位及影响力，在以粤港合作为基础建立的国际海事仲裁院基础上，进一步打造以海事律师服务和海事仲裁服务为主体的立足华南、面向“一带一路”沿线国家以及全球的粤港澳国际海事法律服务中心，吸引港澳律师在粤港澳全面合作示范区设立从事海事法律服务的合作律师所、联营律师所、代表机构等，为内地涉外的海事诉讼提供服务。

3. 推动粤港澳航运物流的合作与开放

未来粤港澳物流进一步开放和联合，以将大珠三角打造成为世界级物流城市群为发展目标。发挥粤港澳全面合作示范区综合优势和保税政策优势以及产业优势，创新通关报税和海关检验模式，提高通关效率，构建完善的保税物流体系，延伸粤港澳物流服务链条，重点发展口岸物流与保税物流，特别是保税仓储与国际中转、配递、采购、展示等保税物流业务。整合和吸引港澳和国际知名物流企业在粤港澳全面合作示范区开展国际货运代理、内外贸物流、物流信息处理和咨询服务，创新物流合作模式，联手打造国际物流产业链，共建粤港澳现代物流示范基地。在物流平台的建设上，可着眼于物流服务方式、信息平台技术、物流基础设施建设、物流管理信息化系统方面，引进一批港澳航运物流企业，打造粤港澳大型临港口岸物流和产业物流基地，形成以发展远洋航运以及相关临港工业为主的粤港澳联动的国际物流节点，通过粤港澳共建国际枢纽物流园区，形成功能上以海运、装卸、仓储、加工、包装、配送等为主的海港型物流园区，把粤港澳全面合作示范区打造成我国重要的小商品等零担拼箱业务出口基地，将华南地区多个生产中心与港澳高端物流业联系起来。

（二）深入推进粤港澳新兴金融服务贸易自由化

按照错位发展的原则，南沙在重点发展航运金融、融资租赁、跨境人民币结算和金融后台服务等新兴金融业务的基础上，与港澳进一步提高新兴金融服务贸易自由化水平。

1. 推动粤港澳航运金融服务贸易自由化

借助香港国际金融中心地位及南沙的航运资源，吸引港澳资本和国际资本，积极探索航运金融创新，大力发展船舶注册、验船、经纪、航运金融、航运保险、船舶基金等航运高端增值服务业，重点发展融资、结算、保险、信托、基金、租赁等航运金融业务，鼓励保险机构开展船舶保险、货物运输保险、保赔保险、海事责任保险、船员人身保险等航运险种及相关创新活动，开发为航运企业规避油价风险和外汇风险的原油期货、外汇衍生产品等投资避险工具。

粤港澳共建航运金融交易平台，重点发展融资、结算、保险、信托、基金、租赁等航运金融业务，通过全面建设“交易、服务、信息”三大平台，打造“船舶（游艇）交易、航运交易、航运人才交易、临港大宗商品交易、航运衍生品交易”五大市场，使航运与金融资源在粤港澳全面合作示范区集聚，并进一步与港澳航运特色金融连接，开发系列航运金融衍生产品。

2. 推动粤港澳融资租赁的开放与融合

大力引进国内外金融机构及保险机构在粤港澳全面合作示范区发展融资租赁业务，支持港澳金融、保险机构扩大在示范区的业务。深化与香港交易所的合作，推动内地优质企业赴港上市融资。积极推动港澳和内地资金的双向流通，推广上海自贸区的FT（自由贸易）账户业务创新，开展“外保内贷”业务。在粤港澳全面合作示范区开展全国内、外资融资租赁行业统一管理体制研究，制定内、外资统一的融资租赁市场准入标准，开展兼营商业保理业务。

3. 推动粤港澳的跨境人民币结算

引导粤港澳金融机构拓展跨境人民币结算业务、改进配套金融服务，全面推动跨境人民币结算业务的开展。鼓励粤港澳全面合作示范区的银行机构为港澳银行同业提供人民币资金退还和人民币账户融资，为港澳企业提供人民币贸易融资，为港澳居民（包括机构和个人）提供跨境人民币结算金融服务。将粤港澳全面合作示范区作为境外人民币双向资金池，与港澳展开金融合作，积极进行汇率市场化和利率市场化的探索，构建顺畅可控的境外人民币回流机制，使粤港澳全面合作示范区成为人民币离岸业务和人民币国际化的中心。

4. 推动粤港澳金融后台服务及其他金融业务的开放

引导和鼓励港澳金融机构在粤港澳全面合作示范区设立软件研发中心、金融创新中心、数据备份中心、数据处理中心、客户服务中心、信息交换中心、培训中心等后台服务机构，通过设立风险投资、创业投资和私募股权投资等机构，建设财富管理中心，打造辐射亚太地区的现代金融产业后援服务基地。

降低港澳金融机构进入粤港澳全面合作示范区的条件，采取与内地金融机构相同或相近的准入标准。进入粤港澳全面合作示范区的港澳金融机构视同内地机构，采取相同或相近的监管法规。放开粤港澳全面合作示范区对港澳金融活动的限制，允许港澳资本进入期货交易和债券发行等领域。推动粤港澳合作共建联合期货交易所，引进香港有期货交割资质的企业，在粤港澳全面合作示范区建设期货交割中心，特别是临港大宗商品期货交易中心，建设境内期货交易所交割仓库体系。

（三）深入推进粤港澳专业服务贸易自由化

引导香港和澳门专业服务机构进驻，推动粤港澳三地跨境高端专业人才流动，合作发展法律、检验检测、服务外包、管理咨询、会计、审计、建筑、广告、工程等专业服务贸易，率先推进粤港澳三地专业服务领域的资格互认，探索打造粤港澳专业服务发展集聚区，为香港和澳门的相关专业人才提供广阔的发展空间。

1. 推动粤港澳法律服务贸易自由化

加强粤港澳律师专业服务合作，积极培养引进港澳法律服务人才，建立粤港澳全面合作示范区三地律师资格互认制度，利用港澳律师熟悉英美普通法及国际惯例的优势，鼓励已在内地设立代表机构的港澳律师事务所（行）与内地律师事务所在示范区内实行联营，为内地进行涉外诉讼的当事人提供服务，满足越来越多的内地企业在香港上市以及赴港设立公司，对香港律师事务所提供的法律专业服务大大上升的需求。

2. 推动粤港澳检验检测服务开放

促进粤港澳在中医药、建筑建材、食品及珠宝等检测认证领域的合作发展，推进建设检验检测机构集聚区，建成与国际接轨的检测认证中心。给予港澳服务提供商在粤港澳全面合作示范区设立的合资与独资认证机构、检查机构和实验室与内地机构同等的待遇，鼓励港澳检测机构开展以认证为目的，从食品类别到其他自愿性产品的检测认证服务。

3. 推动粤港澳规划建设和专业设计服务贸易自由化

南沙正处于快速发展和建设过程中，每年有200亿元至300亿元建设投入，充分利用南沙城市建设处于快速增长期、规划建设区域市场的服务空间较大的契机，按照国际规划建设专业市场规则，统一粤港澳三地包括规划师、设计师、建筑师、测量师等在内的专业服务的执业标准，实施市场化的注册进入，吸引港澳建筑事务所独资参与相关项目，提供建筑设计及技术服务，并进一步开拓内地市场。

将港澳专业设计服务企业和人才吸引至示范区，大力发展珠三角产业发展中所急需的电子设计、IC 设计、精密零件设计、医疗器械设计、高端家电设计、模具设计、陶瓷创意设计、家具设计等产业，从而在以专业设计服务发展为中心的环境下进一步创立相关的品牌和寻觅商业机会。

4. 推动粤港澳授权服务行业的开放与合作

以香港为基地的授权公司是内地的主要经营商，在中国内地及东南亚拥有广泛商网，同时是对知识产权给予足够保护、提供的服务与国际惯例接轨的分销商，对于有意拓展授权业务的外国授权商而言，是最受欢迎的合作伙伴。通过在粤港澳全面合作示范区设立办事处，发挥不同的业务功能，香港可快速贴近南方经济发达城市广州，并进一步联系起深圳、北京、上海等大城市市场，延伸在内地的分销渠道，吸引国外授权经营商将业务委托给粤港澳的授权公司。同时利用香港拥有的广泛的国际商网、丰富的授权业者资源和高质量的授权服务，包括公关支援及人才培训，满足内地企业对授权服务的需求。

（四）深入推进粤港澳保税零售和会展业的开放与发展

1. 推动粤港澳免税商品购物区建设

利用粤港澳全面合作示范区对部分商品实施免关税进口的政策，建设免税店和品牌店，将港澳和国外热门商品及知名品牌引进示范区，将示范区建设成为立足珠三角、辐射东南亚的高端购物中心，建设成为全国最大的免税商品销售中心。

2. 推动粤港澳共建商品保税展示和检测维修中心

粤港澳共建商品保税展示交易中心，吸引港资、澳资零售商入驻。针对香港和内地出口规模大，特别是珠三角制造业出口发达，对商品检测和维修等服务环节的需求越来越多，粤港澳应合作共建商品检测和维修中心，承接面对全球的商品检测和维修服务。

3. 推动粤港澳跨境电商的开放和发展

利用网络零售及粤港澳跨境快递渠道，加快培育粤港澳跨境电子商务服务功能，吸引全球的购买力。构建粤港澳一体化电子商务信息平台，改进安全认证、网上支付、关键标准等电子商务共享技术，建立物流协同、专业服务机构建设等电子商务发展支撑体系，提升电商标准化和智能化水平，并建立与之适应的粤港澳三地海关监管、检验检疫、征（退）税、跨境支付、物流等支撑系统。

4. 推动粤港澳会展业的开放和发展

充分发挥粤港澳三地会展业各具特色且互补性强的特点，构建粤港澳展览业合作协调机制，完善会展基础设施，联合申办国际知名展会和综合展会，支持联合办展和差异化办展，从会展规模、类型、目标客户等方面错位发展，重点培育时尚消费、高端装备、游艇、海洋等专业会展品牌，进行保税商品展示，形成粤港澳互补的会展集群。

（五）深入推进粤港澳旅游及医疗保健服务贸易自由化

1. 推动粤港澳邮轮、游艇产业的开放和发展

把握当前国家大力发展国际邮轮、游艇产业的契机，依托港澳发达的国际邮轮、游艇产业优势，充分利用粤港澳全面合作示范区内丰富的旅游资源，推动粤港澳三地联合开发“一程多站”旅游路线，探索粤港澳游艇“一证通”试行办法。积极吸引港澳企业以独资、合资方式建设邮轮码头、高档度假酒店、疗养中心、滨海游乐场、湿地公园等旅游设施。鼓励高端休闲合作，延伸港澳台国际邮轮旅游航线，联手打造邮轮母港和建设游艇俱乐部。

加快粤港澳全面合作示范区对外国游艇的开放。在粤港澳全面合作示范区建设中，要充分发挥南沙作为一级口岸的优势，进一步规划游艇航道，允许游艇共享南沙客运港的设施，充分发挥南沙泊位价格优势，吸引外国游艇选择南沙作为停靠点，推动示范区成为外籍游艇聚集地。

粤港澳全面合作示范区要加强各地协调，便利游艇往来。

2. 推动粤港澳海洋、海岛旅游产业的共同发展

引入香港、澳门先进的文化创意理念和运营管理方法，合作开发南沙所辖海岛，开展相关海岛旅游线路的旅游活动。建设国家级海洋公园、海洋馆和海洋科普馆等海洋文化旅游基地，发展粤港澳全面合作示范区海洋文化产业。依托示范区的丰富旅游资源，吸引港澳企业联合发展邮轮、游艇、商务飞机、岭南水乡文化联动的滨海旅游，将滨海休闲旅游，生态旅游，水乡文化旅游，邮轮、游艇及其老爷车展示等航海休闲旅游有机结合在一起，为粤港澳特色旅游资源开辟“一程多站”的旅游线路，吸引国际高端游客，共同打造世界重要的滨海旅游休闲中心。

3. 推动粤港澳南粤文化节庆旅游产业和休闲医疗产业的发展

粤港澳共同开发南粤传统文化项目，如粤曲、南粤风情等。建设一批展示岭南历史文化特色的博物馆，并将现代科技与历史文化结合起来。开发具有欧陆风格及南粤地方特色的高水平的国际旅游中心，吸引内地及世界各地的旅游者。

以自然风光为基础，粤港澳全面合作示范区引入高端休闲、免税购物、文化创意等相关产业，旅游与购物共同发展，相互促进，与其他地区的同类模式进行差异化竞争。发挥粤港澳丰富的历史文化旅游资源优势，加强与粤港澳在旅游科技研发、景区景点开发方面的深度协作，探讨旅游产业化合作路径，共同开发高品质旅游项目，构建主题突出、特色鲜明的多元旅游产品体系。

借助粤港澳全面合作示范区独特的环境优势和气候优势，开发中国在中医方面的独特优势，结合港澳在资金筹措、市场资源方面的优势，在示范区建立中医中药和保健养生合作基地，推广健康管理、中医药养生保健服务、远程医疗服务及个性化诊疗技术服务，向客户提供旅游医疗服务，推动高端保健医疗方面的粤港澳合作，将粤港澳全面合作示范区打造成为休闲医疗、高端消费密集发展的高地。

四　创新粤港澳科技合作机制，打造粤港澳全面合作示范区

打造科技创新中心是粤港澳大湾区建设的重要内容。推进粤港澳在科技创新方面的合作将是粤港澳大湾区建设背景下打造粤港澳全面合作示范区的题中之义。与其他湾区不同的是，粤港澳拥有不同的科技创新体制。这就导致在合作过程中，资金投入、技术研发和转化、人才引进和交流、科技成果信息的交流与沟通方面存在障碍。绕开这些障碍，需要创新三地科技合作的体制机制。

（一）加强与港澳在技术研发和转化、人才引进与培养方面的交流与合作

1. 共同建立海外研发机构

鼓励企业“走出去”，通过政策引导鼓励企业在海外设立和并购机构；支持实力强的大企业与跨国公司结成战略联盟，在高端技术研发和转化方面展开长期合作；鼓励企业、三地的研究型大学与海外跨国公司合作，构建新型的国际产业技术创新联盟，依托粤港澳大湾区建设、“一带一路”倡议以及国内的产业转型升级，开发新产业、新产品和新技术；加强对新的技术革命、国际创新浪潮、全球创新创业发展趋势方面的研究，为企业实施“走出去”战略提供科学依据和参考；加大国际人才的引进和培养，创新人才引进的体制机制，通过政策引导、平台搭建等培养一批具有国际视野，善于与海外跨国公司合作的科技人才。

2. 加强引进人才和培养人才方面的合作

与港澳合作建立灵活的人才引进制度。整合当前粤港澳三地的人才引进政策。认真研究粤港澳三地的人才需求和人才政策供给，提出更具特色、行之有效的人才政策。结合粤港澳大湾区建设和国际人才流动趋势，出台新的人才政策。结合互联网、大数据等新技术下的新业态，根据粤港澳大湾区发展的要求，创新人才的使用方式和引进方式，把引人

与引智结合起来，在人才认定、奖励、职称岗位晋升方面出台新政策。创新人才培养的体制机制。加强研究型大学和机构的建设。进一步加强财政资金对研究型大学和研究结构的支持，建立新的职称晋升、奖励和人才认定制度，鼓励研究人员进行基础研究，积极培养研究型人才，创新大学合作方式。在教育部的主导下，积极推动广东省内高校与港澳高校建立更加制度化、常态化的合作制度和机制，鼓励高校学分互认，促进各高校之间的学生和教师互访；在国家重大项目的申请和研究方面展开合作，通过组建团队、知识共享、专利共同开发等方式，提升三地高校的整体研究水平。以南沙为依托，将从港澳引进的人才纳入国家的人才库和人才培养体系中。建立健全人才的落户、安家体制，积极构建人才的上升通道。

3. 加强科技成果信息交流与沟通①

加强科技成果数据库的建设。以建设粤港澳大湾区为契机，建立三地科技人员研发的技术、产品等数据库并及时发布相关数据，让企业和科研机构及时获取这些信息，了解三地研发动态。围绕重点产业、高新技术产业举办不同形式的产业博览会、产业创新研讨会等，推动行业骨干企业、产业技术创新联盟的重大科技成果发布。合作建立三地科技成果信息公开规范制度和科技报告制度，建设统一的科技成果信息公开平台，除涉及国家安全、重大社会公共利益和商业秘密外，向社会公布科技成果和相关知识信息，提供科技成果信息查询、筛选等公益服务。

充分利用大数据、云计算等平台，推动科技成果数据资源开发利用。鼓励各类技术转移服务机构运用大数据、云计算等新一代信息技术，开展科技成果信息增值服务，提供符合用户需求的精准科技成果信息。加强三地科技成果、科技报告、科技文献、知识产权等方面的信息共享。加强三地之间科技成果交易平台对接，拓宽重大科技成果发布渠道。

以粤港澳大湾区建设为契机，合作共建各类科技成果转化服务机构。

---

① 本部分主要参考《广东省人民政府办公厅关于进一步促进科技成果转移转化的实施意见》（粤府办〔2016〕118号）。

从建设城市群的角度，科学布局国家技术转移中心和国家级技术转移示范机构。根据企业需求，对其实施监测评估和动态管理。推动科技成果与企业需求有效对接，在成果应用推广、标准制定，以及中试熟化与产业化开发等方面加强与企业合作。加强通用性或行业性技术创新服务平台建设，联合港澳在技术集成、共性技术研发、工程化开发、仪器设备、中试生产线等方面的优势，开展研发设计、检验检测认证、知识产权、投融资、技术推广等方面的技术服务合作。

推动技术交易网络平台建设。通过互联网把科技成果、知识产权、资金、人才、服务等科技创新和转化因素有效连接，把高校、科研院所、企业和风险投资结构等创新主体和相关方有效连接，加强它们之间的信息交换和沟通。加强与大湾区内其他城市以及全国其他城市的沟通和合作，共同建立不同层次、不同领域的区域性和行业性的技术市场，推动科技成果的转化和应用。利用线上线下交易平台，充分发挥三地建立的国家技术转移中心和国家级技术转移示范机构对大湾区其他城市、粤东西北城市以及全国其他城市的辐射带动作用，构建不同层次的区域性技术转移网络，进一步提升三地在中国技术创新和转化中的中心地位。对少数有条件的产权交易中心给予重点支持，进一步完善这些中心的服务功能，积极引导民营资本、港澳资本和技术交易网络服务运营商进入，提升这些交易中心在技术转移过程中的作用。

4. 建设科技成果产业化基地

在新的科技革命浪潮中，结合三地的产业优势，选取相关的重点产业，建立新型的科技成果产业化基地。在现有的国家级自主创新示范区、高新技术产业开发区以及重点科技园区，围绕互联网、量子通信、生物医药、热超导材料、无人机、新型海洋产业、绿色环保技术等新兴产业领域，依托粤港澳三地产业优势，建设一批新型科技成果产业化基地。①

① 《广东省人民政府办公厅关于印发广东省战略性新兴产业发展“十三五”规划的通知》（粤府办〔2017〕56 号）。

加强产业之间、城市之间、企业与高校之间、科研院所之间的协作，通过体制机制创新，增强产业关键共性技术攻关和科技成果转化的能力。推动产业关联度高的专业镇、高新技术产业开发区实行强强联合，建立资源整合和开放协作机制，共建产业专业合作区和专业型科技成果转化基地，形成一批具有国际竞争力的特色产业集群。①

5. *加强人才交流*

推动三地青年交流。以《粤港澳大湾区发展规划纲要》为指导建立三地人才交流的体制机制。积极吸引港澳青年到内地就业创业。在就业许可方面，可将现有的粤港澳人才合作示范区内（包括广州南沙、深圳前海、珠海横琴）工作的港澳居民免办台港澳人员就业证、就业办理社保等相关手续的制度，拓展到粤港澳大湾区其他城市，未来在广州乃至整个珠三角地区，港澳青年进入内地就业无须办理就业证，直接凭就业合同就可办理社保等。在粤港澳三地探索建立相应的财税政策，降低在大湾区工作的港澳人员的税负水平。在个人所得税、公司所得税方面实行税收优惠，增强粤港澳人才合作示范区对港澳人才的吸引力。②在 CEPA 框架下，扩大紧缺型人才资格互认的专业领域，允许已取得香港执业资格的专业人才到大湾区执业。③

加快构建粤港澳三地人才交流的平台。举办各种人才交流会，加强三地青年人才的交流，定期组建各种人才城际考察团，以各种项目为依托，让三地人才充分了解粤港澳各个城市的发展机会。鼓励三地研究人员共同申请研究基金、加强科研项目合作、实现人才互访，加强高校之

---

① 《广东省人民政府办公厅关于进一步促进科技成果转移转化的实施意见》（粤府办〔2016〕118号）。

② 朱鼎健：《减轻大湾区港澳人才税负水平，促进人才自由流动》，澎湃新闻，https：//baijiahao. baidu. com/s? id = 1594540400217385387&wfr = spider&for = pc，最后访问日期：2019年1月20日。

③ 朱鼎健：《减轻大湾区港澳人才税负水平，促进人才自由流动》，澎湃新闻，https：//baijiahao. baidu. com/s? id = 1594540400217385387&wfr = spider&for = pc，最后访问日期：2019年1月20日。

间、科研机构之间的合作与交流。加强三地之间的猎头市场、人才市场的建设，鼓励人才正常流动，实现人才与岗位的最优配置。

（二）实施粤港澳科技创新合作发展计划和粤港澳联合创新资助计划

1. 实施粤港澳科技创新合作发展计划

当前广东与香港已经实施了粤港科技创新合作发展计划，规定粤港在未来五年内在生物医药（中医药）、电子信息、节能环保、智慧城市、海洋等领域开展科技创新交流与合作。[①] 今后，可以考虑将澳门纳入科技创新合作发展计划中，拓展科技合作创新发展的领域。促进粤港澳创新资源整合，提升粤港澳三地的自主创新能力，推动现代产业体系建设进一步完善。

通过项目设立、直接的财政资金专款拨付等方式支持三地高校在粤港澳大湾区内联合设立科技创新平台，港属、澳属大学及科研机构在广东设立研发机构，港资、澳资企业在广东设立省级研发中心（工程中心），广东企、事业单位与香港相关机构合作在广东设立省级研发中心（工程中心）、省级合作基地等。[②] 加强粤港澳三地的高校、科研机构之间，高校、科研机构与企业之间的合作。设立专项的粤港澳科技创新合作基金，对已经实施和正在实施的粤港澳科技合作项目，根据项目的成熟度和进展，进行资助和再资助。

合力组织实施粤港澳大湾区科技联合资助计划；着力推动高水平科技创新平台的建设，促进科技成果转移转化；深入推进广东高新区、专业镇、可持续发展创新示范区等园区与澳门高校、科研机构、产业园区开展合作。[③]

---

① 《粤港合作框架协议》，中华人民共和国商务部网，http：//www. mofcom. gov. cn/，最后访问日期：2019 年 1 月 20 日。

② 《广东省科学技术厅关于发布 2017 年广东省科技发展专项资金前沿与关键技术创新类项目（粤港联合创新领域）指南的通知》（粤科函合字〔2016〕1770 号）。

③ 《广东省科学技术厅关于政协第十二届广东省委员会第一次会议第 20180374 号提案答复的函》（粤科函合字〔2018〕1143 号）。

2. 推动成立粤港澳产学研合作组织，加强三地产学研合作

支持珠三角企业与港澳高校、科研院所共建研发机构和技术转移机构，共同开展研究开发、成果应用和推广等；鼓励粤港澳各创新主体围绕重点产业、技术领域组建一批跨区域产业技术创新联盟，合作发起和牵头国际科技合作计划，积极引入外部力量，加快推动共性关键技术攻关①；组织高校和科研院所形成粤港澳大湾区科技成果目录，推动科技成果与产业、企业需求有效对接，加快推动科技成果产业化②。

充分利用粤港澳三地高校和科研院所的科研、技术和人才等资源优势，建立“应用研究—技术开发—产业化—企业孵化”一体的科技创新链条，保证科技成果产业化整个链条的通畅，发挥产业发展需求对科学研究的引导作用。③ 加强三地的政府合作，探索建立新的粤港澳产学研创新联盟，推动三地在开展核心技术研发、科技成果转化和国际技术转让等领域深度合作。形成三地科研和产业的协同发展关系，围绕未来重点发展的产业，积极引导企业与高校合作，有效地促进重点领域关键技术的突破。

五　建设粤港澳青年创新创业合作示范基地，打造粤港澳全面合作示范区

青年人的创新创业是推动粤港澳三地发展的重要动力。创新创业是一种合作的、系统的活动，需要多种要素和相关配套政策共同支持。如前文分析，粤港澳庞大的市场规模、健全的产业体系和发达的金融市场为青年人创新创业提供了很好的条件。如何挖掘三地的创新创业优势，

---

① 李振：《破解科技合作困境　粤港澳大湾区应聚合国际创新资源》，复兴信息港，http：//www. zc345. cn/20180517/63736964. html，最后访问日期：2018 年 5 月 17 日。

② 孔伟强、黄双双：《粤港澳大湾区科技创新发展现状、问题与建议》，GEI 新经济瞭望，https：//mp. weixin. qq. com/s? _ biz = MzA3NjMwMTEwMQ%3D%3D&idx = l&mid = 2454115094&sn = 251afdec0a26dTe3f6d481d4681，最后访问日期：2018 年 4 月 20 日。

③ 左朝胜：《专访科技厅长黄宁生：揭示新型研发机构发展过程》，《科技日报》2014 年 9 月 26 日。

为青年人提供更好的平台，也是打造粤港澳全面合作的重要内容。

在“大众创业、万众创新”的政策指引下，当前广州的创业氛围不断加强，已经成立了多个青年创新创业孵化基地，香港和澳门都有着各自的青年创新创业平台，如何整合三地的创新创业孵化基地，在粤港澳大湾区建设的框架内，构筑新的粤港澳三地青年创新创业孵化基地，提升青年创新创业活跃度，将是推动粤港澳全面合作示范区建设的重要内容。

（一）推动粤港澳青年创新创业平台建设

1. 充分发挥现有创新创业孵化基地的作用

广州已经有44家创新创业孵化基地。应该扩大这些青年创新创业孵化基地对港澳青年的吸引力。加大44家创新创业孵化基地的政策宣传，让港澳的青年人了解当前广州以及广东其他城市的创新创业政策。减少办事流程，简化相关手续，提高港澳青年人进入广州创新创业孵化基地的效率。提高44家创新创业孵化基地的服务水平，开设专门针对港澳青年人的服务项目和服务业窗口，提高服务质量和效率。加强珠三角地区、粤港澳大湾区内创新创业孵化基地的交流，通过举办创新创业论坛等方式，加强与深圳的梦工场以及东莞的蚁巢两岸青年创业孵化器、联丰创意谷科技企业孵化器、粤港青年创业孵化基地莞城基地等多个青年创新创业平台的联系，提高创新创业的孵化水平。通过体制机制创新，进一步激发这些创新创业孵化基地的活力。

2. 构建新型的粤港澳大湾区创新创业联盟

虽然粤港澳三地创新创业孵化基地众多，部分初具规模，但当前各个城市对它们的定位都是为本市服务。这些创新创业孵化基地的功能相近，不利于整合资源。将这些创新创业孵化基地有效地组织起来，形成一个粤港澳创新创业联盟，可以整合风险投资和人才资源，提升创新创业的服务能力和水平，从而可以提高粤港澳三地创新创业的水平。

首先，进一步提升广深科技创新走廊①对于创新的孵化作用。根据粤港澳大湾区的建设要求和珠三角地区产业转型升级的趋势和方向，提升科技创新走廊的创新创业孵化作用。

其次，加强粤港澳三地青年组织的建设和合作。成立相关的青年企业家团队，加强企业家团队之间的合作。三地青年团队签署相关的合作框架协议，构建三地青年创新创业的相关机制，打造青年人创新创业的平台。

（二）推动粤港澳青年创新创业基金建设

1. 加大政府的投资力度

根据经济发展、产业布局以及促进就业创业的实际需求，结合国家“大众创业、万众创新”的政策以及推进粤港澳大湾区建设的要求，成立专门的粤港澳大湾区青年创新创业基金，对有条件的（特色性）创新创业孵化基地，对广州市政府规划、建设方案科学合理、产业支撑性好、带动就业潜力大、辐射示范效应强的区域性（特色性）创新创业孵化基地，给予资金支持。通过自由申报，在评估风险的前提下，粤港澳大湾区青年创新创业基金对大湾区内符合条件的创新创业活动给予立项。

2. 鼓励社会资本的参与

鼓励社会的风险投资资金、创新创业孵化基金等投资建设创新创业孵化服务载体，在条件允许的前提下，鼓励社会资本与政府联合设立粤

---

① 广深科技创新走廊是由中共广东省委和广东省政府在 2017 年 12 月 25 日向广东全省所发布的《广深科技创新走廊规划》中提出的。《广深科技创新走廊规划》的规定实行“一廊十核多节点”，即一廊联动加十核驱动加多点支撑。广州市四核包括：（1）广州大学城—国际创新城；（2）广州中新知识城；（3）广州科学城；（4）广州琶洲互联网创新集聚区。深圳市四核包括：（1）深圳空港新城；（2）深圳高新区；（3）深圳坂雪岗科技城；（4）深圳国际生物谷。东莞市两核包括：（1）东莞松山湖；（2）东莞滨海湾新区。2019 年 2 月 28 日印发的《粤港澳大湾区发展规划纲要》又指出：“推进‘广州—深圳—香港—澳门’科技创新走廊建设。”

港澳大湾区青年创新创业基金，以共同投资方式建设创新创业孵化基地。鼓励相关的创新创业孵化基地提升水平，对满足广州市创新创业孵化基地主要功能和基本条件的，相关部门可按规定程序认定为广州市的创新创业孵化基地，并与政府签订购买创新创业孵化服务协议，按创业带动就业专项资金管理的相关规定落实创新创业孵化补贴等扶持政策。

3. 设立广州科创投资基金

设立专门的广州科创投资基金，专注于科技创新领域投资，与相关社会资本形成合力，围绕新一代信息技术、纳米技术、战略性新材料、新能源、生物医药、智能制造、现代农业、现代交通业、节能环保、脑认知与类脑智能、量子计算与量子通信、大数据、人工智能等领域，面向国内外高校、科研院所、创新型企业等创新源头进行投资，引导企业技术创新和高端科研成果落地孵化转化。

（三）提高对粤港澳青年创新创业的服务水平

1. 加强广州的粤港澳青年创新创业孵化基地基础设施建设

加大对创新创业孵化基地中互联网、云计算平台、大数据中心等公共服务设施的建设投入，充分利用这些基础设施为企业提供便捷、稳定、广覆盖、低成本的信息网络和研发、设计、制造、经营管理、营销、融资等全方位应用服务。

2. 构建各类创新创业主体紧密协作的网络、搭建各种创业平台

结合产业转型升级的政策，在产业链、创新链、供应链方面下功夫，提升金融服务水平，完善资金链，集聚优势产业资源、打造企业多元互补、服务功能完备的创业生态环境。建设创新创业孵化基地中的技术交易、信息技术服务、科技咨询、创业培训等公共服务平台，促进创新成果转化。积极构建入驻企业资源共享、原料互供机制，加强企业之间专业化协作。推动骨干企业与新入驻企业合作共享，打造生产协同、创新协同、战略协同的创新产业圈。

3. 引导银行、投资机构、中小企业信用担保机构与入驻新创小微企业对接

推动创新创业孵化基地与银行、创业投资机构、股权投资机构合作，联合设立或引进创业投资基金、股权投资基金，积极引导这些基金服务于创新创业孵化基地内的企业和项目。推动中小企业信用担保机构与创新创业孵化基地合作，为基地内的中小企业提供增信和融资担保，支持保险机构在基地内积极发展产品和服务。

4. 简化创新创业孵化基地的办事流程

减少注册公司的流程，为青年创新创业的相关手续办理提供一站式服务。建立上下联动、左右协同的工作机制。建立粤港澳大湾区中小企业服务联盟，在联盟内构建新型的协调机制，流程简化既保证各个创新创业孵化基地相关政策得以贯彻落实，又可以统筹安排，加强三地创新创业孵化基地的协作能力，进一步提升创新创业的服务水平。

5. 构建服务质量管理体系，实现服务规范化

在粤港澳大湾区内，探索建立统一的、新型的公共服务的建设标准，引导各种创新创业孵化基地建立规范的创业服务质量管理和评估体系，统一服务标准，规范服务流程，及时了解企业的反馈信息，对服务机构进行评估和论证，推动各类创新创业服务质量不断提升。

6. 集聚内外部服务资源，实现服务平台化

建立各种创新创业孵化基地线上线下平台，通过平台集聚粤港澳三地优质创新创业资源。参考当前政府关于小微企业“双创”基地的建设办法，进一步提升各类创新创业孵化基地的服务功能、服务水平和服务效率，建立并完善小微企业创新创业数据库，为入驻企业提供一站式、个性化服务。鼓励社会各类服务机构入驻创业创新孵化基地，从而提供专业化、特色化服务；鼓励各类孵化基地采用众创、众包、众筹、众扶等新模式，提高创新创业服务的能力和水平。

六　进一步优化制度环境，打造粤港澳全面合作示范区

在实现粤港澳全面合作示范区发展规划所确定的各项目标过程中，粤港澳合作是长久之计，涉及领域多，合作方式复杂，单靠优惠政策并不能解决所有的问题，推动制度创新，打造开放、合作共赢的制度环境，是粤港澳全面合作示范区建设的首要任务。推动粤港澳合作的制度环境既包括政府的法律法规建设及政府的监管，也包括社会治理模式及适宜于不同背景企业合作的文化氛围建设。粤港澳全面合作示范区要通过对香港、澳门制度环境的深入研究，结合示范区的制度取向，探索出有粤港澳全面合作示范区特点、符合国际规范及港澳地区惯例的制度体系。

（一）推动粤港澳口岸通关的开放和合作

粤港澳三地商贸往来频繁，通过打造粤港澳口岸通关合作示范区，实现三地监管区域货物流转便利化，进一步提高示范区与周边海关特殊监管区域和省内主要口岸之间的通关效率，可大幅降低物流成本，并提高物流速度。实现示范区与其他特殊监管区域、保税监管场所、珠三角其他对外开放口岸之间的货物流转，无须按转关方式办理，免于检验检疫（输往境外的应检货物除外）。

（二）提高粤港澳投资便利化水平

推进粤港澳行政审批的标准化管理，强调标准化建设，严格规范行政审批裁量权，制定可操作、便于评估的服务规范和标准，建立标准审批流程和严格细致的审批制度，并向社会做出公开承诺，严格规范审批。涉及粤港澳三地的审批事项实施并联、协同审批，以“统一、联合”为原则，建立“统一受理、抄告相关、同步审批、限时完成”的并联审批

制度，优化审批流程。加快粤港澳行政审批建设，以标准化审批系统为基础，实现系统数据共享，业务协同。

（三）加大粤港澳制度创新力度，实现粤港澳人员和研发设备便利往来

探索粤港澳人员流动便利化政策。对外籍高层次人才给予居留便利，对接受粤港澳全面合作示范区内企业邀请开展商务贸易的外籍人员，符合过境免签和临时入境条件的，给予过境免签和临时入境便利。

为粤港澳科研技术和设备往来提供便利。对粤港澳联合在示范区内设立的研发中心进口研发设备、实验器材符合有关政策规定的，可依法享受进口税收优惠。在吸引人才和人员往来、资金筹措、技术转移与知识产权保护、设备与原材料采购、产品市场开拓、信息交换及税收等方面享受粤港澳三方的优惠政策，对于港澳加盟内地的公共研发平台的技术设备实行免税通关。

（四）完善粤港澳协调机制

通过完善联席会议制度促进粤港澳三地的协调，也可以设立有政府人员参加并主要由企业代表或行业协会成员组成的联络协调委员会。在正式机构成立之前，也可以通过吸纳粤港澳三地相关人士以顾问的方式参与粤港澳全面合作示范区政策的制定及进行相关协调工作。协调机构可以对粤港澳全面合作示范区建设的重大事项提出建议，对涉及各方合作者利益的重大事项进行协商，推进粤港澳全面合作示范区各项合作项目的落实，并提供一个正式的沟通机制，保障各方的利益。联络协调委员会可以设立常设机构并进行定期协商，对涉及合作各方利益的议题展开讨论（如知识产权问题、各地行业标准差异问题、资格认证问题、食品安全监督问题、污染防治问题、劳动监察问题、法律问题等），也可以通过对话，对各合作方的利益纠纷进行协调。

（五）促进粤港澳制度创新与平台建设，推动粤港澳全面合作示范区项目落地

粤港澳全面合作示范区建设中，粤港澳三地合作的重点集中在科技教育、航运物流、新兴金融、专业服务、保税零售、旅游保健等相关领域，每个领域适宜优先发展的建设项目要逐渐形成共识，支持这些项目的合作平台建设思路需要明确，并逐步清理这些领域合作的制度障碍，将制度、平台与项目有机结合起来，提高竞争力和凝聚力，推动粤港澳全面合作示范区项目落地。

七　借鉴港澳社会治理经验，打造粤港澳全面合作示范区

粤港澳全面合作示范区需要借鉴港澳社会治理经验和标准规则，推进商事制度改革，重视社会治理体制创新，激发社会组织活力，探索构建“小政府、大社会”的社会服务体系，探索建立适合粤港澳三地合作，与国际惯例接轨的营商环境和社会治理体制。实现的具体途径是借鉴港澳社会治理模式的先进经验，培育发展社会组织体系，发挥社会组织在社会服务中的作用，打造粤港澳全面合作示范区。

（一）制定社会组织在粤港澳全面合作示范区建设中的规划

香港和澳门特区政府与社会组织的关系是建立在“小政府、大社会”的基本管理理念和政治制度基础之上的。在粤港澳全面合作示范区建设中应借鉴港澳经验，做好社会组织发展的整体规划。首先要梳理粤港澳全面合作示范区中的政府职能，制定出政府转移职能的短期、中期和长期的路线图和具体目录。其次是逐步推广并完善政府购买社会服务体系，建立粤港澳全面合作示范区以项目推动社会组织生存和发展的长效机制。以政府购买社会服务的方式，即公助民办，让政府与社会组织各司其职，合作互动，推动社会服务整体水平的提升。

（二）转变粤港澳全面合作示范区社会组织的管理模式，完善其监管体系

首先，通过建立粤港澳公共信息平台，将社会组织的基本信息向社会公开，同时还要公开年度工作报告、财务审计报告、社会组织接受捐赠和参与政府购买服务等项目。其次，建立粤港澳全面合作示范区社会组织评估体系。设立科学的社会组织评价指标，建立由专业人士、社会公众和社区、企业以及政府参与的社会评价体系，引入社会中介对社会组织进行综合评估，接受社会监督。最后，在规范登记管理的基础上，对粤港澳全面合作示范区不同类别的社会组织，采取不同的监督方式。参照港澳的监管模式，对接受社会捐赠、政府资助或政府向其购买服务的社会组织，有关部门应及时开展绩效评估、审计监督，促进社会组织合理运用社会资源。

（三）加快粤港澳全面合作示范区社会组织的发展

重视粤港澳全面合作示范区多级社会组织孵化基地的建设，优先让工商经济、社会福利、公益慈善、社区等重点发展领域的社会组织进驻，降低其日常运行成本，为其履行职责提供优良的服务，促进示范区内社会组织的发育和发展。

建立粤港澳全面合作示范区社会组织扶持资金体系，重点扶持工商经济、社会福利、公益慈善、社区等重点发展领域的社会组织。建立粤港澳全面合作示范区社会组织发展的相应配套措施。参照鼓励高端服务业发展的政策，制定扶持粤港澳全面合作示范区社会组织发展的配套保障措施，在专职工作人员劳动人事制度、社会保障、职称评定、职业建设等方面提供政策支持，为社会组织的发展提供良好的政策保障。

（四）吸纳社会组织参与粤港澳全面合作示范区公共决策

吸纳社会组织参与粤港澳全面合作示范区公共决策，协助政府进行经济管理。推动粤港澳全面合作示范区社会组织提供社会服务，积极探索粤港澳全面合作示范区社会组织参政议政能力的新途径，将社会组织吸纳到公共决策体系中来。粤港澳全面合作示范区在做出涉及重大社会公共利益或行业利益的行政决策或具体行政行为时，应当及时与相关社会组织进行沟通，咨询相关意见。粤港澳全面合作示范区在管理过程中，应当与相关行业社会组织建立日常联系制度，方便社会组织及时反映诉求。

• 绿色湾区篇 •

粤港澳大湾区生态环境保护合作机制与绿色湾区建设

文　宏　李玉玲　吴桃龙　李风山*

摘　要： 近年来，以习近平同志为核心的党中央对我国生态环境高度重视，就生态环境问题进行了一系列的战略布局，十八届五中全会将绿色发展融入国家的总体发展理念中，构建了创新、协调、绿色、开放、共享的五大发展理念，粤港澳大湾区作为习近平总书记亲自规划、亲自部署和亲自推动的国家战略，在发展的同时需要践行绿色发展理念，以实现粤港澳大湾区的长足发展。粤港澳大湾区位于我国东南沿海一带，全年温暖湿润，植被覆盖率高，空气质量优异，生态环境状况良好，矿产资源、土地资源、海洋资源等自然资源非常丰富，环境承载力较强，地形平坦开阔，海拔较低，海岸线漫长，有众多优良港口，地势条件较好，利于大工程、大项目的建设。但是粤港澳大湾区也面临着水资源紧缺、水生态环境恶化、大气污染物浓度较高、区域污染扩散速度较快、海岸线持续减小、

* 文宏，政治学博士（后），华南理工大学社会治理研究中心副主任，华南理工大学公共管理学院教授、博士生导师，研究领域为地方政府治理；李玉玲，华南理工大学社会治理研究中心研究助理；吴桃龙，华南理工大学社会治理研究中心研究助理；李风山，华南理工大学社会治理研究中心研究助理。

海洋污染问题突出、土地过度开垦、土地资源紧张等问题。参考纽约湾区、旧金山湾区、伦敦湾区、东京湾区这四大成熟湾区在生态环境保护机制上的做法与经验，粤港澳大湾区在建设绿色湾区的过程中，制定跨区域的法律法规，从制度上实现有效衔接；注重社会多元参与主体，从主体上实现有效推动；强化各地政府合作理念，从思想上实现有效协同；成立统筹性的管理机构，从机构上实现有效管理；优化各产业布局和机构，从根本上实现有效治理。

关键词： 粤港澳大湾区　生态条件　生态问题

一　粤港澳大湾区生态环境及广州定位

（一）粤港澳大湾区生态环境

1. 粤港澳大湾区气候环境

粤港澳大湾区是由香港、澳门两个特别行政区和广东省的广州、深圳、珠海、佛山、中山、东莞、惠州、江门、肇庆九市组成的城市群，其所包括的十一个城市都位于我国的东南沿海一带，受到海洋气流与大陆气流的影响，形成亚热带季风气候，全年温暖湿润。粤港澳大湾区年均气温为 21~23℃，最低气温分布在 1 月，均温为 13~15℃，最高气温分布在 7 月，均温在 28℃以上。全年降水丰富，年均降水量在 1500 毫米以上。全年日照时数达 1900~2200 小时。充足的热量及降水量，为粤港澳大湾区的动植物生长提供了得天独厚的自然环境。宜人的气候环境，也吸引了大量的高素质人才来此工作定居，为粤港澳大湾区的发展吸纳更多智慧力量。

粤港澳大湾区因纬度较低，且受到广东省北部山脉屏障保护，受寒潮影响较弱，但又因纬度偏低，易受台风威胁。夏秋季节降水量大，锋面雨、雷雨、对流雨及台风带来的强降雨，都极易引发暴雨灾害。

2. 粤港澳大湾区地形地貌

粤港澳大湾区受河流冲击及板块运动的影响，地形以平原、丘陵为主，地貌复杂多样。西部为粤西山地，北部为粤北山地，东侧以罗浮山为界，形成三面环山的地形特征，中部为河流冲积平原。平原、丘陵、低山、台地和残丘纵横交错，地势北高南低。复杂多样的地形和土壤，促进大湾区经济作物的多种经营，肥沃深厚的冲积平原适宜发展耕作农业，丘陵、台地等适宜亚热带植物的种植。粤港澳大湾区海拔较低，平均海拔在50米，地质灾害因素较少，具备优越的地质条件，可进行工程建设，在近海一带拥有长距离海岸线，加上稳定的地质情况，90%以上的沿海区域具备建设天然深水良港的条件，适宜建设港口。滩涂面积广大，后备土地资源丰富。

粤港澳大湾区优越的地形地貌条件，为其提供了广泛的发展空间。但是由于该地区地质构造较为复杂，在经济快速发展的同时，如果不注重国土资源利用的科学规划，则可能会引起大湾区地质环境恶化等问题。同时，该地区潜在的活动断裂、地震、崩塌、滑坡、地面沉降、塌陷、淤积等问题也会制约粤港澳大湾区的建设与发展。

3. 港澳大湾区水文环境

粤港澳大湾区属于典型的网河地区，水道纵横交错，河网密布，全年降水量丰富，河流水量充足，地下水丰富，补给充足且稳定。受降水季节变化的影响，全年径流量分配不均，汛期集中于每年4~9月，占年径流量的80%左右。粤港澳大湾区河流流经区域石灰岩分布较多，溶解质丰富，水域含沙量较少，其中珠江含沙量为0.27千克/立方米，北江、东江含沙量均为0.2千克/立方米左右。

粤港澳大湾区水道滩槽分化且较为稳定，含沙量较少，河道畅通。粤港澳大湾区三面环山，河流由山区涌入，形成放射性水道，水系呈现分支水道众多的特点，水运网络四通八达。良好的水文环境，为粤港澳大湾区的发展奠定了重要的生态基础。但是由于粤港澳大湾区绝大部分地区位于沿海一带，地势较低，加上河网密布，受到咸潮的影响较大，在台风的带动作用下，海水倒灌等问题也严重影响着该地正常的生产生活。

4. 粤港澳大湾区动植物分布情况

粤港澳大湾区气候温暖湿润，多样的地形地貌为植物的生产提供了良好的环境。总体而言，粤港澳大湾区植被生长旺盛，种类多样，粤港澳大湾区森林覆盖率为51.8%，广东省内九个市已实现国家森林城市全覆盖，初步显现“国家森林城市群”形态。

粤港澳大湾区三面环山的天然绿色生态屏障，及蓝色海洋生态屏障，不仅成为多种植物的生长地，更为亚热带动物及其他海洋动物提供了良好的栖息环境，从而保证了该地区的生物多样性。粤港澳大湾区内具有丰富的滨海湿地和水网湿地，且恰好位于国际东亚候鸟迁徙路线的重要中端位置，吸引着众多国际迁徙候鸟以此作为中转站和栖息地。

（二）粤港澳大湾区资源禀赋情况

1. 海洋资源

粤港澳大湾区海域面积广阔，海岛数量多，海岸线长，拥有丰富的海洋资源。在渔业资源上，具有得天独厚的渔业养殖优势，可供发展海水养殖的浅海、滩涂、港湾面积广阔，在近岸近海区域分布着丰富的生物资源。因其海岸线漫长，且地质结构较为稳定，90%以上的濒海海岸线适宜或较适宜建设港口，丰富的港口资源为粤港澳大湾区海上交通运输建设提供良好的条件（见表1）。粤港澳大湾区具有类型多样且数量巨大的海洋矿产。

表1　粤港澳大湾区适宜建港港湾

单位：个

城市	数量	适宜建港的主要港湾
深圳	20	大铲岛和小铲岛连岛、妈湾、赤湾、蛇口、盐田港、下洞、秤头角、西冲、福永河口、东宝河口、深圳河口、前湾、后湾、沙头角、沙鱼涌、南澳、大梅沙、下沙、大鹏澳、坝港

续表

城市	数量	适宜建港的主要港湾
广州	9	黄埔港、南沙、海心洲、江鸥沙、沙南、莲花山、龙穴岛、新垦、万顷沙
中山	4	冲口门、大冲口、鸡头角、新湾
东莞	7	戚远、虎门、新沙、西大坦、交椅湾、新湾、太平
珠海	18	淇澳（南澳）、外伶仃、内伶仃、东澳、白沥、担杆头、担杆中、唐家、香洲、九洲、湾仔、洪湾、南木、横琴、前山、高栏（三角山、大杧岛、荷包岛）、桂山（牛头岛、中心洲连岛）、万山（大、小万山连岛）
江门	22	赤溪、南澳湾、沙提、崖门、都斛、鱼塘湾、烽火角、南湾（广海）、下川岛东南连岛区、山咀、横山、北陡、洪滘、川山、独湾、沙螺湾、三洲、但湾、宁澳湾、下川、川东、铜鼓
澳门	3	外港码头（港澳码头）、内港码头、北安码头（氹仔码头）
香港	15	香港仔、青山（屯门）、长洲、吉澳、流浮山、西贡、沙头角、深井、银矿湾、赤柱（东）、赤柱（西）、大澳、大埔、塔门、维多利亚

资料来源：根据《广东统计年鉴》整理。

大湾区资源包括砂矿、石油、天然气、高钛矿、钨矿等。海域油气资源也非常丰富，多集中在珠江口盆地，预测石油资源量为80亿吨，天然气水合物储藏量多，可燃冰蕴藏量多，有较好的开发前景。粤港澳大湾区拥有充足的可再生海洋能源，包括波浪能、潮流能、盐差能、风能等。在入海口处及近海岸处，具有类型丰富、面积广大的滩涂、湿地及红树林沼泽区，为粤港澳大湾区沿海区域提供了一道天然的绿色屏障。

粤港澳大湾区虽然拥有丰富的海洋资源及近海资源，但是在经济建设的发展需求下，无节制的滩涂围垦、泥沙开采、水质污染等问题已经对该区域的海洋环境造成了威胁，海洋资源拥有量大幅下降，近海水域面积不断缩小，如何合理高效运用海洋资源，成为粤港澳大湾区建设的一个重要命题。

2. 陆地资源

粤港澳大湾区具有丰富的土地资源，湾区内耕地面积约为7225万平方公里，其中优质耕地占比为82.5%，适合发展绿色农业的耕地面积为52.4%，富硒土分布面积为35830平方公里，占全区面积的64%。大湾区内地热资源充沛，蕴藏量约为1.42×10^{19}焦耳，可开发利用潜力巨大。湾区内拥有大量多种类别的地质遗迹资源。地下水资源非常丰富，具有潜力巨大的应急供水能力。

丰富的陆地资源为粤港澳大湾区的建设提供了资源保障，但是在大湾区不断发展，需要汲取更多资源的情况下，如何运用好大湾区自然资源，平衡大湾区经济建设与生态环境保护之间的关系，保证大湾区的长足发展，是大湾区建设过程中一个不可忽视的重要方面。

（三）粤港澳大湾区环境承载力

2017年末，粤港澳大湾区常住人口约7000万人，人口较为集中。大湾区拥有充足的石油、天然气、矿产储量；拥有丰富的水资源，具备先进技术以处理城市污水；绿化覆盖率、森林覆盖率较高，各城市绿地面积较为广阔，分布多个自然保护区；城市基础设施建设齐全，满足区域内正常的生产生活；大湾区资金实力雄厚，湾区内生产总值与人均生产总值较高，可对工业污染治理、环境污染治理、废气治理、废水项目治理、固体废弃物污染治理等进行投资，以促进湾区内环境改善。但是当前粤港澳大湾区却面临着较大的生态环保压力，生态可持续性相对较差。比如为缓解建设用地需求与后备土地资源间不匹配的矛盾而进行的填海造陆工程，给湾区内的海洋生态环境增加了更多压力；局部地区潜在的地质灾害，对工程建设也造成了一定程度上的威胁，大量开采海沙破坏海底环境，重金属、有机物污染加剧了湾区内的生态恶劣程度。高速发展的湾区建设，快速增长的人口，陆续布局和投产的重大工业项目，以及区内产业的升级换代，必将带来大量的能源、石油、天然气消耗，二氧化硫、工业用水、农业用水、生活用水等大量排放，给大湾区生态环境带来巨大的挑战。大湾区资源环境承载力与快速建设之间的矛盾，成为粤港澳大湾区可持续发展必须解决的问题。

保护粤港澳大湾区的自然价值和增值价值是大湾区经济可持续发展的关键，而大湾区自然价值的保护与增值需要协调高效的生态环境保护合作机制。目前粤港澳大湾区环保合作机制尚未形成，这对于大湾区建设来说，是一个潜在的威胁。但是由于港澳地区体制的特殊性，生态环境管理制度及合作机制的建设将具有巨大优势，在制度创新及运行上，将体现其固有的优越性，有助于大湾区内各市联合起来，系统地分析粤港澳大湾区内环境资源利用程度、资源的空间分布特征及环境承载状态，从保障能力建设、监管机制、总量控制、环境评价、流域管理等方面进行合作，共同协商设定分阶段、分领域实施的生态治理目标。生态环境保护合作机制的制定，有利于减少大湾区建设过程中的各类污染物质的排放总量，有利于新能源的开发与使用，也有利于湾区内历史遗留下的环境污染问题的解决，将大大提高粤港澳大湾区的环境承载力。

针对大湾区生态环境现状，进行检测调查是提升粤港澳大湾区环境承载力的首要步骤。聚焦于粤港澳大湾区环境承载能力，对填海造陆及各类大型基础设施工程、城市群建设进行地质环境调查评估，对湾区内地热资源、矿产资源、土壤资源、水资源等资源拥有量及其分布情况进行摸底整合，对湾区内生态环境问题进行系统排查，成为当前生态环境保护合作机制的重点工作，是提升粤港澳大湾区环境承载力的关键步骤。

（四）广州市在建设绿色湾区中的角色定位

广州处在粤港澳大湾区 A 字的顶端位置及中间位置，是绿色湾区建设中密不可分的一员。广州市植被覆盖率在60%以上，全市绿地覆盖率高，具有海珠国家湿地公园、花都湖湿地公园、番禺草河湿地公园等国家级、区级湿地公园共19个，在空气质量方面，广州PM2.5为35微克/立方米，多项环境空气污染指标达到国家标准。

广州市在绿色湾区建设中不仅是绿色发展的践行者，而且是绿色湾区建设的倡导者和粤港澳大湾区生态保护政策的引领者。作为广东省的省会城市，广州在粤港澳大湾区生态环境保护合作机制与绿色湾区建设方面，发挥着重要的作用。广州市在对接内外两种发展资源上具有非常大的优势。作为粤港澳大湾区的中心城市，广州在建设粤港澳大湾区生态环保合作机制上，应发挥其特有的区位优势，站在整体角度，协调大湾区各市之间的绿色发展，着眼于粤港澳大湾区的可持续发展，推动绿色湾区政策和标准的完善与实施，积极探索粤港澳大湾区生态环境保护合作的高效运转机制，推动大湾区形成绿色低碳的发展模式，提升大湾区建设品质。

二 粤港澳大湾区生态环境发展的现状

近年来，以习近平同志为核心的党中央对我国生态环境高度重视，就生态环境问题进行了一系列的战略布局。党的十八大报告将生态文明建设纳入中国特色社会主义事业中，提出了“五位一体”的总体布局；十八届五中全会将绿色发展融入国家的总体发展理念中，构建了创新、协调、绿色、开放、共享的五大发展理念；十九大报告更进一步明确指出必须坚定不移贯彻创新、协调、绿色、开放、共享的发展理念。而粤港澳大湾区是习近平总书记亲自规划、亲自部署和亲自推动的国家战略，我们致力于将香港、澳门两个特别行政区和广东省的广州、深圳、珠海、佛山、中山、东莞、惠州、江门、肇庆九市有机协同，打造国际一流湾区和世界级城市群。因此，在国家战略背景下，牢固树立和践行“绿水青山就是金山银山”的理念，使大湾区天更蓝、山更绿、水更清、环境更优美。

从根本上看，城市发展与生态保护之间的矛盾，是目前粤港澳大湾区生态环境建设的主要问题所在。建立粤港澳大湾区生态环境保护合作机制，推动绿色湾区建设与发展，从本质上来说是处理好粤港澳大湾区城市经济发展与生态文明建设之间关系的问题。当前，粤港澳大湾区生态环境保护合作机制与绿色湾区建设，既面临着城市发展与生态保护之间的矛盾，也面临着当前发展与资源的可持续利用之间的矛盾。随着城市化水平的不断提高，粤港澳大湾区各大城市发展与生态保护之间的矛盾不断激化，资源利用与城市可持续发展之间的问题日益显著，影响了粤港澳大湾区建设，阻碍了其成为绿色湾区的总体进程（见图 1）。

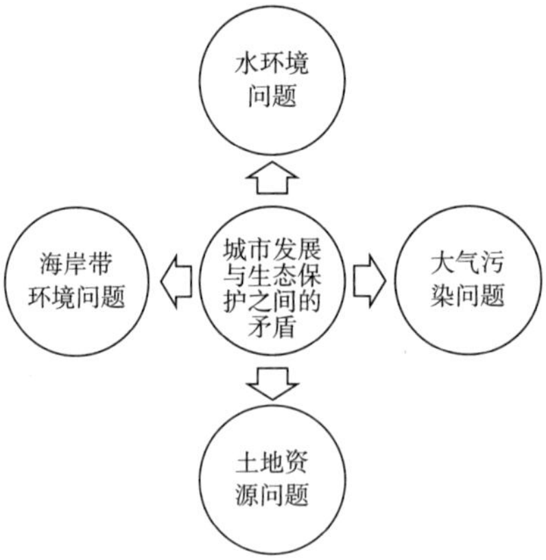

图 1　粤港澳大湾区生态环境的发展状况

（一）水环境问题依旧存在

水是人类日常生活以及工业生产过程中不可或缺的组成部分。推进粤港澳大湾区的建设作为一项国家层面的战略方针，对水环境的要求十分严格，水是粤港澳大湾区的核心生态资源。但是目前粤港澳大湾区的水环境新旧问题还仍然存在，粤港澳大湾区的统筹发展与水环境问题之间的矛盾比较突出，相关的应对保障措施还不是十分完善，与粤港澳大湾区的总体建设要求相比，还存在比较显著的差异，主要表现在粤港澳大湾区的水资源总量、水生态环境以及水灾害形势三个方面（见图 2）。

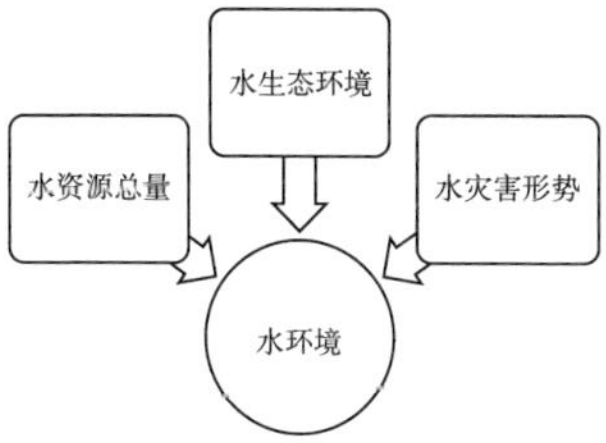

图 2　粤港澳大湾区面临的水环境问题

1. 水资源总量十分紧缺

从水资源的储备情况来看，粤港澳大湾区面临着本地区水资源持续衰减、储备不足以及各地区分布不均的严重威胁，以 2015 年大湾区的水资源状况为例，从水资源总量来看，2015 年当地水资源总量仅约为 616.6 亿立方米，而当地人均水资源仅为 827 立方米，按照世界银行将缺水定义为某一地区的一年人均可用淡水量少于 1000 立方米的标准来看，粤港澳大湾区的建设总体上面临着缺水的威胁与挑战（见表 2）。从具体水资源分布来看，各大城市的水资源分布极其不均匀。而在近些年来，随着粤港澳地区人口的不断增多，用水量持续增长，湾区发展用水需求量上涨与水资源总量有限之间的矛盾不断激化，不少地区如香港、深圳、佛山、中山等水资源短缺问题愈发明显，成为制约粤港澳大湾区发展的重要因素。而从流域的供水情况来看，供水严重依赖于过境客水，供水来源稀少，城市的后备应急水资源不足，导致一旦水源进入枯水期以及出现咸潮上溯等问题，粤港澳大湾区的供水就存在极大的不稳定性。

表 2　2015 年粤港澳大湾区各大城市水资源总量及用水总量

单位：亿立方米

类别	香港	澳门	广州	深圳	珠海	佛山	惠州	东莞	中山	江门	肇庆
水资源总量	9.927	0.954	88.85	19.58	18.49	30.13	125.68	23.86	16.15	119.17	163.80

续表

类别	香港	澳门	广州	深圳	珠海	佛山	惠州	东莞	中山	江门	肇庆
地表水资源量	—	—	87.93	18.47	14.12	29.27	125.54	23.56	15.55	118.88	163.47
地下水资源量	—	—	16.25	3.98	1.84	6.58	30.88	5.47	2.30	22.87	46.83
用水总量	9.73	0.85	64.53	19.90	5.05	32.24	20.82	19.93	15.84	27.83	20.50

资料来源：《2016 中国统计年鉴》及《2015 年广州市水资源公报》。

2. 水生态环境逐渐恶化

从水生态环境来看，粤港澳大湾区的水污染问题依旧存在，各种人为因素导致的水质恶化、水体污染的现象还屡见不鲜，主要江河水质、饮用水源地水质、主要河涌水质以及入海口水质情况不容乐观，水生态系统面临的各种潜在威胁也依旧不容忽视。从水功能区水质达标情况来看，《2017 年广东省水资源公报》显示，2017 年检测评价的 545 个水功能区中按照全因子评价达标率只有 48.1%，各流域中只有粤东诸河和东江达标率较高，为 69.1%和 65.1%，珠江三角洲流域仅为 41.7%。从江河湖库的水质来看，2017 年检测的河流中劣 V 类河长占 9.4%，东江、珠江三角洲以及粤东诸河的水质较差，劣 V 类河长占比分别为 16.8%、16.7%、24.5%，水质达到或优于Ⅲ类的水库占比为 85.1%，有 14.5%的水库呈现富营养化状态，17.1%的国家重要饮用水源地的全年水质合格率还不超过 80%。2017 年 4 月，珠江三角洲地区黑臭水体因整治不到位而被中央第四环境保护督察组“点名批评”，由于人为过度的采砂以及对于河道的干预影响，许多河道包括西江干流、北江干流都出现了大幅度下切，局部河段河床形态由复式河床向 U 形河槽演变，像伶仃洋西岸珠海市情侣路沿岸、澳门黑沙环等区域岸滩都出现侵蚀后退、河口滩涂湿地资源减少的现象，这就使得河口湾生物栖息地受到威胁，生物的多样性与珍稀濒危物种减少，给流域内的生态环境造成极大的破坏。

3. 水灾害形势依旧严峻

由于粤港澳大湾区位于我国纬度较低的东南沿海地区，长期以来受到台风等因素的影响，降雨量比较丰富，同时其又位于珠江的下游地带，区域类江河水流量比较大。因此，粤港澳大湾区也是水灾害的频发区，其发展受到水灾害的影响比较显著。水灾害发生的特征有以下几点。首先，粤港澳大湾区的水灾害具有发生频率高、发生的时间较为集中的特点，水灾害集中在4~9月，即在夏、秋季节频次最高。其次，粤港澳大湾区的水灾害具有地理分布较为集中的特点。肇庆、佛山、惠州等地区受到水灾害的影响显著，珠三角地区受到水灾害威胁的频率最高。最后，粤港澳大湾区的水灾害对于各地区的危害不容忽视，不仅会威胁到粤港澳大湾区人民的生命与财产安全，同时也会阻碍与破坏地区经济的发展，还有可能带来其他社会问题。

（二）大气污染问题比较明显

改革开放40年以来，我国经济增长取得了举世瞩目的成就，但是随之而来的是严重的大气污染问题，雾霾、酸雨、臭氧等大气环境问题日益突出，成为政府与人民热切关注的重点话题。而粤港澳大湾区处在改革开放的前沿地带，在经济高速发展的同时，由于长期依靠传统资源消耗推动的粗放型经济增长方式，区域内的大气环境被不断破坏，各种大气污染物质急剧增加，对于区域内的民众健康以及生态环境都造成了极大威胁与损害。近年来，在党中央的高度重视以及粤港澳地区政府的协同合作下，粤港澳大湾区大气污染问题得到了较好的改善，但是总体形势还不容乐观。

1. 大气污染物浓度相对偏高

从主要空气污染物的浓度来看，如表3、图3所示，2006~2017年，粤港澳大湾区的空气质量明显好转，各种主要的大气污染物浓度得到了有效的控制，大气污染得到了极大的改善，但是目前的问题仍然比较突出。臭氧（O_3）的年平均浓度整体呈现上升的趋势，而2017年的臭氧的年平均浓度值比2006年上升了21个百分点，这就使得粤港澳大湾区还面临着出现光化学烟雾等污染事件的可能。同时，尽管近几年粤港澳大湾区的颗粒物PM2.5一直稳定在30微克/立方米左右，达到了相关规定的标准，但是与其他三大湾区相比差距十分明显。以2016年为例，2016年粤港澳大湾区的PM2.5保持在29微克/立方米左右，但是与此同时纽约湾区的PM2.5约为7微克/立方米，而旧金山湾区和东京湾区则分别为9微克/立方米和12微克/立方米，由此可见，粤港澳大湾区还存在巨大的上升空间。但是，由于粤港澳大湾区的PM2.5已经下降到了一个比较低的水平，要想持续降低必然遭遇“天花板”效应和污染治理“边际效益递减”现象，这必然与粤港澳大湾区的发展产生比较激烈的矛盾。2017年粤港澳大湾区的PM2.5又出现了反弹，年均浓度上升了6.9%，个别城市升幅甚至达到了15.2%，因此，如何处理好经济发展与大气环境之间的矛盾，在大气环境治理的“深水期”打好攻坚战，是粤港澳大湾区面临的重大问题与挑战。

表3　2006~2017年粤港澳大湾区各种大气污染物浓度的年平均值

年份	二氧化硫（微克/立方米）	二氧化氮（微克/立方米）	臭氧（微克/立方米）	颗粒物PM10（微克/立方米）	颗粒物PM2.5（微克/立方米）	一氧化碳（毫克/立方米）
2006	47	46	48	74	—	—
2007	48	45	51	79	—	—
2008	39	45	51	70	—	—
2009	29	42	56	69	—	—
2010	25	43	53	64	—	—
2011	24	40	58	64	—	—
2012	18	38	54	56	—	—
2013	18	40	54	63	—	—
2014	16	37	57	56	—	—

续表

年份	二氧化硫（微克/立方米）	二氧化氮（微克/立方米）	臭氧（微克/立方米）	颗粒物 PM10（微克/立方米）	颗粒物 PM2.5（微克/立方米）	一氧化碳（毫克/立方米）
2015	13	33	53	49	32	0.791
2016	12	35	50	46	29	0.786
2017	11	34	58	46	31	0.739

资料来源：《粤港澳珠江三角洲区域空气监测网络 2017 年监测结果报告》。

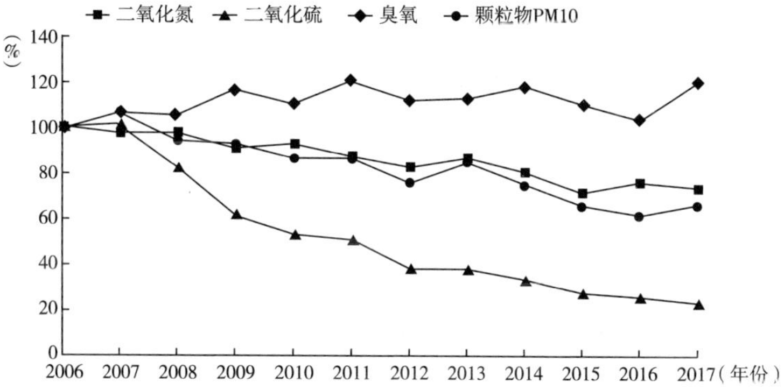

图 3　2006~2017 年粤港澳大湾区各种大气污染物浓度的年平均值的趋势变化

资料来源：《粤港澳珠江三角洲区域空气监测网络 2017 年监测结果报告》。

2. 区域污染扩散问题不容忽视

粤港澳大湾区不仅在大气污染物排放方面面临着严峻问题，同时也面临着区域污染扩散的问题。一方面，粤港澳大湾区属于典型的城市群区域，各城市之间距离较近，彼此之间经济贸易往来频繁，相互影响比较显著。另一方面，内部地形复杂多样，河流网络密布，水域十分广阔，局部受热或者整体受热不均匀容易产生中尺度风系，从而不利于整个区域的大气污染物扩散。同时，降雨量、风、逆温以及相对湿度等气象因子也会对珠三角的空气质量产生影响，影响大气污染物的稀释、扩散、迁移以及转化等。为此，在空气运动的作用下，粤港澳大湾区的大气污染物浓度随着时间和空间发生改变，使得该地区的大气污染由局地污染逐渐转变为区域性污染。

（三）土地资源问题比较突出

土地资源是人们生存与发展的基础与前提，从总体来看，我国土地种类丰富多样，土地资源面积大但分布不均。近年来，随着城市化速度的加快，耕地面积不断减少，经济发展与土地生态环境以及人与土地之间的矛盾不断激发。而粤港澳大湾区位于我国东部沿海，经济发达，人口密集，城市化水平相对较高，城市发展与土地资源之间的矛盾更为突出。从总体来看，粤港澳大湾区的土地资源问题严峻主要表现在土地资源紧张、土地生态破坏明显等方面。

1. 土地管理不善，土地资源紧张

粤港澳地区的土地资源相对紧张，但是城市发展需求的土地量大，由于长期以来土地管理不善，土地资源供不应求。它主要表现在以下几个方面。首先，粤港澳大湾区总体土地开发强度大，后备资源较为紧缺。从开发总量来看，在改革开放初期珠三角地区的建设用地只有大约 1570 平方公里，但是到 2013 年时已经达到了 8534 平方公里，总体增加了将近 5 倍。开发强度较大，可供开发利用的土地资源将面临明显不足的危机。其次，粤港澳大湾区的大部分地区还存在缺乏土地总体规划，土地利用结构失衡的问题。长期以来在土地财政以及地方争夺投资的影响下，珠三角很多地区土地规划利用比较不完善，土地利用分配非常不合理，以工业用地为代表的建设用地疯狂扩张，其他类型的土地则被进一步压缩，土地利用呈现畸形发展。粤港澳大湾区的土地粗放式发展现象依旧存在，土地利用效率还十分低下。在城镇建设过程中，建设用地存在随意性、盲目性的特点，为了眼前局部利益而滥占滥用土地，不报请批准、先征后报、以劣占良等违法占地的行为还十分普遍，统计数据表明，1980~2014 年，珠三角闲置用地总数达到 453 宗，这就导致土地的集约化程度低下，土地利用效率得不到有效提高。

2. 土地过度开垦，土地生态破坏明显

土地生态系统是与人类生存与发展最为紧密相关的系统，然而由于土地的过度无节制的开发利用、使用结构的不合理以及缺乏相应的保护管理措施，粤港澳大湾区目前的土地生态破坏明显，阻碍了粤港澳大湾区绿色发展的总体进程。具体表现为以下几个方面。首先，随着建设用地开发量的不断增加，近年来粤港澳大湾区的生态空间锐减，生态格局呈现破碎化的趋势与特点。2000~2015 年，粤港澳大湾区的建设用地增长了 3000 多平方公里，这中间就占据了大量的耕地、林地、草地以及湿地等生态用地，导致海陆之间的生态过渡带、城乡农林过渡带、山海之间的生态廊道等被人为破坏和阻断，土地生态的一体化与整体性遭到严重的破坏，生态格局破碎化，使得光污染、城市热岛效应等环境问题成为制约粤港澳大湾区发展的难题。其次，粤港澳大湾区部分地区土壤污染较为严重，水土流失、土地沙漠化、盐碱化与潜育化等现象较为普遍，导致土地出现质量退化的现象。其中，土壤污染主要是由工业、企业排污以及农药、化肥滥用造成的。按照 1995 年国家出台的《土壤环境质量标准》来衡量，珠三角地区有 22.8%的土地属于三类和劣三类土壤，其中超标重金属包括镉、汞、砷、氟等，而广东省农业厅从 2002 年开始的抽样结果显示，珠三角农田土壤有 28%是重金属超标的，其中主要分布在广州、佛山以及其周边地带，部分地区超标甚至达到了 50%，极大威胁了周边群众的基本生活。同时伴随着人为采石取土、交通道路建设、开发区建设、破地开垦以及采矿伐木等行为，粤港澳大湾区不少地区水土流失，土地沙漠化、盐碱化与潜育化现象比较普遍，土地质量退化。最后，随着广州、佛山、深圳、东莞、惠州以及珠海等城市地铁以及轻轨交通网络的建设，采矿业的不断发展，以及强降雨等自然灾害的增加，粤港澳大湾区的地质灾害隐患点越来越多，地质灾害的爆发也越来越频繁，给粤港澳大湾区的发展带来了重大的隐患。

（四）海岸带环境问题不容乐观

海岸带的生态环境污染一直是我们国家海洋生态环境面临的“痛点问题”，粤港澳大湾区海岸线漫长，大部分的工业资本和人口也都集中在海岸带附近，因此，海岸带的生态环境对于粤港澳大湾区的发展至关重要。然而近年来，由于区域之间缺乏协调，粤港澳大湾区面临的海岸带环境破坏问题不容乐观，海岸带经济发展与海岸带生态环境保护之间的矛盾比较尖锐，主要体现在海岸线持续减小、入海河口水质较差、海岸带生态破坏明显这几个方面。

1. 海岸线持续减小

由于粤港澳大湾区经济发展十分迅速，土地开发强度大，土地资源紧缺，土地资源的需求量又非常大，近年来粤港澳大湾区填海造陆的进程不断加快，填海的面积也不断增大，而自然海岸线则持续减小。目前，粤港澳大湾区的填海面积已经超过了长江三角洲以及旧金山湾区和东京湾区，自然海岸线与人工海岸线的占比已经与旧金山湾区持平，而高于渤海湾与东京湾区。从具体地区分布来看，广州、深圳、珠海以及香港这些经济水平最为发达、土地资源最为紧张的地区填海最多，仅这四地的填海面积就已经达到整个粤港澳大湾区填海面积的75%以上，总计达到575平方公里。粤港澳大湾区填海造陆进程的加快，导致珠江口湾区面积缩减15%以上，缩减面积总计超过270平方公里，按照这样的填海速度，估计到2035年填海的面积将超过一个深圳湾面积。而国家出台的《海岸线保护与利用管理办法》规定，各地区自然海岸线到2020年不得低于35%，按照粤港澳大湾区目前的发展进程，大湾区很快便会面临无海岸线余量可开发的窘况，同时近海岸面积将大幅锐减，自然海岸线持续减少，海岸带的生态环境遭到人为的破坏，粤港澳大湾区海岸带的生态环境也将面临挑战。

2. 入海河口水质较差

海洋污染的根源在岸上，粤港澳大湾区近海污染问题明显的主要原因还是陆源污染的排放。由于粤港澳大湾区河流网络密布，许多河系都与海洋直接或间接连接，入海河流排放的污染物一直得不到有效控制，入海河口水质较差。重度污染的入海河口主要为深圳河口和练江河门，这些入海河口在化学需氧量、五日生化需氧量、氨氮以及总磷等污染指标上都严重超标，同时珠江口、深圳湾、大亚湾、广澳湾、广海湾、镇海湾等河口海湾水质均出现不同程度的下降。另外，对于直接入海排污的水源或其他物质一般需要设置入海排污口，将有毒以及污染物质通过排污口控制在一定的范围内，但是 2017 年广东省调查的排污口不达标，141 个入海排污口中有 65 个属于“两类排污口”，即这些排污口都是非法设置或者是设置不合理的排污口。同时在实施检测的 74 个入海排污口中还有 27 个属于超标排放，诸如总磷、化学需氧量、氨氮、五日生化需氧量等污染因子的排放数量超过了标准要求，占据了检测数量的 36.5%。

3. 海岸带生态破坏明显

海岸带属于海洋与陆地之间的生态交错带，是生态环境最为敏感与脆弱的区域。粤港澳大湾区海岸带漫长，地形地貌多样，海岸线曲折。然而，长期以来海岸带并未受到地区的足够重视，导致海岸带破坏明显。首先，由于海岸带、浅海以及海岛资源存在潜在的巨大开发空间，出于发展经济的考虑，粤港澳大湾区的各地区近年来大力进行海岸带的开发，滩涂围垦、围海造田、岛屿开采砂石以及盲目修建海岸工程等现象十分普遍，这就导致滩涂和红树林被大量破坏，海岸带的生态环境受到了极大损坏。其次，海洋捕鱼业的兴起与不加节制，远远超过了许多地区的渔业资源的再生能力，同时随着近些年来海水质量与海域面积的不断下降与缩减，外来物种的入侵与大量蔓延，加上各种违规作业，粤港澳大湾区近岸海域许多鱼类迅速消失，海洋生物多样性不断降低。最后，粤港澳大湾区部分近岸海域近几年富营养化加剧，赤潮频发。随着大量的未达标工业废水、生活污水以及流失的农药、化肥等污染物流入海域，加上船舶排污、泄露等污染的影响，粤港澳大湾区近年来近岸海域的海水质量逐渐下降。

三　他山之石

环境污染防治是一个世界性的难题。世界性大城市，特别是发达国家大城市基本上经历过环境破坏到治理，再破坏再治理的反复性、长期性的过程。粤港澳大湾区在发展过程中，应该取其他湾区的经验与教训，走可持续的绿色发展之路。

目前，世界上著名的四大湾区——旧金山湾区、纽约湾区、东京湾区和伦敦湾区都比较好地实现了生态环境的有效保护，成功塑造了绿色湾区。像我们熟知的伦敦湾区，其核心城市伦敦从一个“雾都”更是成功转型为绿色城市。但它们都是从环境治理的漫长艰苦的历程中走过来的，取得现在的治理效果，与当时这些世界性湾区的治理经验和教训是分不开的，我们可以借鉴它们的治理路径和经验，结合我国特定政治、经济、社会情境，总结概括出符合粤港澳大湾区的绿色发展之路。

（一）四大湾区基本情况介绍

1. 旧金山湾区

旧金山湾区位于美国加利福尼亚州北部，包含北湾、东湾、旧金山、半岛、南湾。旧金山湾区四面环山，中部有沙加缅度河流经，环抱旧金山湾。湾区海域面积较大，为南北链形，海岸线曲折漫长，拥有红木城港、旧金山港等众多港湾。旧金山湾区以地中海气候为主，全年温差较小，日照充足，冬季较为温和，夏季较为凉爽，四季气候温暖舒适，空气较好。如今旧金山湾区已经成为全球最负盛名的四大湾区之一，在经济发展的同时，湾区生态环境也得到有效保护。旧金山湾区自然条件优越，有“天然空调”之称，是人类生活和其他物种栖息的理想地。但是在其工业发展初期，旧金山湾区和全世界其他著名湾区一样，生态环境遭受重创。工业污染笼罩着的环境给当地居民生产生活带来了巨大的灾难，在旧金山湾区各地方政府和州政府的治理下，旧金山湾区的生态环境得到了极大的改善。

2. 纽约湾区

纽约湾区位于美国纽约州东南部。陆地面积为 2.15 万平方公里，占美国陆地面积的 0.25%，四季分明、气候宜人，纽约湾区人口为 2340 万人，约占美国人口的 7%，城市化水平达 90%以上，GDP 占全美 GDP 的 8%以上。纽约湾区经济实力强大，但在其发展的过程中，也存在环境污染问题。在 20 世纪初期，纽约湾区的发展也带来了严重的环境污染问题，由于滨海临江，加之工业发展产生大量的固体废弃物，纽约市陷入了严重的环境恶化困境。在 19 世纪末 20 世纪初到第二次世界大战期间，纽约湾区制造业非常繁荣，人口急剧增长、住房短缺、交通拥挤问题随之而来，大量的垃圾和未经处理的污水倒入湿地、海洋和河流，导致水环境急剧恶化，面对如此严峻的生态环境问题，美国政府积极实施环境治理工程，改善纽约湾区环境。

3. 东京湾区

东京湾区以面向太平洋的一个优良港湾——东京湾为依托，由东京都、埼玉县、千叶县、神奈川县等构成。面积为 13562 平方公里，占日本全国面积的 3.5%，常住人口为 3800 万人，GDP 占日本全国的 1/3。作为全球为数不多的依靠填海工程建设的湾区，东京湾区拥有较少的陆地资源，但是其依靠高度开放与国际化的商业贸易以及科学的湾区规划方案，仍然实现了经济的腾飞。东京湾区在开发建设的过程中，也面临着严重的环境污染问题。重污染工业如钢铁、化工、造船等排放了大量的工业废料废水，流入东京湾，造成严重的海洋污染。不仅如此，二氧化硫等有害气体的排放，带来了严重的空气污染问题。大规模的填海造陆对自然环境造成了严重的破坏，在东京湾区经济高速发展的同时，生态环境也遭受重创，日渐暴露出的自然生态矛盾，要求日本政府开始探索湾区绿色发展模式。

4. 伦敦湾区

伦敦湾区位于英国东南部，地形以平原为主，地势较低，湾区内有泰晤士河流经。受到北大西洋暖流和西风的影响，伦敦湾区呈现温带海洋性气候特征，四季温差较小，冬暖夏凉，宜人的气候环境为伦敦湾区吸引了众多的高素质人才，适宜的年降水量与热量，有利于区域内动植物的繁殖生长，从而为伦敦湾区建设提供了丰富资源，湾区海域蕴藏数量众多的自然资源，有利于伦敦湾区的建设发展。伦敦湾区海岸线长，具有得天独厚的区位优势，在海洋文明兴起时代，伦敦湾区众多的天然良港，有效地促进了湾区贸易与经济的发展。伦敦湾区在建设发展的过程中，也曾以牺牲自然环境为代价推进建设，尤其是在19世纪中后期，英国大气污染程度迅猛加深，光照受到影响，空气质量堪忧，除大气污染外，生产生活等废水废料的排放，造成了河流乃至北海海域环境的严重破坏，湾区建设中产生的生产生活垃圾也带来了严重的土壤污染问题。伦敦湾区建设因环境问题而遭到停滞，在环境问题愈发尖锐的情况下，英国政府召集各方力量，共同对伦敦湾区生态问题进行治理，在20世纪60年代前后，伦敦湾区大气污染逐渐得到有效控制，空气质量得到提升（见图4、图5），水域环境治理、土壤环境治理等方面也取得了较大成果。

（二）强化区域联合，推动协调合作

东京湾是一个比较封闭的海域，由都、县等多个行政区连接而成，因此湾区内的都、县地方政府之间在生态环境治理上需要协调的事项就非常多，治理难度大。但当时东京湾区仍然毫不迟疑地要强化区域联合，并成立了统一的协调机构——东京湾再生推进会议。这个机构包含了内阁官房、国土交通省（港湾局，都市地域整备局下水道部，河川局）、海

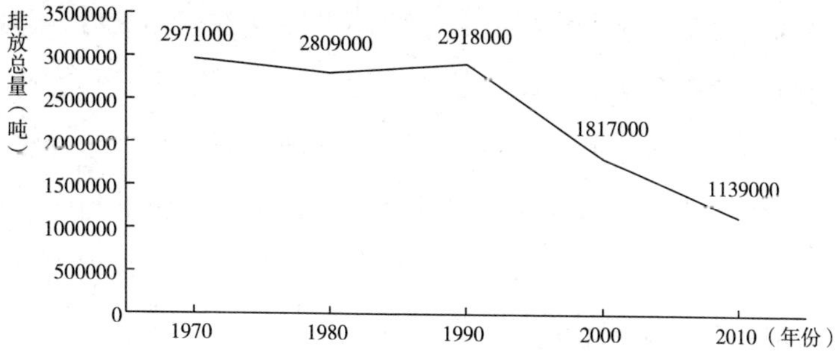

图 4　1970~2010 年英国氮氧化物排放总量变化

资料来源：依据英国官方网站（http：//naei. beis. gov. uk/data/data-se lectorview=air-pollutants）数据汇总。

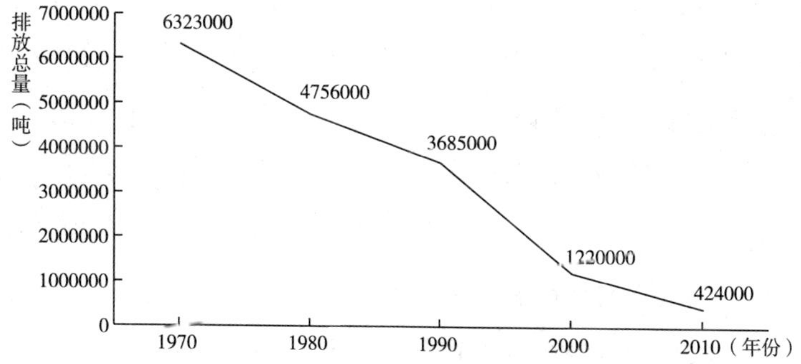

图 5　1970~2010 年英国二氧化硫排放总量变化

资料来源：依据英国官方网站（http：//naei. beis. gov. uk/data/data-se lectorview=air-pollutants）数据汇总。

上保安厅、环境省，以及埼玉县、千叶县、东京都、神奈川县、横滨市、川崎市、千叶市、横须贺市等多个地方政府和部门。多地政府和多个部门的共同参与，发挥出各自的优势，使得东京湾的生态环境治理和保护机制不断完善，这对于建设绿色湾区做出了很大的贡献。

美国在治理旧金山大气污染的问题上，也特别强调了区域合作的重要性。美国主要是通过联邦、各州和地方政府以及不同部门之间的合作执法来实现对空气污染的治理。这种合作执法极大地提高了环境治理效率。在美国空气污染治理防治过程中，发挥主要作用的还是联邦环保局和州环保局，但总体效率的提高显然离不开其他部门的配合，各级政府之间既有分工也有合作。美国清洁空气法规定，各地各级政府必须在空气污染防治中建立伙伴关系，加强合作，共同应对。在生态环境保护和治理中，环境污染的流动性强、覆盖面广、靠单一的区域组织可能无法完成生态环境治理的任务，因此必须加强区域间合作，合理划分治理任务，从整体上实现治理目标。

（三）创新管理体制，统一专门机构

1952 年伦敦烟雾事件给英国带来了巨大的损失，但是，这一事件也极大地唤醒了政府治理环境的漠视心理，客观上为伦敦空气治理提供了契机。该事件发生后，英国成立质询委员会、国家清洁空气协会及其下属的空气质量管理委员会、国家空气质量论坛等，构成了地方政府间的合作组织，其他环境污染管理部门也相继成立，此类机构职责明确，为环境治理提供了机构保障，并在之后的发展中不断协调重组，最终形成协调高效的统一部门。新成立的环境署为合作解决环境技术问题和环境领域的重大难题，提供了必要的资源整合的可能以及环境治理的方法，管理体制的创新为伦敦湾区甚至是整个英国的生态环境的治理都做出了巨大的贡献。

纽约湾区成立了相关环境机构希望加强管理，减少污水排放，提升生态环境水平。1881 年，成立了街道清洁局，后更名为卫生局。1903 年，又成立了纽约市发展委员会，以及 1906 年成立了城市排水委员会。这些机构都致力于解决纽约湾区严重的水污染问题，通过专门化机构的管理，以及加大环境治理投资、建立污水处理厂、建设水源地水库、构建隧道和管道系统等一系列措施，纽约湾区的水环境得到较大改善。

此外，日本东京湾区和美国旧金山湾区也都成立了专门的环境管理机构，如日本成立了环境公害局，旧金山湾区成立了湾区保护发展委员会（BCDC）等。这些地方通过建立专门性的统一的管理机构，切实把环

境责任落实到具体的单位和人上，保证有人负责，有人治理，真正做到生态环境的专门化治理，从而有效改善湾区生态环境。

（四）完善法律法规，依法治理环境

伦敦湾区因早期工业发展，曾出现过严重的大气环境污染情况。为解决大气环境污染问题，英国颁布了一系列法律规章以解决严重的环境污染问题，规范生活、工业中的环境污染行为，并形成了一套完善的法律制度。在这些法律法规的强制约束下，英国政府依照法律，严格实施。经过十几年的持续性、大力度的治理，伦敦湾区以及整个英国空气质量都显著提高。

日本尤其是东京湾区也针对非常严重的环境破坏问题进行了一系列法律法规的完善，内容不断细化，并根据不同时代不同的环境问题及其程度科学立法，从而有效治理环境问题，真正做到优化生态环境。日本在环境治理上进行了持续性、渐进性的法律制度完善（见表4），从现实情况来看，这些法律法规的确对当时湾区的生态环境改善起到了重要的作用。

表4　日本环境治理的相关法律法规

时间	法律法规	主要内容和作用
1949年	颁布《东京都工厂公害防治条例》	以工厂的设备及操作所产生的粉尘、有毒有害气体以及蒸汽等为限制对象，规定了新建工厂、设备改造和新增设备等的申报手续，并对容易产生大气污染的工厂实施责令改进设备、停止使用或限制作业时间等措施
1962年	出台《煤烟排放规制法》	强调了大气污染的控制要与经济发展相协调，但只在指定地域实施
1968年	出台《大气污染防治法》	对《煤烟排放规制法》进行了修订，删除了“与经济发展相协调”的条款，废除了“指定地域”，明确了固定源与移动源的大气污染物质，允许地方政府制定比国家严厉的标准，确定总量控制制度，规定无过失损害赔偿责任等

续表

时间	法律法规	主要内容和作用
1969 年	颁布《东京都公害控制条例》	严格执行有关控制规定，使二氧化硫等污染物排放从浓度控制转向排放总量控制
1970 年	召开“公害国会”	集中修改和制定了 14 部公害法案
1980 年	颁布《东京都环境影响评价条例》	强化建设项目的环境准入管理，避免由城市规划和建设而造成的环境恶化，并为企业的环境保护措施制定了可遵循的纲要，使东京都环境保护由“末端治理”向“重在预防”转变
1993 年	出台《环境基本法》	保护环境从比较单纯的公害污染防治逐步转向解决整体性环境保护及全球环境问题上，此外法律监管对象也从以企业为主逐步扩大为针对一般公民
1994 年	颁布《东京都环境基本条例》	环境保护的法律体系日益完善，实现了由“被动治污”向“主动治污”的转变
2002 年	颁布《新东京都环境基本计划》	削减温室气体排放，改善大气环境
2006 年	颁布《东京都新战略进程》	紧急三年计划，提出防止地球温暖化的相应对策
2007 年	颁布《东京都大气变化对策方针》	在明确今后十年东京都对大气变化所持态度的同时，率先提出了削减二氧化碳气体排放的实施策略

资料来源：依据公开数据自制成表。

（五）引进多元主体，实现共同治理

在环境治理方面，多元主体的参与无疑是能够起到巨大作用的。从世界著名湾区的环境治理来看，基本上对民众或企业等其他主体采取了开放的态度，政府与其他主体共同应对环境灾难，共同治理环境问题，共建绿色生态环境。其中，英国在治理环境的过程中，规定环保部门必须向拥有知情权并依法申请了解国家环境的公民公布空气等环境监控资料。在这样的多元主体参与机制下，既保证了公众快速获得环境信息，也有利于公众提出建设性的意见，推动英国地方当局不断改善行为。英

国还使用了多种经济手段对公民和企业进行引导和激励，使其减少污染排放。从现在来看，英国越来越重视运用经济手段来调控公众和企业节能减排。英国政府还非常重视民众的低碳生活理念和实践，调动人们的环保积极性，让人们去参与和监督政府的环保治理实践。如今的英国大气污染治理模式已经形成了以政府为主导、多元共治的整体治理模式。

旧金山湾区在多元主体参与上也做出了很大的努力，其所在的加利福尼亚州历来比美国环保署的环保要求更加严格，这与当地生态环境的严峻形势是分不开的。2003 年，加利福尼亚州政府为鼓励民众参与到生态环境保护和治理过程当中，多次制定并修订了低排放汽车排放标准，并将低排放汽车排放标准分为多个等级，细化汽车排放标准。排放按照“联邦试验规程”进行测量，以“克/英里”[①] 表示。2001~2005 年，“联邦试验补充规程”逐步执行。低排放机动车排放标准见表 5。

表 5　低排放机动车排放标准

单位：克/英里

种类	50000 英里/5 年					100000 英里/10 年				
	非甲烷有机气体	一氧化碳	氮氧化物	颗料物	甲醛	非甲烷有机气体	一氧化碳	氮氧化物	颗料物	甲醛
过渡低排放车辆	0.125	3.4	0.4	—	0.015	0.156	4.2	0.6	0.08	0.018
低排放车辆	0.075	3.4	0.2	—	0.015	0.090	4.2	0.3	0.08	0.018
超低排放车辆	0.040	1.7	0.2	—	0.015	0.055	2.1	0.3	0.04	0.011

资料来源：刘春兰、关婧、李铮、王海华编著《世界城市空气污染治理与空气质量管理研究》，化学工业出版社，2016。

① 此处数据来源于“联邦试验规程”，数据及单位按美国联邦标准设定，不另作换算。

日本东京湾区也建立起公众参与的环境管理机制，而且非常重视营造环境保护的社会氛围。公众的有效参与和建设性意见的表达是治理环境污染、实现生态环境可持续发展的重要推动力。东京公众参与的环境管理机制逐步发展为一种自上而下与自下而上方式紧密结合、相互推动的环境管理运作机制。可以说，东京湾区之所以对污染做出反应是由于污染造成的社会压力，而不只是污染的严重程度。经过反公害运动后，东京都形成了一个高效、负责的新三元结构的环境管理体系。政府、企业和公民在环保目标上达成一致。政府通过环境审议会与社会各界人士、企业协商制定政策，由企业具体实施并进行自我管理，由公众积极参与并进行社会监督。在吸纳其他主体参与方面上，主要包括公众在环境法律、项目规划和政策制定等前端阶段的参与，在具体法律政策和项目执行过程中的中端和末端监督。

（六）提高环保标准，强化约束机制

纽约湾区和旧金山湾区都曾出现过严重的空气污染问题。1971 年，美国为治理国内严重的空气污染问题，首次制定了环境空气质量标准。后来，美国根据不同形势和现实条件对这一标准进行了多次修改（见表 6），新修订的标准能够说明美国不断在提高空气防治的标准，强化环境治理的约束机制。图 6 为 1980~2020 年旧金山湾区挥发性有机物和氮氧化物的排放趋势和预测。

表 6　美国环境空气质量标准变更

年份	标准演变		具体内容
1971	制定环境空气质量标准	二氧化硫标准	一级标准规定了年平均和 24 小时平均浓度限值，分别为 80 微克/立方米和 365 微克/立方米；二级标准规定了年平均和 3 小时平均浓度限值，分别为 60 微克/立方米和 1300 微克/立方米
		二氧化氮标准	仅规定了年平均浓度限值，为 100 微克/立方米，一级标准和二级标准相同

续表

年份	标准演变		具体内容
1971	制定环境空气质量标准	颗粒物标准	以总悬浮颗粒物为基准空气污染物，一级标准规定了年平均和24小时平均浓度限值，分别为75微克/立方米和260微克/立方米；二级标准仅规定了24小时平均浓度限值，为150微克/立方米
		光化学氧化剂（以臭氧计）标准	以光化学氧化剂（以臭氧计）为基准空气污染物，仅规定了1小时平均浓度限值为160微克/立方米，一级标准和二级标准相同
1974	第一次修订二氧化硫标准		废除了二级标准的年平均浓度限值
1979	第一次修订臭氧标准		将光化学氧化剂（以臭氧计）名称调整为臭氧，同时将1小时平均浓度限值调整为240微克/立方米
1987	第一次修订颗粒物标准		废除总悬浮颗粒物环境空气质量标准，制定实施颗粒物（PM10）环境空气质量标准，规定了年平均和24小时平均浓度限制，分别为50微克/立方米和150微克/立方米，一级标准与二级标准相同
1997	第二次修订颗粒物标准		制定发布颗粒物（PM2.5）环境空气质量标准，规定了年平均和24小时平均浓度限值，分别为15微克/立方米和65微克/立方米，一级标准与二级标准相同；同时，保持颗粒物（PM10）环境空气质量标准不变
	第二次修订臭氧标准		规定了8小时平均浓度限值（160微克/立方米，一级标准与二级标准相同）；同时保留1小时标准，达到1小时标准的地区实施8小时标准，否则继续实施1小时标准
2006	第三次修订颗粒物标准		颗粒物（PM10）的24小时平均浓度限值为35微克/立方米，并废除颗粒物（PM10）的年平均浓度限值
2008	第三次修订臭氧标准		将8小时平均浓度限值进一步降低至150微克/立方米，废除1小时标准
2010	第二次修订二氧化硫标准		废除一级标准年平均和24小时平均浓度限值，一级标准增加了1小时平均浓度限值（200微克/立方米）
	第一次修订二氧化氮标准		发布了二氧化氮一级标准的1小时平均浓度限值（190微克/立方米）

资料来源：刘春兰、关婧、李铮、王海华编著《世界城市空气污染治理与空气质量管理研究》，化学工业出版社，2016。

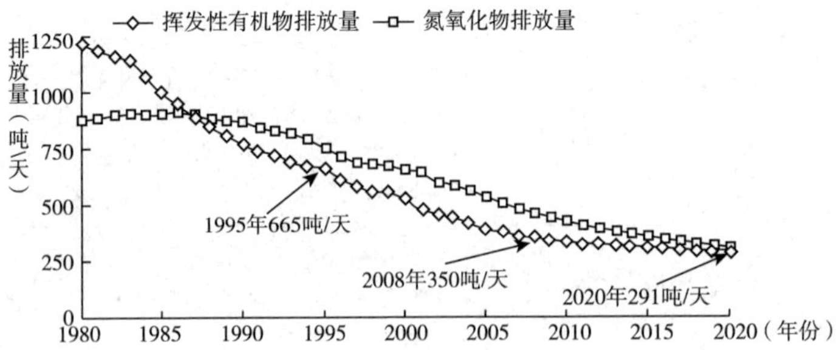

图 6　1980~2020 年旧金山湾区挥发性有机物和氮氧化物的排放趋势和预测

资料来源：梁英振著《双城记：旧金山四十年大气污染治理历程对北京治污的启示》（上），《世界环境》2013 年第 6 期。

通过制定具有科学性和可操作性的排放标准，不断完善污染物排放标准体系，强化了生态环境保护的约束机制，为保证污染物排放标准的顺利实施，这些湾区还逐步完善了法律制度，明确了治理的责任与义务。同时运用已有的行政体制落实各级环保部门的职责，发挥国民、企业等主体的完善监督制度，切实强化生态环境治理的约束机制，真正把环保标准落到实处，起到实实在在的作用。

四　中国情境下的有效路径

粤港澳大湾区是我国发展水平最高、竞争能力最强的城市群之一，作为中国改革开放的前沿阵地和经济增长重要的引擎，涵盖了广东省最发达的九个地级市和香港、澳门两个特别行政区。但不同区域之间，有着很大的自然和经济社会差异。在自然条件上，呈现环境差异大、资源禀赋不同的格局。在经济社会条件上，珠三角地区不同地级市之间的经济发展水平呈现比较大的差异，以广州、深圳为代表的特大城市远远超过其他地级市。而香港和澳门又在社会制度上区别于珠三角，且珠三角各地行政地位具有多层级的特征。因此，要建立粤港澳大湾区生态环境保护合作机制、建设绿色湾区，需要粤港澳大湾区进一步加强不同地区的合作，特别是在生态环境建设上要体现有效协同。而如何在经济发展、社会文化甚至是政治体制不同的情况之下，建设绿色湾区，推动建立生态环境保护合作机制，不仅考验着中央政府对全局的规划和掌控，而且对粤港澳大湾区各地政府的智慧和行动都提出了更高要求。因此，在对世界著名湾区经验借鉴的基础上，更重要的是结合中国的政治、经济、文化情景，找出一条适合中国、适合粤港澳大湾区绿色建设和绿色发展的路径。结合特定情境，根据粤港澳大湾区建设的相关指示精神，从法律法规完善、多元主体参与、强化合作理念、统筹性管理、优化产业布局和结构五大方面建设绿色湾区，形成各地区“你中有我、我中有你、一荣俱荣、一损俱损”的全方位、深层次的生态环境保护体系。

（一）制定跨区域的法律法规，从制度上实现有效衔接

粤港澳大湾区已经在跨区域合作领域有了很大的进展，包括建立了粤港、粤澳规划协作的基本框架，特别是提出了关于环境保护的相关协议。

但是，由于受到自然条件、经济社会制度、法律法规等方面的限制，很多生态环境治理手段无法充分发挥合力。在广东各地市，普遍实行河长制、湖长制、山长制以及生态文明责任制、问责制等相关环境制度。而港澳地区则无与此相一致的制度以及缺乏一致的管理目标和方向。不同地区不同环境治理制度，会出现不同的治理内容和侧重点，这必然会导致粤港澳大湾区在生态环境的建设上出现“政策缝隙”，影响粤港澳大湾区生态环境协同发展，不利于绿色湾区的建设。

当前，在相关生态环境问题的解决上，各区域之间的合作主要限于联席会议基础上的就事论事、个案解决，没有形成整体战略布局，没有从统筹全局的角度解决问题，缺少城市之间的直接合作机制，使得在重大生态环境治理方案上无法达成一致，进而影响了整体协作机制的形成。

而且这种联席会议基础上的合作机制使得法律法规的现实需要与制度供给之间产生的矛盾无法有效解决，致使粤港澳大湾区环境治理的合作机制刚性不足，影响各地各级政府在污染产业转移、利益补偿机制制定、节能减排义务承担等方面合作的积极性。因此，要实现粤港澳大湾区的绿色建设，弥补生态建设缝隙，实现绿色湾区的有效衔接，需要完善相关法律法规，积极推广碳普惠制试点经验，推动粤港澳碳标签互认机制研究与应用示范。

（二）注重社会多元主体参与，从主体上实现有效推动

粤港澳大湾区要建立生态环境保护合作机制，要建设绿色湾区，单靠政府一元主体很难完全实现目标。公众、媒体、企业、社会组织等其他主体的参与也至关重要。从世界湾区治理环境的经验来看，社会多元主体的参与有利于提高环境治理质量和效率。一般而言，公众和媒体等其他主体的参与主要在环境治理的末端位置，即主要发挥监督作用。但这种参与程度是不够的，在粤港澳大湾区的生态治理体系中，其他主体必然要在前端、中端发挥作用，即参与到环境政策的制定上、政策执行的过程中。政府必须认识到把民众和企业真正纳入治理环境的过程当中的必要性和重要性。

在生态环境的治理当中，政府和民众有时是信息不对称的。首先，造成环境破坏的原因具有复杂性，普通民众没有专业的知识和技术了解到环境破坏的根源，各级政府与民众的沟通也是困难重重，一是由于某些信息解释的模糊性和不完全性，二是民众也难以理解复杂的环境破坏过程和原因，从而难以形成稳定及时的沟通平台。其次，关于环境破坏的信息，民众无法及时准确获取。最后，目前的制度仍然不够完善，污染信息的公开程度不够。普通民众的知情权难以真正实现。因此，必须让民众真正参与到环境治理的前端、中端和末端，让民众参与到政策制定的过程当中，激发民众的积极性。在环境治理监督上赋予民众知情权，

才能充分发挥民众在环境治理中的作用，实现公众参与；要广泛开展绿色生活行动，推动居民在衣食住行游等方面加快向绿色低碳、文明健康的方式转变。

而企业作为产生工业污染的主要责任方，应该在环境治理中承担起更多的责任，发挥出更大的作用。企业在生产制造的过程中，不可忽视环保问题，应全力做到经济效益、环境效益和社会效益相统一。企业应明确自身的权责义务，要充分考虑到工业生产的社会效率，彻底否定先污染后治理的方案。对于政府制定的产业调整政策和产业布局部署，应该积极主动支持和践行，努力在政府引导下实现可持续发展。

粤港澳大湾区生态环境建设必须充分发动多元主体力量，激发多元主体积极性，建立健全多元主体参与的保障制度体系，强化多元主体参与生态环境建设的能力，让更多的能量聚集到生态治理上，让更多的智慧投入生态建设中来。

（三）强化各地政府合作理念，从思想上实现有效协调

由于环境本身的特殊性和整体性，生态环境治理和建设无法依靠某个行政区独立完成，需要加强各地合作。人为划分形成的行政区划，无法对自然条件产生影响，对于环境治理难以发挥作用。因此，环境治理和建设，需要加强各地各级政府的合作理念，从思想上重视合作与协同，从行动上推动合作，防止“碎片化治理”，提倡整体共治下的互惠共赢。

目前的粤港澳大湾区缺乏有效的流域水污染联防联控机制，跨界河流污染问题相对突出。大湾区流域干流水质良好，但部分跨界河流和流经城市的局部河段污染问题较为突出，水体黑臭现象明显。各地各级政府如果不加强合作，环境污染就很难解决甚至无法解决。因此，粤港澳大湾区在水环境治理方面需要打破行政区划的框框，逐步建立流域水污染联防联控体系，充分发挥流域协作机制监督作用，强化跨界断面和重点断面水质监测和考核，完善水质监测信息共享机制。同时，需要从总

量上控制粤港澳大湾区的污染情况，从流域上全面统筹、合理规划入海排污口。

另外，粤港澳区域内的各地各级政府应该摒弃地方保护主义思想，从战略上、整体上推动粤港澳大湾区全方位建设特别是生态环境建设。在生态环境立法体制上，各地都有一定的立法权限，可以根据本行政区域的实际情况制定执行性法规和地方性法规。而粤港澳大湾区的行政区组成更为复杂，层级不同、制度不同，区域内城市间行政体制分割明显，这可能会导致部分城市政府存在自利倾向，从地方利益与部门利益出发进行立法生态治理。而从全局来看，这明显是不利于粤港澳大湾区生态建设的。目前国家环境立法协同机制的缺乏和地方政府的自利主义使得粤港澳大湾区在生态环境合作上面不够广、层次不够深入。因此，必须加强各地政府的合作理念，强调协调合作的重要性和必要性，进而从行动上突破生态治理体系中的行政区划边界，推动各地政府为粤港澳大湾区生态环境保护共同出力。同时，要进一步完善粤港澳生态环境保护合作沟通机制，努力推动三方政府协同治理，加强各地各级政府的协调，加强互通与联动机制建设，切实提高区域联动水平，充分发挥不同地区的优势和合力，共同致力于建设绿色湾区。

加强各地政府合作，还必须坚持充分发挥各地优势，有效整合相关要素。香港、澳门、广州、深圳等科研实力较强的地方，可以借助科技研究机构，牢牢把握“环保科技的人民性”，解决当前人民群众和粤港澳大湾区面临的突出环境问题。让科技先行，用科技推动生态建设，用更为科学有效的污染治理模式、最小的经济代价实现最大的治理效果，为粤港澳大湾区做好生态环保科技服务。珠三角其他地区要充分依托各地优势，特别是其重要的地理位置和自然环境上的突出优势，做好源头治理。这些地区最重要的是在做好生态环境保护的基础上主动治理已经破坏和正在破坏的环境。通过多方强强联合，发挥各自优势，共同为粤港澳大湾区的绿色可持续发展保驾护航。

（四）成立统筹性的管理机构，从机构上实现有效管理

粤港澳大湾区要建立生态环境保护合作机制，建设绿色湾区，需要成立统筹性的专门的具有全局性的环境管理机构。区域政府间进行环境治理的合作，必然要通过一定的正式组织的形式来进行。只有借助常态化的管理机构，管理手段和措施才能深深扎根在生态环境的建设实践上。

目前粤港澳大湾区主要是通过高层的联席会议以及各种环境合作专责小组来进行合作，借助这些合作平台，粤港澳大湾区的环境合作治理取得了一定的成效，但仍存在不少问题。首先是发挥的作用有限。粤港澳大湾区各地政府通过对重大环境类合作事项进行讨论，形成政府合作协议，以此加强合作，协调行动，实现基本统筹。但这种组织结构和合作形式比较松散，一般而言一年只进行一次，会议间隔时间长而会议持续的时间短，对商讨环境合作的重大事务的投入有限。而且各个城市政府间的合作基本局限在日常工作上，对于跨界流域的治理、跨界基础设施的建设方面的重大问题的决策还需要通过中央的讨论才能确定。因此，联席会议对粤港澳地区的政府合作进程的监督和掌控的作用有限。其次是专责小组容易进行碎片化治理，无法真正统筹起来共同治理环境问题，共同推动生态建设。粤港澳大湾区环境治理中的政府合作，在联席会议下设立了多种专责工作小组，负责具体合作事项的监督执行。但是各个环保合作专责小组，大多仅仅是处理好各个领域的合作事务，平时小组之间的沟通协调不足。而且由于各专责小组的成员都是由各地方政府相关部门中的工作人员组成，他们除了小组的工作还有自己本职的工作，对合作事项投入的精力有限，而且各小组成员来源于不同的政府部门，工作默契度欠缺，工作效率较低，因此也就无法起到实际的作用。

面对日益复杂的跨域环境问题，联席会议及环保合作小组无法完全实现目标，目前粤港澳大湾区进行环境治理有必要对合作的组织机制进

行完善，建立一个权威性的合作机构，以及下设相关监督执行部门，以形成完整有效的组织保障机制，保障政府合作治理的成效。

（五）优化各产业布局和结构，从根本上实现有效治理

改革开放40年来，粤港澳大湾区各地经济发展迅速，产业结构和布局总体上呈现优化的趋向，具体表现为服务业占比越来越大，农业占比迅速减小。但珠三角地区产业结构的工业占比居优势地位的格局仍未得到彻底改变。特别是珠三角地区坚持改革开放，快速实现了以工业化为主体的经济腾飞，成为全球重要的制造业基地之一。但是过快的经济发展付出了一定的环境代价，珠三角地区工业比重过大，对于环境的保护和治理产生了一定的阻力。

近年来，珠三角地区进行了大幅度的产业结构升级调整行动，但由于其本身内部存在的经济发展水平的差异，各地在产业升级的进度、执行的标准、调整的动力和信心等方面也存在较大差异。像广州、深圳、东莞等地不断提升产业准入门槛，加大对重污染行业、落后产业的淘汰和改造力度，对先进制造业和现代服务业进行扶持，分别制定了有针对性的调整标准和产业转移实施方案，使得产业结构调整优化的步伐加快。但仍然存在像肇庆、江门等地产业结构调整出现困难，调整步伐较慢或调整力度较小，导致这些地区的生态环境备受威胁，生态环境建设上没有达到标准水平的情况。除此之外，珠三角各地由于缺乏统一的产业结构调整模式和标准，各地产业结构调整的方向和力度不同，区域内产业参差不齐，也给环境保护和治理带来了较大困难（见图7、图8、图9）。

粤港澳大湾区的建设必须彻底改变各产业发展现状，优化产业布局和结构，推动产业升级改造，努力发挥产业调整对环境的改善作用和环境治理对产业的调控作用。要坚持严格落实生态分区控制要求，统一协调重大建设项目布局，加快淘汰落后产能特别是重污染重危害的产能。积极发展先进制造业和战略新兴产业，依靠技术创新而非资源投入，坚持人才创造

而非人力生产，坚持不懈促进生产结构优化和布局调整。同时要坚持推动制造业向智能化和绿色化发展，积极改造传统产业，加快构建绿色产业体系。

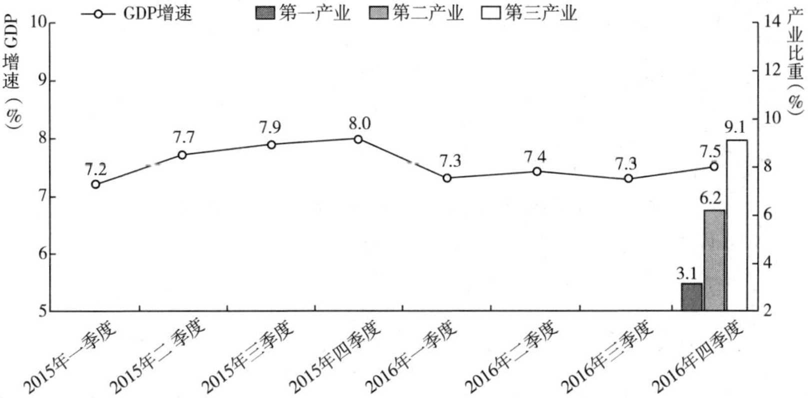

图 7　珠三角 GDP 增速及产业比重情况

资料来源：2016 年、2017 年的《广东统计年鉴》。

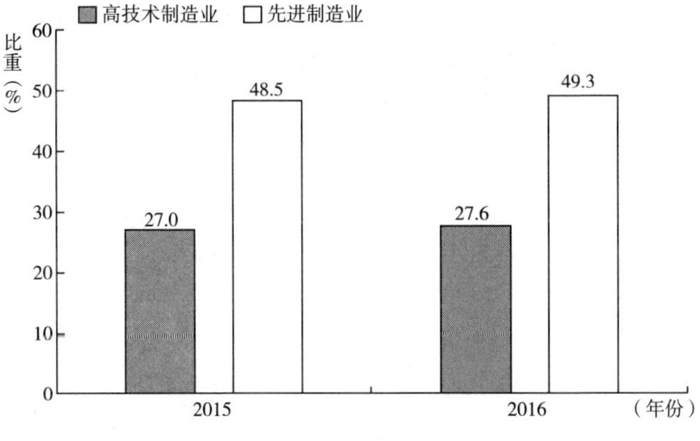

图 8　2015 年、2016 年广东高技术及先进制造业占规上工业增加值比重

资料来源：2016 年、2017 年的《广东统计年鉴》。

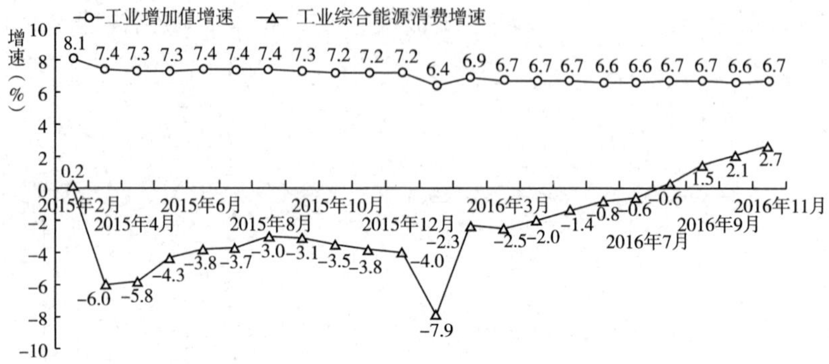

图 9　珠三角工业综合能源消费与工业增加值增速

资料来源：2016 年、2017 年的《广东统计年鉴》。

因此，要提升粤港澳大湾区生态环境治理水平，建设绿色湾区，必须要在产业布局和发展上花大力气。必须平衡好经济发展和生态环境之间的关系，要切实明白，我们坚决不要以环境为代价换来的经济发展，我们追求的是在保护和发展生态环境的基础上，大力发展而来的经济，要的是循环经济、绿色经济。

• 文化湾区篇 •

粤港澳大湾区设计业与相关产业的融合发展

方　海　王　娟　黄　蓓　李淑娟

周文娟　安　舜　王　千　梁　婷*

摘　要：粤港澳大湾区的发展应加快推动设计业与相关产业的融合，在抢抓转型升级新机遇的同时，推动广州成为国际大都市，引领粤港澳产业升级转型，进而使设计战略为“一带一路”建设服务。具体可从如下策略着手。其一，提升粤港澳城市形象，以设计创建旅游、文创、影视等相关产业的融合模式：以设计驱动创新为引擎，促进产业升级和城市转型，打造设计明星城市群；整合资源发展相关主题文化产业园，搭建大湾区文化形象传播网络。其二，发展艺术社区，以设计探索商业、文教与城乡建设的共生路径：开发具有本土文化生态模式的新型艺术社区，同时发展乡村文创产业，以设计驱动发展；引导高校科教力量参与各类艺术社区建设，实现艺术、科教与商业的对接。其三，推动设计博物馆建设，以设计促

* 方海，广东工业大学艺术与设计学院院长、教授、博士生导师，广东工业大学粤港澳设计文化与战略研究中心主任，主要研究领域是家具设计、建筑与环境设计；王娟，广东工业大学艺术与设计学院副院长、教授，广东工业大学粤港澳设计文化与战略研究中心副主任，主要研究领域是文化传承与设计创新、设计美学；黄蓓，广东工业大学艺术与设计学院讲师；李淑娟，广东工业大学艺术与设计学院副教授；周文娟，广东工业大学艺术与设计学院讲师；安舜，广东工业大学艺术与设计学院博士研究生；王千，广东工业大学艺术与设计学院硕士研究生；梁婷，广东工业大学艺术与设计学院硕士研究生。

进文化遗产的传承、活化，构建粤港澳大湾区设计共同体：为大湾区各种设计资源和设计成就进入公众视野搭建平台，使博物馆成为集中展现城市文化形象的窗口；以设计博物馆建设为依托，汇集相关产业资源与教学科研力量，推动产学研有效协同，可借力收藏、展览、出版、研究等多种形式，寻求传统设计资源进入当代设计文化的路径。总之，推进粤港澳设计业与相关产业的融合发展，需要明确在技术驱动创新和市场驱动创新之外，还有第三种创新模式，亦即设计驱动创新。

关键词： 粤港澳大湾区　湾区设计　产业融合　创新

一　总论

习近平总书记参加广东代表团审议时指出，要抓住建设粤港澳大湾区重大机遇，携手港澳加快推进相关工作，打造国际一流湾区和世界级城市群。粤港澳大湾区的发展应加快推动设计业与相关产业的融合，在抢抓转型升级新机遇的同时，推动广州成为国际大都市，引领粤港澳产业转型升级，进而使设计战略为“一带一路”建设服务。

（一）粤港澳大湾区设计业与相关产业融合的意义

研究粤港澳大湾区设计业，应从多层次、全方位、多领域出发，与纽约湾区、东京湾区等世界知名湾区进行对比，通过横向比较总结自身优势和劣势。在政府大力提倡设计业与相关产业融合发展的进程中，加快产业转型升级，让以绿色设计和可持续发展为核心的设计带动相关产业与国际的交流合作。

1. 设计与产业融合推动粤港澳大湾区协同发展

粤港澳大湾区的协同发展应形成优势互补。一方面，粤港澳大湾区可以借助港澳的优质设计和国际化平台广泛地聚合全球设计资源，提高制造业的自主创新能力，为加快形成国际竞争新优势提供支撑；另一方面，港澳设计服务企业可依托广东完备的产业链、强大的市场潜力，实现设计创新成果产业化，在内地形成新的消费市场需求并向国际市场拓展。推动设计业与相关产业的融合发展，加快粤港澳产业转型升级，增强民族产品全球竞争力，通过设计战略推动“一带一路”建设，使广州成为国际大都市，促进设计文化的国际交流与合作，引领粤港澳大湾区协同发展。

2. 设计与产业融合促进产学研资源协作

促进产学研的协同合作能够使产业优势、技术创新优势与设计资源优势在大湾区内形成放大和扩散效应，可强化粤港澳大湾区设计驱动的协同创新模式，更好地发挥各地设计优势，实现资源互补。

第一，在院校方面，可健全和完善产学研有效结合机制，提升创新平台服务能力。湾区拥有国家一流和世界一流的教育、科研资源，建构起设计创新与商业化之间的桥梁，让知识创新与技术进步成为经济发展的引擎。产学研有效协同，将成果转化成生产力，在研发、孵化、专利和产品交易等方面对各种平台服务进行提升，提高设计驱动创新的产业成果转化效率。

第二，在产业方面，可吸引港澳设计人才到珠三角地区，提高凝聚力和向心力。从事创新创业、设计交流和服务活动，有利于增进港澳与内地的密切联系。产业发展基于新技术、新材料、新工艺、新装备的设计应用研发，促进大湾区设计业与其他相关产业协同发展，推动设计服务向高端综合设计拓展。

（二）粤港澳大湾区设计业发展的现状与优势

1. 设计与产业发展的现状

自《深化粤港澳合作　推进大湾区建设框架协议》签署以来，粤港澳大湾区积极响应党中央关于粤港澳大湾区建设的重大战略部署，贯彻习近平总书记对广东工作提出的“四个走在全国前列”的要求。该地区是改革开放40年来，全国设计资源最集中、设计活动最频繁、设计成果最显著的区域之一。在粤港澳大湾区内进一步深化城市合作、推动行业资源整合、加强设计实践与理论研究，是时代所需，更是历史的必然。

自2010年广东提出打造“粤港工业设计走廊”的战略以来，华为、中兴、美的、格力、广汽等一批设计引领创新型企业发展势头良好。设计与产业融合不仅提升了产品的质量、结构和品牌影响力，同时推动“广东制造”向“广东创造”转变。大湾区已形成以广州、深圳为中心，向珠海、东莞、佛山、中山等城市发散的设计产业城市群。

以公共艺术、设计博物馆和产业园区为主要发展方向的设计产业群已初见成效。“2018艺术深圳”期间，湾区重点艺术机构相继推出展览和活动，为强化粤港澳大湾区的艺术联动效应创造积极有利的条件。与此同时，粤港澳大湾区文创设计产业研究院正式启动，将融合政府、媒体、金融、智库等各方优势，集聚专家、人才、信息、资金等高端资源，为设计文化的建设提供强有力的资源支撑。

2. 设计与产业融合的优势

第一，地理位置优势。粤港澳大湾区包括香港特别行政区、澳门特别行政区和广东省广州市、深圳市、珠海市、佛山市、惠州市、东莞市、中山市、江门市、肇庆市。该区域“三面环山，三江汇聚”、面向太平洋、辐射泛珠三角，与旧金山湾区、纽约湾区、东京湾区相比，粤港澳大湾区拥有面积最大、常住人口最多的优势，自古以来就与世界保持着紧密的联系，拥有得天独厚的地理优势。交通条件便利，拥有香港国际航运中心和吞吐量位居世界前列的广州、深圳等重要港口，以及香港、广州、深圳等具有国际影响力的航空枢纽，并且随着港珠澳大桥、广深港高铁、深中通道和虎门二桥等重大交通设施的不断完善，大湾区将成为华南地区重要的物流中心、交通中心和航运中心。人流、物流、信息流等要素的自由流通，必然会使设计业加快升级。

第二，历史文化优势。粤港澳大湾区有悠久而特殊的历史背景和文化积淀。从秦朝开始，广州就是华南地区的政治、经济、军事、文化中心，是岭南文化的发源地和兴盛地；自东汉时期起成为海上丝绸之路的主港；明清时期，广州是对外贸易大港。近代以来，中西文化的碰撞交融促使多元化设计理念在粤港澳大湾区空前发展，既继承和发扬本土文化精神，也积极吸收国际前沿设计理念和先进设计管理体制。南越王墓博物馆、陈家祠、中山纪念堂等文化遗产见证了广州在历史上不可磨灭的发展历程，而石湾陶瓷、香云纱等工艺的发展状况也展现了传统因素的强健活力。在“一带一路”倡议的引导下，以悠久历史文化为根基，充分整合粤港澳大湾区内各区域文化资源，探索传统设计文化和智慧服务当代的新路径，必然成为粤港澳大湾区文化自信的重要展现。

第三，设计人才优势。2012 年 12 月，习近平总书记来视察广东工业设计城时表达了“下次来时希望看到 8000 名设计师”的殷切希望，至 2017 年短短 5 年时间，设计城已聚集海内外优秀设计研发人员 8120 名。粤港澳大湾区集中了众多知名学府，其中香港理工大学、广东工业大学、华南理工大学、广州美术学院、澳门科技大学等高校均设立了与设计相关的专业和课程，正是这些高等学府每年向该地区输送大量的设计人才，为粤港澳大湾区提供了良好的人才资源。

第四，产业园区优势。广州、深圳、香港、澳门吸引着众多国内外设计产业来此发展，大湾区完全可以充分发挥本身科技优势，对接全球创新资源，加快构建区域协同创新，推动设计与产业融合的创新体制，使新材料、新技术、文化创意等新兴产业发展壮大。广州被定位为“粤港澳大湾区设计产业聚集的‘国际品牌摇篮’”，将引进城市设计、建筑设计、工业设计、时装设计等设计全产业链，打造集研发、设计、展览、教育等为一体的粤港澳大湾区设计产业聚集地。2018 年 10 月 22 日，习近平总书记来到格力电器股份有限公司考察时指出制造业的核心就是创新，就是掌握关键核心技术，必须靠自主创新争取，我们要有自主创新的骨气和志气，加快增强自主创新能力和实力。粤港澳大湾区要抓住建设机遇，将设计业与相关产业融合作为该地区发展的战略核心，发挥其核心作用带动大湾区共同发展，未来还将向国际一流湾区迈进。

（三）粤港澳大湾区设计业与相关产业融合的主要建议

1. 提升粤港澳城市形象，以设计创建旅游、文创、影视等相关产业的融合模式

粤港澳大湾区需要设计文化来全方位展示充满健康活力的新形象。一是以设计驱动创新为引擎，促进产业升级和城市转型，打造设计明星城市群。可立足各地产业优势，借力大湾区内外的文化需求，使大湾区成为全球制造业的创新中心和国际化设计产业的聚集地。二是以大湾区文化建设与传播为路径，有效利用设计产业资源，寻求文创、旅游、影视等产业融合的新模式，打造城市文化名片。可整合旅游资源与文创设计、影视创作，发展相关主题文化产业园，搭建大湾区文化形象传播网络。

2. 发展艺术社区，以设计探索商业、文教与城乡建设的共生路径

粤港澳大湾区同时拥有一流的教育科研资源、雄厚的经济实力以及丰富的城乡面貌，推动艺术社区的建设，是积极促进艺术与社区、城市与乡村协同发展的良性途径。一是开发具有本土文化生态模式的新型艺术社区，同时发展乡村文创产业，以设计驱动发展。可在粤港澳大湾区传统乡镇村落建设中，引入现代设计文化策略，既不破坏传统社区人文生态，又有效促进乡村振兴。二是引导高校科教力量参与各类艺术社区建设，实现艺术、科教与商业的对接。应鼓励高校艺术设计专业积极开展粤港澳艺术社区建设研究，并组织教学科研力量在校外各类艺术社区进行实践教学。

3. 推动设计博物馆建设，以设计促进文化遗产的传承、活化，构建粤港澳大湾区设计共同体

设计博物馆建设，不仅可以提升城市文化品位，还可以将文化遗产

保护传承与现当代设计创新发展相结合，推动地域文化与当地经济的交融发展。一是为大湾区各种设计资源和设计成就进入公众视野搭建平台，使博物馆成为集中展现城市文化形象的窗口。同时，可引入大湾区的传统工艺、非物质文化遗产和近现代以来具有中外文化交流背景的各类设计，打造出具有地域品牌特色的设计博物馆。二是以设计博物馆建设为依托，汇集相关产业资源与教学科研力量，推动产学研有效协同，构建大湾区设计共同体。可借力收藏、展览、出版、研究等多种形式，寻求传统设计资源进入当代设计文化的路径，促进设计交流与创新，使设计博物馆成为培养设计人才、促进设计业与其他产业融合的重要平台。

总之，推进粤港澳大湾区设计业与相关产业的融合，要坚守“一国之本”，发挥“两制之利”。利用粤港澳大湾区“一国、两制、三区”独特的制度优势和创新体制机制，合理开发湾区传统文化资源，激活本土设计文化创新，是推进新一轮改革开放、实现高质量发展的重大机遇。

二　广州发展设计产业与大湾区协同创新

20 世纪 90 年代以来，在经济全球化背景下的区域经济发展过程中，以设计为核心发展创意产业的做法成为许多国家和地区实现产业转型、创立地区品牌和增强国家竞争力的重要途径，全球掀起了重视设计、发展创意产业的热潮。

（一）广州发展设计产业的重要意义

1. 发展设计产业是广州经济发展与产业转型的有效途径

创意产业的发展规模，已经成为衡量一个城市竞争力的重要标志。设计是所有产业的核心，欧美国家和日韩的强国之路都是以设计立国作为一项基本国策。放眼国际市场，世界一流品牌均来自发达国家，这与他们重视设计有很大关系。美国的圣达菲、阿根廷的布宜诺斯艾利斯、德国的柏林、加拿大的蒙特利尔、日本的名古屋、韩国的首尔等，无一不是因为设计产业的发展而充满活力，并都将设计产业作为其创新战略的重要组成部分。广州发展设计产业，将促进产业结构优化升级与经济转型发展，形成新的经济增长点。

2. 发展设计产业是广州提升城市综合竞争力的重要渠道

在国外，设计产业发达的城市都凭借其在设计领域的优势，在本国乃至世界范围内发挥着重要作用，进而吸引更多设计师、设计资源的交流融汇，通过各项展会活动，促进本国传统设计与当代创意相结合，推动设计产业更好地发挥集聚效应，提升城市综合竞争力。国内设计产业比较发达的深圳、上海、北京和武汉等城市，都与全球创意城市开展了深度合作和交流，其设计产业的产值占地区生产总值的比例逐年上升，城市形象和竞争力也大幅提升。广州应大力发展设计产业，并通过专业知识培训和建立创意产品国际销售渠道等方面的交流合作，帮助地方政府和企业将多元文化产品推广到国际市场，促进“广东制造”迈向“广东创造”，创立地区品牌，提升城市综合竞争力，使广州以崭新的面貌跻身于国际大都市的行列。

（二）广州发展设计产业的优势

1. 地理区位优势

广州地处粤港澳大湾区的核心位置，邻近港澳，是华南地区重要的物流中心、交通中心和航运中心，是大湾区联系与辐射内地的重要桥梁，是中国通往世界的“南大门”[①]，自古以来就与世界保持着紧密的联系，拥有得天独厚的地理区位优势。

2. 历史文化优势

广州拥有2000多年的建城历史，是古代海上丝绸之路的发祥地，岭南文化的中心地，1757～1842年广州更是中国唯一的对外通商口岸。广

① 姜巍：《广州：高水平开放型经济体系构建》，《开放导报》2017年第2期，第102～105页。

州拥有南越王墓、黄埔古港、粤海关大楼、陈家祠等历史遗迹和文化景观，农讲所、黄花岗、中山纪念堂等见证了广州在中国近现代历史上不可磨灭的历史篇章。同时，广州还有广州塔、珠江新城等大批现代建筑和城市规划设计。相比深圳这座年轻的移民城市，广州是一座古老与现代相交融的城市，有着悠久的历史和深厚的文化积淀，具有粤港澳大湾区展示文化自信的独特基因，这些都为发展设计与文化创意产业奠定了良好的文化基础。

3. 设计人才优势

广州是广东省政治、经济、教育和文化的中心，是设计人才培养的摇篮，拥有全省七成以上的高校、科研院所及设计研究中心。广东工业大学、华南理工大学、中山大学、暨南大学、华南农业大学、广州美术学院等多所一流高校均设立了艺术设计相关专业和课程，每年为大湾区输送大量创意设计人才。广州还吸引了国内外众多设计公司及高层次设计人才来此发展，设计与创新资源高度聚焦，这为广州发展设计产业奠定了良好的人才基础。

4. 创意产业优势

广州拥有众多以设计作为主要推动力的创意型时尚产业，如服装、皮具、鞋业、箱包、珠宝首饰、家具等。以广州为中心的珠三角拥有全国1/3的服装生产企业，是中国最大的皮具皮革、鞋类箱包、时尚配饰的生产基地之一。广州及周边地区聚集了周生生、周大福、六福等近2000家珠宝首饰加工和销售企业，产值占全国70%以上。[①] 巨大创意产业园、羊城创意产业园、红专厂、广东工业设计城等多个创意产业园区，都为广州发展设计产业夯实了产业基础。

5. 大型展会优势

广州是“中国第一展”举办地，每年的“广交会”成为中国经济与

---

① 朱伟良：《广州将出台文件推动设计与产业融合》，《南方日报》2017年4月14日。

世界联系的重要窗口。广州会展业已经拥有两大展馆群体和一批展会品牌，基本实现会展产业化。“广州设计周”“广州国际服装节”“省长杯”等国内外知名的大型展会和活动，成为引领全国甚至国际时尚潮流的重要设计活动品牌。

（三）广州发展设计产业的主要思路和建议

1. 政府牵头制定设计战略，明确工作推进机制

广州要在遵循设计规律、城市构成和发展规律的基础上，牵头制定针对广州以及粤港澳大湾区发展的设计战略，将设计理念全面融入城市的社会经济文化发展之中。以高起点的设计规划重塑城市形象，以大规模的创意文化推动经济发展，并持续地作为引领和推进城市发展的重要手段。设计战略的制定，既有持续推进的工作举措，也有阶段诉求目标，包含管理策略、文化内涵、技术开拓、空间构成、业态内容等多方面。

2. 打造以广州为中心的粤港澳大湾区创意设计产业集群，推动品牌展会和活动的有效传播与合作

广州要管理统筹设计产业，规划蓝图促进企业发展，形成以广州为中心的粤港澳大湾区创意设计产业集群。一是在广州建立一个以政府为主导、学校与社会密切合作的创意设计指导中心，明确各城市间产业定位，研究设计产业相关的战略措施及对策，推出大湾区设计驱动创新计划，构建面向粤港澳大湾区的新型设计产业分工格局。二是开设以广州为中心的大湾区设计文化交流平台，打破行政壁垒，激发创意活力，推动“广州设计周”“深圳设计周”“香港营商周”“澳门设计周”“省长杯”等品牌展会和活动的有效传播与合作。三是实施设计产学研相结合的创新项目。

3. 加强广州城市建设和大湾区城市群空间形态的设计规划工作，构建宜居城市和高效率的交通网络

广州要加强城市建设和大湾区城市群空间形态的设计规划工作。一

是要以绿色设计和可持续发展为核心进行市政运营和城市建设，提升宜居城市规划设计水平，鼓励设计创意工作者和市民参与宜居生活设计，并扶持中小企业进行创新工艺制作设计。二是构建效率高、容量大的大湾区交通网络，全面增强综合交通枢纽功能，培育提升科技教育文化中心功能，着力建设绿色、宜居的国际大都市。

4. 注重设计人才的培养，推动设计教育发展

为了给设计产业提供重要的人才保障，我们应该鼓励和推动设计教育的发展。广州在这方面可发挥辐射带动效应，一是整合大湾区优秀的教育资源，广泛吸引香港、澳门和国际设计教育资源集聚，设立大湾区设计教育管理机构，共同开发设计课程体系，实现设计高校相互招生、学分互认，促进设计教育合作；二是吸引国内外高层次设计企业和优秀设计人才到广州创业和就业，成立大湾区青年创意人才协会等孵化平台，积极为青年创意人才提供成长机会；三是推动设计专业职称认定，建立人才数据库，提升政府、社会对设计师的认可度，提高设计师获得公共部门委托的概率。

综上所述，发展设计产业对于广州产业的升级、经济的增长、城市综合竞争力和文化软实力的提升意义重大。广州要抓住粤港澳大湾区建设机遇，以设计驱动创新为引擎，抢抓转型升级新机遇，大力发展设计产业，充分发挥国家中心城市和综合性门户城市引领作用，激发粤港澳大湾区经济、文化与社会发展活力，带动粤港澳大湾区协同创新与共同发展。

三　广州城市形象设计与旅游产业的融合

2019 年 2 月 18 日发布的《粤港澳大湾区发展规划纲要》提出，广州要充分发挥国家中心城市和综合性门户城市引领作用，全面增强国际商贸中心、综合交通枢纽功能，培育提升科技教育文化中心功能，着力建设国际大都市。广州的定位为城市形象的设计提供了立足点。

从功能上分类，广州现有的城市形象主要分为广州建筑形象、广州节庆形象和广州媒介形象。广州建筑形象主要指广州地标、历史文化的建筑物等，是广州城市形象的实体空间；广州节庆形象是指在节日、会议、展览等特定时间、特定活动中表现出来的主题形象；广州媒介形象是指通过互联网、电视等媒体传播表现出来的城市形象。

（一）广州城市形象设计运用于旅游产业时需要解决的问题

1. 建筑规划在更新与创新的基础上，需要建立建筑视觉上的整体系统

城市建筑视觉特色是城市形象设计中的重要部分。骑楼是广州城市街景显著的视觉特征。广州老城的骑楼系统的保护和修复，是保留广州城市历史文化的重要途径。创新历史街区使用方式，可以防止老城区生活消费与现代生活消费隔离。同时，在新城建设中，创新地使用广州城市建筑的视觉特征，也是形成广州建筑视觉整体性的方式。

近几年来，随着广州空间的扩展、城市功能的复杂化，城市建筑视觉形象系统的建立愈发具有挑战性。建筑规划的更新与创新，需要城市形象设计。从保留城市历史文化特色入手，系统规划城市建筑视觉形象，形成具有广州特色的天际线。

2. 城市形象设计的基础系统应在不同媒介空间整体应用

城市形象设计的基础系统，应从建筑视觉识别应用拓展到其他的媒介空间，形成广州整体的城市形象设计。其他的媒体空间从空间维度上可以分为广州城平面视觉形象系统、城市建筑视觉形象系统和城市多媒体视觉形象系统。城市平面视觉形象系统包括导视系统、广告系统等；城市建筑视觉形象系统包括城市天际线、城市招牌系统、城市绿化景观系统、城市灯光景观系统等；城市多媒体视觉形象系统包括城市网站、建筑墙体大屏幕动态广告、电视宣传片等。

在城市旅游过程中，导视系统作为贯穿旅游过程中重要的引导工具，承载着提示、引导和解释的功能。导视系统的应用媒介开始从平面媒介

向数字媒介转变。

3. 广州城市形象设计需要凸显粤港澳大湾区世界级旅游目的地特征

根据广州市人大常委会经济工作委员会对广州旅游供给侧结构性改革的初探，广州“城市景点”多于“旅游线路”，广州市城市景点数量之和为2310个，排名第四。旅游线路一般是由旅游经营单位利用交通线串联若干旅游点或临近旅游城市（镇）所形成的具有一定特色的合理走向，是一种使游客在最短的时间获得最大观赏效果的产品组合，是一个旅游目的地综合开发实力的体现。

粤港澳大湾区高铁、轻轨、港珠澳大桥等交通设施的建设，为旅游区域联动覆盖提供了交通保障。广州城市形象设计需要考虑珠三角城市全域旅游，宣传粤港澳大湾区世界级旅游目的地这一特色。

（二）广州城市形象设计运用于旅游产业的主要思路与建议

1. 政府牵头制作城市形象的规划，形成广州旅游的鲜明特征

城市形象设计需要历史文化的沉淀，也需要城市人文精神的养成。在时代经济发展的背景下，政府通过发掘和塑造城市的形象设计，促进城市的繁荣与发展。

中国传统的城市规划思想，突出了城市的中心街区性和政治、经济、文化的集中辐射性。所以，中国城市繁华的地段和精美的建筑，几乎在这一城市的中轴线上。郊区—城市天际线的围缘地带，与城市形象相关的视觉形象则不突出。在中心、副中心、乡村形成统一规划，形成广州特征的岭南风情的视觉，能为广州树立鲜明的城市形象。

广州城市旅游热点从旧中轴渐渐向新中轴转移，需要维持旧中轴的历史建筑的美和岭南特色，凸显旧中轴广州历史文化的底蕴。从多维度、多渠道呈现广州的历史、现在和未来，是广州城市形象设计整体规划中应考虑的重点。

2. 重视广州城市形象的宣传与推广，寻求广泛的沟通途径

加强城市整体旅游形象塑造与宣传，体现城市文化特质与内涵。广州城市形象的宣传与推广渠道，有境外旅游推广中心，也有会展推荐，如休闲旅游博览会、国际旅游展等，还有数字媒介推荐，如社交媒体、城市旅游宣传片、城市纪录片等。

广州城市形象宣传与推广，渠道广泛、内容丰富。大量的城市形象宣传与推广内容，能激发游客对广州的向往感。官方来源的城市形象宣传与推广中，需要维持统一的城市形象标志、广州旅游局标志，并提供联系电话、网址和社交账号。这样能增加游客对宣传与推广内容的信任度，同时，也帮助游客寻求与城市旅游沟通更广的途径。

3. 重视广州旅游的第一印象点设计，提升广州旅游的服务体验

重视广州旅游的第一印象点的设计。第一印象点有大型交通枢纽站、服务措施、厕所、游客咨询站等。将广州城市视觉形象的基础系统，充分运用在各种传播媒介上，注重形象的整体性和信息的可识别性。

推动旅游信息导视系统的设计，建立国际化、双语化的旅游导视系统，以设计解决旅游者找路、找景点、找厕所的问题。同时，建立一套完整的旅游导视系统。在外来旅游者出机场、车站的时候就能看见清晰的历史文化导视，得到完整配套的广州旅游信息指引图。

在大型交通枢纽站设置传统文化体验中心。机场、高铁、国际邮轮港等大型交通枢纽站是游客集中且停留时间较长的地点。传统文化体验中心可以提供广州有特色的小型文化演出、手工艺体验、传统文化商品出售等服务。

4. 重视广州城市形象设计的延伸和组合，提供数字可视化的旅游服务

通过广州城市形象设计，构建便捷高效的城市旅游服务网络，提升城市可进入性、信息通达性、使用舒适性。重视现有的城市视觉设计的延伸和组合。将城市形象标志、城市吉祥物放置在公交车车身、户外围墙等地方，创新性地设置带有广州城市形象标志的场景。让个人与组织

通过图像标志与城市建立联系，形成各种开放、创新的组合方式。以参与式设计，调动个人与组织的积极性，共创广州城市形象。

同时，注重利用数字信息技术，提供数字可视化的旅游服务。在城市主要出入口设置多媒体互动查询装置，发挥功能性作用之余，也为认识城市增加了趣味性。基于移动互联网终端，为游客提供智能导游、智能讲解、在线预订、信息推送等服务。即便是自助游的外国旅客，凭借数字可视化的旅游服务也能来去自如。

5. *以广州城市形象设计为点，联结区域，打造粤港澳大湾区世界级旅游目的地*

广州城市形象设计需要立足于广州城市定位和特点，深入挖掘城市历史人文脉络。广州作为海上丝绸之路的南大门，拥有“千年商都”的称号，浓郁的岭南特色为“食在广州”“花城看花”等旅游推荐项目，提供了有力支撑。

围绕广州城市形象特征，挖掘广州作为岭南文化中心的优势。将周边区域旅游景点按主题、按特色，整合入广州城市形象设计中的数字可视化服务系统，形成跨区域的旅游主题线路。以点带面，联结区域，加强与粤港澳大湾区其他城市的联结。促进景观全域化、产业融合化，从“景点旅游”向“全域旅游”转变，打造粤港澳大湾区世界级旅游目的地。

四　以建设“广州纪录片之城”推动粤港澳大湾区文化产业发展

文化是软实力，而纪录片是软实力里的“硬通货”。作为国家形象、文化品牌，纪录片成为国家发展文化产业的重要媒介样式。广州打造纪录片之城将为广州实现创新驱动与转型发展并进而推动整个粤港澳大湾区相关文化产业发展提供一种新路径。以下将探讨“广州纪录片之城”定位与内涵、“广州纪录片之城”发展路径及资源配置、“广州纪录片之城”发展规划，从宏观到微观、从理念到实践、从问题到举措对以“广州纪录片之城”建设推动粤港澳大湾区文化产业的发展提出相关构想。

（一）“广州纪录片之城”的定位与内涵

1. 广州城市文化名片——中国（广州）国际纪录片节

作为广州重要城市文化名片，中国（广州）国际纪录片节是我国唯一一个国家级、国际纪录片专业节展，自2003年创立以来，两次更名，经历了从学术研讨会、纪录片大会到纪录片节的功能转变，承担起文化传播和商业交易两大职能，影响力逐年增强。

自2011年从“广州国际纪录片大会”升级为“中国（广州）国际纪录片节”以来，参与纪录片节“金红棉”评优的作品从2011年来自50多个国家的将近700部纪录片，上升到2018年来自世界五大洲122个国家和地区的4542部（集）作品，国外作品超过国内作品总数，征片数量、参与的国家和地区的数量创历史新高。

2018年中国（广州）国际纪录片节正式打开了专业论坛活动与大众论坛活动相结合的新模式。设置了“中国故事·国际提案大会”、优酷纪实“网生纪录片的进化之路”、“知了青年论坛”等新媒体论坛；在外场策划了100余部、200余场的放映活动，14场不同主题的大众论坛以及4场通宵场纪录片放映活动。纪录片节的国际影响力持续提升。

中国（广州）国际纪录片节仍有一定的提升空间：一是从国际格局看，如何在专业纪录片节中塑造自己的个性，提升行业地位；二是从国内情况看，如何将纪录片的影响力扩展到全社会。

2. 广州文化品牌——海上丝绸之路文化传播中心

“一带一路”倡议，已经成为当下中国经济文化的焦点。广东是海上丝绸之路历史最长、港口最多、航线最广的省份，历来与海上丝绸之路沿线国家和地区经贸往来密切，具有无可替代的独特优势，应该在“21世纪海上丝绸之路”建设中发挥重要作用。我们建议依托中国（广州）

国际纪录片节，建立海上丝绸之路纪录片传播联盟，实现中国故事国际传播。

建设“广州纪录片之城”，可以中国（广州）国际纪录片节为组织架构，以广东台为基地，邀请海上丝绸之路国家和地区的电视台、新媒体，建立海上丝绸之路传播联盟。联盟成员在自己的电视台设立海上丝绸之路节目带，如每周一期，播出海上丝绸之路国家和地区的纪录片。海上丝绸之路传播联盟成立后，可逐步扩大，从播出向联合制作、投资、交易发展，打造一个海上丝绸之路纪录片市场。以海上丝绸之路传播联盟为载体，开展国内相关纪录片生产与传播项目。联合各省纪录片专业机构，将零散的产业资源进行有效整合，形成合力，制作出具有产业价值、国际水准的纪录片作品，有效推动中国纪录片国际传播。

以纪录片产业体系为基础，打造中国文化海外传播平台，建立对外推广的市场机制，吸引具有国际影响力的媒体、制作单位及发行机构参与，实现国际资源的有效整合，促使中国纪录片积极融入国际文化与市场体系，建构中国纪录片跨文化传播体系。

（二）“广州纪录片之城”发展路径及资源配置

把建设“纪录片之城”作为打造城市文化品牌的重要举措是一项重大决策。广州如果要打造纪录片之城，政府支持、市场驱动、文化融合是至关重要的三个部分。政府支持是基础，市场驱动是主要推动力，文化融合是价值导向，只有三者密切配合，才能有效推动。政府作为管理和政策制定部门，有着天然的强制力和引导作用；市场则成为促使内容转化升级、产业链构建的重要平台；而文化内涵则成为内容创作、理论升华、对外传播的重要支撑。

1. 政府资源配置

2010年，《关于加快纪录片产业发展的若干意见》的出台为全国纪录片发展提供了政策保障。政府作为城市建设发展宏观调控部门，为

“广州纪录片之城”进行战略布局，依据发展理念在资金扶持、土地分配上进行资源配置倾斜和规划，推动“广州纪录片之城”的形成。

资金扶持是纪录片发展的推动力。中国纪录片介于公共体系与市场体系之间，既有政府资金，又有市场运营，可借鉴英法等国公共体制，加大财政支持与发挥政策扶植的引导作用，以政府投入和政策扶植引导社会资本进入纪录片市场，建立品牌，形成良性循环的产业链。

空间支持也是重要因素。建设“广州纪录片之城”，需要建立纪录片产业园，集节展、生产、市场和文化研究于一体，发挥纪录片品牌的辐射效应，打造中国乃至亚洲纪录片产业中心，并以此为基地，将纪录片建设成广州文化特色品牌。

2. 市场资源配置

市场资源配置是指根据市场供需关系变化而进行的资源组合与再组合。中国纪录片市场资源较为分散，缺乏有效的市场配置。建设“广州纪录片之城”，可利用政策引领，实现市场驱动，组合资源，打造成中国纪录片产业中心，提升受众、创作者、营运者等不同市场主体的积极性，激活市场潜力，优化市场资源配置。

（三）“广州纪录片之城”发展规划

1. 奠基：科学论证，产业布局

建设“广州纪录片之城”应该通过打造中国（广州）国际纪录片节、纪录片产业园和海上丝绸之路纪录片传播联盟，建构纪录片研发生产、展示交流和国际传播的格局，让纪录片成为广州文化的突出品牌。其中，纪录片产业园的建设与发展是纪录片之城的核心基地和标志性成果。

第一，结合国家“一带一路”倡议、粤港澳大湾区发展战略和广东省“文化强省”的发展目标，将纪录片之城建设纳入国家发展战略和广东省文化发展规划，使之成为中国纪录片产业发展和文化传播的重要平台，将纪录片产业园建设成为国家级纪录片产业基地。从创新活动和技术应用的支持机制上，加大对入驻产业园区的制作机构、大师工作室的政策、经济扶持，制定对园区的创新人才、知识产权创造和企业融资、上市的奖励措施。通过政策扶持、科学规划和经济激励，提升纪录片产业的服务主体、投资主体、生产主体和传播主体对产业园的发展信心。

第二，建立市场体系，用多元化主题配置生产资源。在纪录片产业园奠基阶段，要建立开放公平的市场体系和竞争环境，规范交易规则，健全保障制度，强化监督管理。充分发挥市场机制在资源配置中的决定性作用，以纪录片文化、教育培训、商业交易、信息服务、旅游体验等多元化主题产业发展为目标，吸引金融资本、技术设备、人力资源、生产机构、科研力量等多种生产要素汇聚园区。资源配置过程中，既要有站位高端、产业突出、实力雄厚的“大而强”企业，又要助力原创水平高、成长性好的“小而优”机构。重点关注国内外主要纪录片生产机构、大师级导演和文创开发专业人才的引进，短时期内集结国内外纪录片生产的优势力量和顶级资源，形成行业领军人才和优质创作团队的聚集效应。

2. 发展：整合资源，构建平台

产业发展阶段遵循市场逻辑，整合园区内生产要素，构建共享服务、人力资源、生产交易、国际传播四个平台。共享服务平台是产业发展基础，人力资源平台是核心生产要素，内容生产和交易平台是运行主体，国际传播平台提升文化影响力。四个平台构建起良性互动、协调发展的园区产业生态，规模效应凸显。

第一，构建共享服务平台。优化市场环境，形成区位优势。通过齐备的公共设施、优质的市场环境和系统的服务体系，形成园区产业发展的区位优势。共享服务平台应能满足纪录片产业园规模化、链条化的产业发展需求，重点围绕管理咨询、产业数据、投融资、专业技术设备、物流等，为纪录片的生产提供资金、信息、技术、运营等共享资源和公共服务，降低生产成本，提高产能效率。要充分利用互联网技术，将互联互通、共建共享的互联网特质与共享服务的内容有效嫁接、融合，使共享服务平台信息化、数据化、互联化。

第二，构建人力资源平台。进行专业培训，建立市场化人才合作机制。充分利用汇聚的行业资源，通过“大师工作坊”“国际联合培训”“主题论坛”等多样化形式，打造创新型、国际化纪录片专业人才培养平台。在人才类型上，要基于纪录片全产业链发展的需求，培养“观念型”、“技术型”和“管理型”的多层次人才。在培养方式上，构建从选题征集、方案筛选、专业培训，到作品创作、展映交流的“项目制”人才培养机制。人力资源平台要建立纪录片人力资源“大数据库”，鼓励人才的社会化、市场化，建立人才交流合作机制，促进智力资源的流动和重组。

第三，构建内容生产和交易平台。汇聚园区的纪录片生产机构、大师工作室、国际制作公司、纪录片研究院。建立内容生产和交易平台，集中优势资源，构建中国纪录片核心品牌集群，快速提升纪录片之城的行业引领力和品牌影响力。依靠中国（广州）国际纪录片节的市场影响力，推进交易平台建设。制定合理的价格标准和销售规范，借助新媒体技术，延伸网络交易功能，实现在线版权交易、提案预售。加强中外联合制作，提升中国纪录片的国际销售水平，释放经济能量。

第四，构建国际传播平台。建立海上丝绸之路纪录片传播联盟。集合国际媒体、制作机构、纪录片基金等，形成开放、共享的纪录片生产、传播合作机制。从传播平台、项目合作、节展交流、节目联播、人才培训等层面拓展合作领域，共同构建跨国传播网络，开拓中国纪录片海外版权交易、发行市场，提升中国文化的国际传播影响力。

3. 成熟：工业化生产，全产业链构建

制作纪录片作为一个从创意到传播的动态过程，其产业化成熟的标志是要通过市场化运作，实现社会化投资和工业化制作，最终构建出创意、投资、制作、传播、开发的纪录片全产业链。

第一，社会化投资，建立工业化制作模式。在政策、资本运营和影视产业升级的背景下，纪录片产量及投资稳步增加，越来越多的民营资本和社会力量进入纪录片领域，纪录片产业的市场活力逐渐释放。纪录片产业园要鼓励金融资本、社会资本与文化资源的结合。委托投资、联合投资和海外投资使资本投入更加活跃，在纪录片产业链中良性流动。同时，要用不断增强的纪录片产业谋求利润的能力，建立合理公平的交易机制，提升投资和投资再生产的积极性。

以面向大众市场的商业纪录片为产品主流，建立以制片人为核心的创作团队，在市场定位、题材选择、类型确定、投资组合、后期制作、艺术标准等方面严格把控，形成工业化、标准化、类型化的生产流程，增强对作品制作水准的控制力，以适应国际纪录片市场格局的组织模式和生产体制，让纪录片真正成为标准化的工业产品。

第二，合理布局，构建完整产业生态链。要遵循影视文化产业发展规律，主动对接国际纪录片市场，建立大产业链观念。依据产业逻辑关系和园区的空间布局，构建资本运作、创意策划、生产制作、宣传推广、发行播出、版权交易和衍生品开发的完整产业生态链，实现产业链结构属性最优化、价值属性最大化。

在上游利用“大数据”进行受众市场需求分析，使纪录片的制作、发行与市场紧密对接，管控市场风险。探索金融投资机构与纪录片行业的多样合作模式，逐步建立版权抵押、预售合同融资、众筹融资等多样化行业信用体系。在产业下游环节，增强纪录片与电商经济、旅游休闲、游戏文创、教育培训的跨界融合，对产品进行系列、长线、立体式开发，促进纪录片形象产品的开发和衍生产品的商业授权，构建“纪录片+”产业集群，促进品牌化发展。

第三，全平台播出，多终端打造纪录片品牌。新媒体发展和纪录电影的复归，逐渐构建起“电视—互联网—影院”多维度纪录片传播体系，拓展纪录片的发展空间，获得多元化的成本回收渠道。多样化播出平台决定了纪录片制作模式和作品样态的改变。积极探索与电视版纪录片相伴生的纪录电影、影视剧套拍纪录片、纪实短视频、商业定制纪录片等多种作品形态，以满足全平台的播出需求，多终端打造纪录片品牌。对于已经形成 IP 资源的纪录片，充分利用集聚的观众口碑效应，进行多类型开发和多平台播映，扩大纪录片的公众影响力和文化贡献度。

第四，对品牌发展作出基础构建与发展规划。品牌构建是纪录片工业化生产与产业化发展的成功标志，其品牌内涵体现了纪录片的文化责任、产业价值和社会影响的高度融合。纪录片之城作为国家级纪录片产业基地，是国内纪录片策划、制作、传播的枢纽平台和国际纪录片产业链的重要环节。

五　粤港澳大湾区艺术社区开发与设计产业发展的融合

粤港澳大湾区同时拥有一流的教育科研资源、雄厚的经济实力以及独特的城乡面貌。推动粤港澳大湾区艺术社区的建设，是积极促进艺术与社区、城市与乡村的协同发展的良性途径。根据粤港澳大湾区艺术社区的分布现状和粤港澳大湾区艺术社区的发展趋势，我们认为粤港澳大湾区艺术社区开发与设计产业发展的融合有两大可行的并且是相辅相成的途径：一是开发具有本土文化生态模式的新型艺术社区，同时发展乡村文创产业，以设计驱动发展；二是引导高校科教力量参与各类艺术社区建设，实现艺术、科教与商业的对接。

（一）粤港澳大湾区艺术社区的分布现状与潜在机遇

2019 年 2 月 18 日，中共中央、国务院印发的《粤港澳大湾区发展规划纲要》指出，要“发展特色城镇。充分发挥珠三角九市特色城镇数量多、体量大的优势，培育一批具有特色优势的魅力城镇，完善市政基础设施和公共服务设施，发展特色产业，传承传统文化，形成优化区域发展格局的重要支撑……促进城乡融合发展。建立健全城乡融合发展体制机制和政策体系，推动珠三角九市城乡一体化发展，全面提高城镇化发展质量和水平，建设具有岭南特色的宜居城乡”。

粤港澳大湾区的艺术社区众多，其中香港的艺术社区有9空间艺术区、博雅文化中心、香港艺术中心、南港岛艺术区、牛棚艺术村等；澳门的艺术社区有望德堂区、司打口涂鸦墙、南湾雅文湖畔、澳门艺术公园等；广州的艺术中心大概有40个，包括广州的红专厂、羊城创意产业园、巨大创意产业园、广东工业设计城、太古仓、K11艺术购物中心、小洲艺术村、红线女艺术中心、广州艺术创意园、广州艺术城等；深圳的艺术社区有大芬油画村、华夏艺术中心、OCT创意文化园、坂田手造文化街、深圳大学艺术村、南山区艺术博览馆等；珠海、佛山、东莞、肇庆等地也分布着众多艺术社区。从以上分析可以看出粤港澳大湾区的艺术社区以香港、澳门、广州、深圳为主要阵地。

粤港澳大湾区经济发达，新文化发达，香港、深圳一直都是世界上重要的艺术品交易中心。粤港澳大湾区将继续走“引进来”的道路，用良好的前景和政策吸引大资本和一流人才进入艺术产业。艺术的发展历史证明，文化艺术中心往往与经济中心是同一的。粤港澳大湾区已经成为全球最大的城市体，同时正在成为全球经济中心。从粤港澳大湾区的这种发展趋势来看，如果加以合理的调控与引导，粤港澳大湾区的文化艺术中心或许不仅有望成为亚洲的艺术中心，甚至取代纽约成为全球的艺术中心，进而从大湾区诞生的混合型新文化艺术也将引领全球文化艺术形态。

（二）粤港澳大湾区艺术社区的发展趋势

在中国当代社会市民文化崛起的环境下，城市公共艺术的建设重心逐步移向以社区为中心，这是历史的必然——社区是公共艺术最重要的场所之一，因为艺术“以人为本”理想的终端正是社区。粤港澳大湾区的艺术社区发展相较于其他地区交流性更广泛、文化环境更宽松，艺术社区的发展不仅能够配合大湾区的地域塑造形式美感，更重要的是能以艺术的方式共同协商、共同参与，从而反映大湾区的利益主体与公共精神、经历与文化意志、贡献与价值理想。

总体而言，粤港澳大湾区艺术社区有两个发展趋势。

第一，艺术与社区的共生。社区艺术最为重要和本质的功能是以艺术的力量参与和解决当代社会问题。好的作品需要结合社区的历史、文化与社会背景，在平衡社区的价值观及文化冲突的同时，不断激发和吸收对未来发展的新想法。社区艺术不是彰显个体或者一部分人的审美趣味，不是艺术家情感宣泄的方式，而是反映公众的文化诉求，体现社区居民的生存境遇，从而传递社区精神价值、缓解社会矛盾，给社区公众提供思考空间。[①] 随着《粤港澳大湾区发展报告（2018）》的发布，中国艺术社区逐渐将目光投向大湾区的艺术产业，在城市生产中形成共生关系，这种关系将城市社区居民凝为一体，提升了居民的艺术审美也增强了居民之间的凝聚力。在大湾区的发展规划中往社区注入艺术是一件一举多得的事情，交通日益便捷的今日，大湾区各城市之间的联系越来越紧密，而各地的文化特色也借由便捷的交通发挥着各自的地方特色，艺术与社区共生是一条可持续发展的长久之计。

第二，促进城市间协同发展。处于沿海地区的粤港澳大湾区经济发展快、文化交流多，拥有先天的地域优势。基于这种优势，大湾区应该促进各城市间的协调发展，加紧艺术社区的建设，将各地的设计向艺术社区投放，进行联合巡展。艺术起源于人类情感表现的需要，无疑是最具影响力和生命力的一种理论，通过艺术还原共同的历史记忆，促进人们的交流，增进对社区的认同感。[②] 在大湾区内形成共同的历史记忆，组

---

① 陆唯：《艺术介入社区：美国社区艺术案例研究》，《公共艺术》2018 年第 4 期，第 38～45 页。

② 刘雨菡、张珊珊、鲍梓婷：《艺术介入的社区营造与规划思考》，《规划师》2016 年第 8 期，第 29～34 页。

织城市间的文化交流，以文化促进经济的协同发展，增强大湾区市民的身份认同感，既让大家在日常生活中就能接触到区内其他城市的艺术文化，也向其他城市推广了本地的文化特征。例如，深港双城双年展（UABB）是全球唯一一个以“城市/建筑”为固定主题，以关注城市和城市化为使命的双年展。由深圳与香港这两个互动密切的城市协作举办，立足其所在地区急剧城市化的地域特点，关注全球普遍存在的城市问题，用当代视觉文化的呈现方式，与社会公众广泛交流互动，具备国际性、先锋性、公益性。

（三）粤港澳大湾区艺术社区开发战略

社区艺术最为重要的本质和功能是以艺术的力量参与和解决当代社会问题。它所彰显的是公众的文化诉求，体现城乡居民的生存境遇，从而传递精神价值、缓解社会矛盾，给公众提供思考的空间。因此，粤港澳大湾区艺术社区开发应立足于具有本土生态特色的艺术社区，强调自身的文化历史性和居民的参与性，从而促进地域文化交流，具体地说，应通过恰当的规划，鼓励艺术家、设计师以及相关研究人员与高校师生从城市进入乡村，让艺术家、设计师及其学生就地取材，与乡村居民进行艺术创作，共同完成具有本土特色的优秀艺术作品，让相关研究人员援用各学科理论知识，对实践加以指导，并以之修正理论，而这些都终将促进乡村经济、文化的长远发展。这对实践工作者、理论研究人员以及乡村居民来说，可形成互惠共利的三赢局面。

基于以上分析，我们认为，粤港澳大湾区艺术社区开发战略可由以下内容构成。

第一，调研已有自然村落，开发具有本土特色的新艺术社区，同时发展乡村文创产业，以设计驱动发展。操之过急地将乡村推入城市化进程极易引发一系列的社会问题，甚至有拔断本土文化之根的危险。有鉴于此，我们建议谨慎、全面、深入地调研粤港澳大湾区的传统乡镇村落，将各种当代艺术资源与现代设计文化策略引入乡村建设，这样既不破坏传统社区人文生态，又有效促进乡村振兴，可以同时在地方经济发展与精神文明进步两方面都取得显著而长远的效果。

第二，促进高校人才培养与艺术产业园商业对接。教育在粤港澳大湾区的发展中富有基础性、长远性的意义。[①] 艺术社区建设作为高校艺术设计类科研的主要内容之一，由高校教师带领学生在校外进行教学实践，实现从校内到校外的培养模式，有利于学生了解市场、认识相关产业。在高等院校的实际教学当中，我们可以通过建立社区与学校之间的合作联系，建设校内教学与校外实习协同的教学新模式。本着项目辅助教学的原则，以学生自主实践为导向开展相关教学工作，教师的教学方式不再局限于课堂的理论讲学，而是走出课堂进入实践。艺术实践教学要重视学生的素质培养，帮助、引导学生提高思想道德素质，培养学生的艺术实践基本素养。[②]

粤港澳大湾区内有一个正在推进的艺术社区开发战略的典型案例，即广东工业大学落地青田的艺术与教学机构——青田学院。这是广东工业大学与榕树头村居保育公益基金会合作的乡村建设的学术项目，承担着艺术乡建的教学、科研、创作与交流任务。

位于广东佛山顺德区的青田自然村，地处平原地带，河网交错，是典型的岭南传统水乡，仍然保留着较原始的村落形态和历史遗存。2016年，广东工业大学城乡艺术建设研究所选择了青田作为发展城乡建设的实践基地，提出中国乡村建设新理论，并发布《青田范式：中国乡村复兴的文明路径》。“青田范式”是用艺术融入的方式促进乡村复兴，通过尊重大环境和谨慎使用当地元素，实现空间的新意义：不仅要保留村落

① 《发展粤港澳大湾区经济，教育是基础》，搜狐网，https：//www. sohu. com/a/208132502_529087，最后访问日期：2019 年 1 月 20 日。

② 康小曼：《校外实践活动对学生文化素质教育的影响——以广州某高职院校社区艺术教学实践与活动为例》，《太原城市职业技术学院学报》2017 年第 1 期，第 115~117 页。

多样性的自然遗产，还要保存乡村文化及信仰体系，建立多主体联动的“情感共同体”，重塑被市场经济所击垮而逐渐淡去的礼俗社会。

青田学院在中国社会面临转型和文明复兴背景下，以崭新的方式，将国际当代艺术思想与策略带入青田，以乡村为文化背景和立足点，以当代艺术为核心理念，逐步建立跨学科的当代艺术思想体系，在乡村创作出一批影响时代的创新成果与作品。青田学院不是传统意义上的实体学院，更不是传统意义上的僵化教学。它使陷入困境的当代艺术教学找到出路和方向，使其重新回到中华文明的母体——乡村，获得灵感、活力与激情。用传统文化激活艺术，用在地实践促进教学改革，用乡村文化激发艺术方法的想象性思维，开启创造性的教学思维。

青田学院将以乡村复兴和岭南乡建作为首要任务，建设乡村文化复兴与乡村艺术再造的孵化器和推进器，为岭南乡建提供思想资源和艺术智慧；通过激发人们的创造潜力，让人的创造性活动为乡村振兴和社会进步服务；通过搭建高校和乡村的艺术桥梁，让学生在青田学院学习并为顺德乡村建设服务，让学生通过动手和实践来学习艺术，建设岭南乡村建设的“黄埔军校”；通过艺术家在乡村访问驻留的方式，推动青田学院成为国际和国内艺术家的创作基地与乡建工作坊。①

六 面向产业融合发展的粤港澳大湾区设计博物馆建设战略

2019 年 2 月 18 日，中共中央、国务院印发的《粤港澳大湾区发展规划纲要》指出，要“塑造湾区人文精神。坚定文化自信，共同推进中华优秀传统文化传承发展，发挥粤港澳地域相近、文脉相亲的优势，联合开展跨界重大文化遗产保护，合作举办各类文化遗产展览、展演活动，保护、宣传、利用好湾区内的文物古迹、世界文化遗产和非物质文化遗

---

① 《2017 年中国最新“万亿 GDP”城市排名及“万亿 GDP”城市 GDP 走势分析》，中国产业信息网，http：//www. chyxx. com/industry/201712/591618. html，最后访问日期：2019 年 1 月 20 日。

产，支持弘扬以粤剧、龙舟、武术、醒狮等为代表的岭南文化，彰显独特文化魅力”。

设计博物馆的发展史与城市的发展是同步进行的，城市的兴衰不仅有经济建设的影响，还有文化建设的影响。博物馆不仅仅在于拥有了什么样的展品，更在于它给人们带来了什么。设计构成了城市的集体“记忆”，因此设计博物馆对一个城市的意义是不言而喻的。在粤港澳大湾区内建设设计博物馆，构建湾区设计共同体，以设计促进文化遗产的传承、活化，不仅可以提升城市文化品位，还可以将文化遗产保护传承与现当代设计创新发展相结合，推动地域文化与经济的融合发展，为城市设计文化的发展奠定根基，有效推动相关产业发展。

（一）当代设计博物馆的文化定位与发展现状

设计博物馆作为众多博物馆分类中的一种，从字面理解则是集设计收藏、延展城市历史、展示创意文化多重属性于一体的场所。设计博物馆是关注产品、工业、图形、时尚和建筑设计的博物馆。许多设计博物馆主要关注装饰艺术，并收藏20世纪以来的设计物品，相较于其他类型的博物馆，它是“年轻的”，也是容易被大众青年所喜爱和追捧的。设计博物馆作为一种创意型博物馆，与其他博物馆相较，有其自身的特点，即广博性、引导性、参与性。

第一个设计博物馆是于1851年竣工的英国伦敦维多利亚和阿尔伯特博物馆，其后有1886年在柏林成立的装饰艺术博物馆，更著名的还有纽约现代艺术博物馆中的设计部。进入20世纪以来，设计博物馆日益成为博物馆中的重要类型，对设计文化的发展与推广具有极其深远的意义，许多国际都市都有多个各具特色的设计博物馆。

在中国，设计博物馆规划也日益成为文化建设的重要内容。北京、上海和深圳分别于2012年、2010年和2008年被联合国教科文组织提名为“设计之城”，同时也被确立为兴建设计博物馆的备选城市。“设计之城”的称号不仅表明设计被大众所关注，还表明设计也为城市的振兴做出贡献。中国国际设计博物馆于 2018 年 4 月 8 日在中国美术学院正式开馆，同时“生活世界——馆藏西方现代设计”展览作为一项长期陈列也同期开幕，对中国当代设计人员借鉴西方优秀设计文化起到重要的推动作用。

（二）当代设计博物馆的发展趋势

设计博物馆本身作为一个设计作品，无论是从外观上还是从建筑内部结构上，其功能都具有复合性。收藏、研究、教育是博物馆的基本功能，也是博物馆工作的主要内容。不过，随着新媒体技术、后现代文化、新博物馆学理论的发展，当今博物馆更多地将服务、参与式体验、娱乐等元素加入其中，将地区文化与经济、社区环境、教育融为一体，成为人们生活中不可缺少的组成部分。大致来说，包括如下发展趋势。

第一，博物馆主题专业化。博物馆作为公共文化建筑之一，其主题表现在自身的定位中。公共文化建筑的集中建设能将各个不同文化建筑在功能上进行互补互助。① 以设计和艺术为主题的博物馆或单独为某些艺术设计流派、设计品牌建立的博物馆，除了展出各式各样的展品之外还兼具文化价值和品牌价值的传播功能。设计博物馆作为文化建筑群的一个子集，在功能复合化的建筑情况下更多倾向于专业化。就其形态而言可分为两种：第一种是在综合性单体建筑中以一种元素展开，而各项功能都集中在单体建筑中；第二种是将各个单体建筑组合，而单体建筑由各种不同的功能合成。

第二，博物馆信息智能化。信息智能化是科学技术发展的趋势也是创新产业和未来产业发展的目标之一，对于设计博物馆而言智能化不仅体现在陈列的展品上，也表现在博物馆的日常内部管理中。陈列展示作为“前台”是博物馆走向现代化和未来的重要指标，设计博物馆在展品

---

① 宋江涛：《珠三角地区当代博物馆设计的地域性研究》，博士学位论文，华南理工大学，2012。

的陈列上采用跨媒介的技术来完成基本职能，如电影、电视、投影、幻灯、录像等，尤其是在近几年迅速发展的人工智能方面取得巨大进展，AI、VR等交互式的沉浸体验技术日趋成熟。日常管理工作是博物馆的“后台”，主要围绕藏品的收藏、储存、研究、教育、修复展开对外的信息交流与传递。信息数据库、展览设计辅助系统、公共服务平台等智能化的技术是连接博物馆与公众的桥梁，也是维系博物馆与观众情感的链条。信息智能化把博物馆从传统的私密、固定和橱窗间隔的空间中释放出来，形成灵活多变的布局，但这些都是博物馆的辅助内容，它并不能替代传统博物馆。

（三）粤港澳大湾区设计博物馆建设战略

设计博物馆可以为公众提供一个开放的当代设计艺术展示与学习的平台，促进不同设计艺术门类之间的合作和知识生产。在湾区城市群有意识地推进设计博物馆建设，不仅是以博物馆展品的形态展现湾区城市文化的根基与活力，还能够拉动各种相关产业经济，为城市文化更新和振兴起到源源不断的催化剂作用。

大致说来，大湾区内设计博物馆建设的战略包括以下两方面内容。

第一，为大湾区各种设计资源和设计成就进入公众视野搭建平台，使博物馆成为集中展现城市文化形象的窗口。同时，博物馆本身作为设计和产业融合的特殊事物，可引入大湾区的传统工艺、非物质文化遗产和近现代以来具有中外文化交流背景的各类设计，打造出具有地域品牌特色的设计博物馆。

随着文化与旅游的融合发展，具有区域特色的目的地逐渐成为游客出行的热门选择。品牌形象消费是信息社会发展和商品经济发达的共同结果，人们的消费开始由实物消费发展到品牌形象消费。[①] 例如，2016年

① 刘天骄：《历史文化街区寺街品牌形象设计对旅游产业的影响研究》，《美与时代》2018年第3期，第25~27页。

位于荔湾区恩宁路的广州粤剧艺术博物馆向公众开放，该馆充分体现岭南文化特色、西关文化风情，并整合周边历史文化资源、吸收西关传统园林建筑之精华，形成一座展示粤剧艺术的博物馆。大湾区内设计博物馆的建设完全可以借鉴这一理念，打造大湾区独特的品牌形象，让传统工艺如潮州木雕、肇庆端砚、剪纸、玉雕、家具、龙舟等进驻设计博物馆，在传播优秀传统文化的同时推广设计博物馆品牌形象。

第二，以设计博物馆建设为依托，汇集相关产业资源与教学科研力量，推动产学研有效协同，构建大湾区设计共同体。可借力收藏、展览、出版、研究等多种形式，寻求传统设计资源进入当代设计文化的路径，促进设计交流与创新，使设计博物馆成为培养设计人才、促进设计与其他产业融合的重要平台。这样的设计博物馆作为孵化器不仅给学生提供实践和研究的平台，还为设计师提供交流、策划与互动的机会。

粤港澳大湾区的教育目标是打造高水平世界一流大学，打造“环高校知识经济圈”和全球创新中心，打造东方的硅谷。要不断加强与港澳高校的联系、交流与合作，共同助力粤港澳三地协调创新发展，服务粤港澳大湾区建设。[①] 健全和完善的产学研制度是从事创新创业、设计交流和服务活动的基础，是粤港澳大湾区构建设计共同体、走向一流创新型湾区的关键一步。在这方面，广东工业大学的浩泽莱德设计博物馆率先起到了示范作用。

广东工业大学浩泽莱德设计博物馆由广东工业大学杰出校友吕明泽先生和著名设计师熊浩先生向广东工业大学60周年校庆捐赠藏品和捐资建设而成。馆内藏品包括15世纪文艺复兴时期至20世纪40年代欧洲经典工业设计产品上千件，包括法国汽车制造商德·迪昂·布通1913年生产的老爷车，法国雷诺汽车公司1909年生产的豪华车，以及一大批不同

---

① 《关于粤港澳大湾区战略下打造面向世界的南方教育高地的提案》，广东政协网，http：//www.gdszx.gov.cn/zxhy/qthy/2018/wyta/201801/t20180123_475679.htm，最后访问日期：2019年1月20日。

年代的摄影器材、发音器械、通信工具、电影电视、时钟、手表等类别的产品。截至2018年，此博物馆是广东省唯一坐落在高校的设计博物馆，主要用于教学、科研、国际学术交流与合作，亦将成为青少年设计与科学的普及教育基地。它经过专业化打造，将成为粤港澳大湾区的一张文化新名片，成为中国与世界对话的文博桥梁。设计博物馆与高校的设计学科相结合，为学生提供学习和信息交流的平台，构筑创新要素集聚的环高校创新圈，构建政府、产业、高校、金融、中介多要素融聚的“造血”式集成创新体系。①

此外，当今设计博物馆面临与日俱增的涉外文化交流、社会教育工作、业内外人士的学术交流、科研技术的推广和设计文化产业的操作，这样浩大的公关活动是需要统一管理和运作的。因此，应当在设计博物馆建立公关机制，利用国际化的便利条件引进国外优秀的服务型人才，并在本地发掘培养适用于湾区设计博物馆的服务人员。在解决地区就业问题的同时促进服务产业发展，使其成为与博物馆运营相适应的良好机构。把粤港澳大湾区服务产业的构建与设计博物馆事业相融合，对未来现代化、社会化和产业化的发展起到决定性的作用。具体方向包括以下几点。第一，全力塑造设计博物馆品牌形象；第二，推动设计博物馆社会化进程；第三，造就和培养文博事业的接班人；第四，做好“内部公关”，建设新型的文博队伍。②

七　展望：设计驱动创新

综上所述，粤港澳大湾区设计业与相关产业融合发展的思路与对策在于设计驱动创新。

---

① 《粤港澳大湾区5高校入围世界大学》，新浪网，http：//news. sina. com. cn/c/2018-01-24/doc-ifyqyqni1821719. shtml，最后访问日期：2019年1月20日。

② 杨啸秋：《论公共关系工作在博物馆的地位与作用——西藏文物精华展之回眸》，《东南文化》2004年第2期，第14~18页。

设计驱动创新的概念由意大利创新管理专家罗贝托·维甘提提出，他认为设计驱动创新是区别于技术驱动创新和市场驱动创新的第三种创新模式。设计驱动创新是在现有的技术创新基础上实现产品的物化，它以一种或多种技术的可能性来创造产品附加值，它是依靠发挥产业链低端环节效应来优化整个产业链发展的一种资源配置方式。在未来，为实现产业融合发展，粤港澳大湾区设计驱动创新模式的实施应着力于以下几方面。

第一，提升高等院校、科研院所和研发机构的创新能力。

实现设计驱动创新，应提升高等院校、科研院所及新型研发机构的设计驱动创新能力，建设一批理工科大学，鼓励国内外知名高校在粤建立分校，或与地方政府共建新型研发机构，建立产业技术创新联盟，跨区组建科研团队，共享科研设备和技术成果；引入社会资本，促进科技金融结合，提升新型研发机构的研究开发、成果转化、创业孵化能力；加快与国内外创新机构交流合作。在科研当中将教学研究与智库研究结合起来，更大范围地为企业献计献策，并且进行深入密切的合作。

在院校方面，健全和完善的产学研结合机制，能提升创新平台的服务能力。大湾区拥有国家一流和世界一流的教育、科研资源，应建构起设计创新与商业化之间的桥梁，让知识创新与技术进步成为经济发展的引擎。将成果转化成生产能力，通过研发、孵化、专利和产品交易等项目提升平台的服务能力，提高设计驱动创新的产业应用成果转化效率。

第二，借鉴西方设计立国的思路加强设计驱动创新模式的构建。

国家设计系统是由莫尔特里、利夫西和洛芙在国家创新系统的基础上提出的，用于描绘推动设计产业创新发展的各类相关主体及其活动。通过对创新主体及其相互作用的系统性研究，更好地为解决设计产业创新发展中系统失灵问题提供依据。例如，芬兰的国家设计系统以国家层面的政府部门为主导，贸工部、教育部成为支持设计产业发展的主要资金来源机构，同时也是推动基金组织、专业协会、教育机构为设计产业提供支撑的主要机构，并发布政策引导支持设计产业发展。

在中国，政府对设计产业已开始重视，但从国家对该产业的宏观管理来看，我国没有明确的设计产业分类，各部门对该产业管理的界限尚不清晰，工业设计部门得到工业和信息化部、国家发改委、科技部、国家知识产权局等多个部门的重视与支持，但又缺乏协调统一的明确分工与联系。地方工业设计促进机构，如北京市工业设计促进中心等直属于各市科学技术委员会，是政府推动设计创意产业发展的促进机构和具有独立法人资格的事业单位。因此，从国家设计系统的主体来看，我国推动设计产业发展的组织既包括各地的公共部门也包括国家及地方的社团法人组织，但公共部门的整体位势不高，针对性不强，推动设计产业发展的职能尚未充分发挥。

由此可见，设计立国的思路对大湾区的发展具有借鉴意义，应通过专家在不同层面的大数据对比，参照国外几个湾区，分析自身的强弱，审时度势，充分利用现有资源与优势，以设计领域为聚焦点，推进更广泛、更深入的研究与创新。

第三，提升粤港澳大湾区产业设计文化的软实力。

粤港澳大湾区不仅要有发展必备的硬件条件，还要有文化的软实力，如街道的面貌、社区的环境等。实际上这些是靠长期的设计修养与文化修养慢慢达成的。设计文化能够创造出经济附加价值，这是不争的事实。设计是观念，设计是智慧，设计是生产力，设计参与的经济就是知识经济。知识经济与自然经济、农业经济、工业经济相比，最突出的特点就是知识经济的附加价值高，但是这需要政府来引导以达到良好的效果。在设计文化的创造活动中，设计与管理是相辅相成的。

文化自信在很大程度上取决于中国设计文化能不能占据制高点。在不同的历史发展进程当中，粤港澳大湾区的文化有它特殊的地域性。要发掘粤港澳大湾区的设计创新能力，深入研究历史积淀下来的设计文化内涵。粤港澳文化本身具有包容性和国际性，这对大湾区设计驱动创新建设也具有积极的意义。

粤港澳大湾区设计驱动创新研究在理论上具有转换观念、调整结构、提升效率、强化管理、培育人才的指导性意义，有利于将港澳设计创新资源的国际化、专业化和高端化优势与珠三角地区的产业链、创新链和供应链相结合，构建开放兼容、共创分享、文化融合、优势互补的创新生态环境，并辐射周边国家和地区，服务“一带一路”建设。

总之，设计驱动创新，就是以设计促进产业融合。在不远的未来，在粤港澳大湾区，设计创新政策的完善，设计创新的产学研平台的兴起，高端设计人才的集聚，必将实现制造业和服务业的转型升级，人们生活品质的提高，以及社会经济的飞跃。

增强广州文化名城魅力，打造岭南文化中心

王世福　邓昭华　刘玉亭　赵渺希*

摘　要： 粤港澳大湾区当前正朝宜居宜业宜游优质生活圈的世界级人文湾区方向发展。广州在人文湾区的建设方面最具优势，是扩大岭南文化的影响力和辐射力的核心空间承载地，也体现了广州走向国际大都市的精神内涵。

本报告认为，增强广州文化名城魅力，将广州建设成岭南文化中心，是强化湾区认同、增强文化自信的重要战略，是把握国家战略的核心要领，是促进广州历史文化名城文化复兴的重要举措，是集结湾民、辅助“一国两制”实践的重要抓手。广州具有建设岭南文化中心的基础，其岭南文化历史底蕴深厚。本报告从文化点、文化线路、文化片区三个方面，提出着力突破文化点的资源钩沉与推动保护性发展、重点重塑“核心—辐射”的区域多主题文化线路、协同彰显“同源多元”的区域文化片区景观等策略，来对广州建设岭南文化中心进行空间响应。本报告最终提出建设岭南文化中心的“探究—联盟—创新”对策：其一，通过识别历史空间中最具历史价值的文化要素，拓展本地物质文化遗产空间，积极申报世界级、国

* 王世福，华南理工大学建筑学院副院长，任职于亚热带建筑科学国家重点实验室，教授、博士生导师；邓昭华，任职于华南理工大学建筑学院、亚热带建筑科学国家重点实验室，副教授、硕士生导师；刘玉亭，任职于华南理工大学建筑学院、亚热带建筑科学国家重点实验室，教授、博士生导师；赵渺希，任职于华南理工大学建筑学院、亚热带建筑科学国家重点实验室，教授、博士生导师。

家级遗产名录，对本地非物质文化遗产采取“资源钩沉—人文对接—空间预留”的战略，深入探究广州历史文化、做深做实岭南文化之源；其二，协同各地政府部门和不同学术力量统筹湾区文化资源，形成文化网络，打造湾区内岭南文化统领的文化地理图景；其三，积极培育历史城区创新，践行“文化+”创新战略，集结资源打造泛博物馆之城；其四，从制度政策等顶层设计方面，认真理顺经济发展和历史文化遗产保护的关系，从根本上建立有利于岭南文化传承及特色风貌延续的制度环境。

关键词： 粤港澳大湾区　岭南文化中心　岭南文化

一　岭南文化中心对大湾区建设的意义

（一）以岭南文化强化湾区认同，坚定文化自信

党的十九大报告指出：“没有高度的文化自信，没有文化的繁荣兴盛，就没有中华民族伟大复兴。”我国新时代的文化使命就是坚定文化自信，在实践创造中进行文化创造，在历史进步中实现文化进步，推动中国特色社会主义文化繁荣昌盛。在抵御外强入侵的近百年，中国传统文化受到极大的冲击。改革开放以来，中国传统文化更是面临西方文化思潮和价值观念入侵等诸多的挑战。在进入新时代这个关键时间节点，强调文化自信，有着现实意义。

近代以来，粤港澳大湾区的 11 个城市所形成的政治制度、经济制度、意识形态均存在一定差异，但岭南文化的区域号召力依然强大。粤港澳大湾区在历史、地缘、族群、语言、饮食等方面具有同一性，岭南文化形成了湾区天然的文化认同。从历史的角度来看，湾区古时属于百越民族聚居之地，秦统一全国后其被划为南海郡，秦汉更替时期赵佗自立南越国，随后被汉武帝统一，而后的魏晋、唐代、北宋、南宋等时期

汉人不断南迁，并与当地越人融合成南越族群，秦朝至今2000多年来，虽然行政体制不断变化，但湾区11个城市的人文历史总是存在千丝万缕的关系，其文化是同根同源的。从地缘的角度来看，湾区的11个城市同属一个地理单元，均坐落于南岭山脉以南的珠江入海口的三角洲平原。其地形地貌、土壤水文、气候环境、生物品种等相似程度高，以相似的自然特性为背景而孕育的文化，其文化差异性较小且相对一致。从族群的角度来看，湾区的人口组成主要为南越族群，以广府人为主，其他为客家人和闽南语系族群，改革开放后虽有部分城市（如深圳、东莞）的外来人口超过本土人口，但这只是个例。从语言的角度来看，湾区主要以粤语、普通话为主，客家话、潮汕话等语言可以相通，粤语作为汉唐汉语流传至今，用其诵读唐诗更能表现古诗歌的优美旋律，更能体现中国传统文化的精妙，粤语已被联合国定义为一种语言（language）而不再被称为方言（dialect）。从饮食文化的角度来看，湾区城市的饮食文化是相通的，主要以广府菜、潮汕菜、客家菜组成的粤菜菜系为主。湾区多元的文化既是湾区建设的资源优势，也是湾区内互联互通、协调发展的关键所在。只有文化思想上认同，才能真正实现湾区经济、文化、社会、生态的协调发展。新时期提出以岭南文化重新统领，强化湾区认同是增强我国文化自信的重要举措。

（二）以岭南文化中心建设为契机，促进广州名城文化复兴

广州近年来的文化核心建设已初见成效，历史文化名城复兴对经济、社会、影响力层面具有带动效应。2018年10月24日，习近平总书记在广州恩宁路历史保护街区永庆坊考察时对城市建设提出要求："城市规划和建设要高度重视历史文化保护，不急功近利，不大拆大建。要突出地方特色，注重人居环境改善，更多采用微改造这种'绣花'功夫，注重文明传承、文化延续，让城市留下记忆，让人们记住乡愁。"从经济层面来看，经国家统计局核定，2016年广东文化产业增加值达4256.63亿元，

计入研发费用大幅增长 16.67%，高出广东省同期 GDP 增速约 9 个百分点。此外，占全省 GDP 比重大幅升至 5.26%，已成广东省国民经济的重要支柱性产业。从社会层面来看，广州历史城区和老旧小区经过“微改造”和产业导入实现环境效益与经济效益显著提升，逐步满足居民对美好生活的向往。“微改造”使得街区内公共卫生环境、市政管网设施、居民居住环境明显改善。从影响力层面来看，广州复兴历史文化名城的社会反响较大，公众参与度较高。习近平总书记视察恩宁路永庆坊后，本地市民和来访游客更是络绎不绝，明显拉动街区周边经济复苏，堪称广州历史城区改造的范本。

广州是岭南文化之源。赵佗割据期间，在任嚣始建的“番禺城”的基础上扩大城池，使之成为南越国“首都”。后来，唐、宋、明、清各个时期，广州城垣不断扩建增大，但都是在秦汉时期任嚣始建和赵佗扩建的“番禺城”的基础上发展起来的。唐代以来，广州一直是我国对外通商的重要口岸。广州作为古代海上丝绸之路发祥地，是岭南文化源流地，其文化资源丰富，文化底蕴深厚。新时代背景下，以岭南文化中心建设为契机，促进广州文化名城复兴具有重大现实意义。

（三）以名城实体集结“湾民”的“共同想象”，辅助“一国两制”实践

对港澳地区实施“一国两制”是我国的伟大实践，对祖国的繁荣稳定做出了伟大贡献。新时期，党的十九大报告再次明确指出，坚持“一国两制”，保持香港、澳门长期繁荣稳定，是实现中华民族伟大复兴的必然要求。党中央提出建设粤港澳大湾区，其首要目标就是保持港澳长期繁荣稳定，进一步实践“一国两制”政策。这可以支撑我国推进现代化建设、完成祖国统一、维护世界和平与促进共同发展的三大历史任务。

十九大还提出了以大湾区建设为重点，“全面推进内地同香港、澳门的互利合作，制定完善便利香港、澳门居民在内地发展的政策措施”。港

澳居民是湾区建设的关注重点，凸显了粤港澳大湾区规划中湾区内部的居民的主体地位。当前港澳居民生产生活的物理空间急需打开，土地紧缺已经影响港澳居民就业与居住。在湾区城市中的居民，无论是港澳居民还是内地居民都可以称为“湾民”。以文化认同为基础，营造优质生活圈，积极引导港澳青年、港澳长者在内地创业就业、养老，允许港澳居民使用内地公共服务设施、增强“湾民”的文化认同，是全面准确贯彻“一国两制”、提高国家认同感的有效途径。岭南文化需要具体的空间承载，以广州名城作为实体，建设承载岭南文化的核心，利于集结“湾民”的“共同想象”，赋予“湾民”归属感，满足“湾民”对美好生活的向往。

二 经验借鉴

（一）日本文化之都——京都

作为日本曾经的首都，京都具有约 2000 年的发展历史，这也为京都创造了相当丰富的历史文化积淀。并且，京都也是日本三大都市圈中京阪神都市圈的重要城市。当今的京都不只是日本历史文化的缩影，也是日本重要的工业城市之一，其电子业与传统产业在日本占有重要席地。京都兼具传统与现代元素，其城市形态与空间结构仍然延续当年仿造唐朝长安城的格局，古建筑与历史文化建筑综合分布在城市各处。京都也兼具现代气息，京都火车站作为京都中轴线的现代单体建筑，配合京都塔已然成为京都城市的标志之一。京都积极并有效地将自身的文化要素巩固并发展扩散，成为日本的文化中心，主要体现在以下几点。

1. 城市历史景观格局的保护与发展

京都市以地方立法的形式，保护与延续城市历史景观格局，从城市形态、格局以及城市肌理上延续了京都建市时的结构框架。特别是将市内多个历史文化建筑完好保留，并且还原其原先的形态及用途，力求做到与原貌相同。例如，市内曾经的幕府行宫二条城、寺院金阁寺和银阁寺及清水寺、神社稻荷大社等著名场所都保存完好，没有破坏和擅自改造建筑自身格局。除此以外还有数以百计的神社和寺院装点着京都市的城市景观。

2. 传统文化资源的挖掘、传承与传播

京都作为日本传统文化的聚集地，也将其文化发扬并传播至日本全国。京都除了一些有形的文化遗产，如京都陶瓷、油纸伞、西阵织以外，一些无形的文化遗产也是将京都推向日本全国的重要因素。京都的地方习俗众多，几乎每个月有地方节日庆典，而这些节日都是由古代延续至今的，拥有近千年的历史。其中的大多数节日延伸出来其他节日从而在京都以外的地方举行。每一年京都的节庆在日本全国都会报道并传播，这里一方面是因为京都是日本古都，另一方面也是因为京都市政府对该市文化的自信及有效的经营。

3. 传统文化与现代化的有机结合

京都市在日本有着很高的文化地位，这源于京都市的历史价值，但在保存传统文化的同时，京都市也积极发展现代科技产业。通过旅游、教育、电子、制造等产业发展城市，并通过传统节庆来传播文化。京都市自身的文化要素发展得非常好，积极宣传旅游品牌、历史积淀和非物质文化遗产，通过旅游、动漫、教育等扩大城市文化影响力，从而达到文化自信、经济繁荣的目的。

4. 传统文化孵化了现代城市的建设与发展

京都市除了是一个拥有大量文化遗产的古朴城市外，也是一个充满现代气息的城市。京都是日本重要的工业城市，传统产业、出版印刷业、食品饮料业、机械仪器业、电子产业是京都工业中的主要产业，工业制造业占京都市 GDP 的 20.5%。此外，京都的电子业发达，在日本名列前茅，一些知名电子企业如京瓷、欧姆龙、日本电产、村田制作所、罗姆电子、任天堂等都将总部设在京都，并且由于京都的大学和科研机构数量众多，也使得京都成为日本创业公司最多的城市。许多公司的研发中心也选在了京都，使得京都兼具了传统与现代的特质。

（二）欧洲文化之都——巴塞罗那

作为西班牙第二大城市的巴塞罗那，是加泰罗尼亚自治区首府，其拥有着超过2000年的悠久历史。巴塞罗那是享誉世界的历史文化名城和世界著名的地中海风光旅游目的地，并拥有“伊比利亚半岛的明珠”的称号，是因其风光秀丽、气候宜人、遍布古迹。巴塞罗那曾被甄选为欧洲的文化之都，可见其具有非常悠久的历史和厚重的文化积淀，并且其文化传承也深深地影响着西班牙乃至整个欧洲。

1. 传统城区与新建城区的合理规划与有机融合

巴塞罗那起源于2300多年前，当今的巴塞罗那由新城和旧城两部分组成，新城承载了巴塞罗那的现代产业与服务业，体现了巴塞罗那现代性的一面；而老城则映射出巴塞罗那悠久的历史。这种别样的布局使得巴塞罗那能将现代性与历史性有机融合，在建设和发展现代设施的同时保留住自己的文化和历史遗产。老城区由于历史悠久，成为最受游客青睐的地区。在老城区中分布了各种哥特式的建筑群体，这些都是起源于中世纪的建筑，至今保存完好。老城区有超过20座的博物馆及教堂，还有许多休闲街区，这些街区分布着艺术家的艺廊、服装店、酒吧和唱片店等，成为人们经常光顾的场所。城市规划的典范则是新城，宽广的大道两边有着成行的树木，并分布着大型广场、中世纪建筑物以及宫殿和教堂。世界著名的艺术大师高迪、毕加索、米罗等人的遗作在巴塞罗那市内随处都能见到，巴塞罗那可以说是艺术家的殿堂，同时也是国际建筑界认可的将古代文明和现代文明最完美结合起来的城市之一。

2. 深度发掘历史文化，积极发展第三产业

在历史文化的保存与承接做到完美的同时，巴塞罗那也是现代化程度较高的城市。巴塞罗那的工业设计优势十分明显，同时因众多的特色

建筑，很多博览会在巴塞罗那举办，并面向全世界，同时巴塞罗那与欧洲各地的交通便利，这大大带动了酒店业、旅游业的发展，成为理想的短期旅游胜地。巴塞罗那海港拥有齐全的装备设施和绝佳的地理位置，吸引各游轮公司来停靠游轮。欧洲最长的5公里购物带就位于巴塞罗那，吸引了大量的游客。巴塞罗那既很好地维持了老城区古色古香的风貌，又建成了布满现代建筑的新城区。巴塞罗那拥有极具特色的现代派建筑，如圣家赎罪堂，还拥有罗马时期遗留下的加泰罗尼亚绘画，这成为巴塞罗那城市的标志。

3. 大事件助力文化传承与区域文化传播

巴塞罗那的文化传播在欧洲乃至整个世界都做得十分优秀。在音乐表演、特色建筑以及奥运会上面都彰显出该城市的文化特色。巴塞罗那拥有众多的音乐厅和歌剧院，每年6月还会在此举办索纳尔音乐节；巴塞罗那承办了1992年奥运会，为城市的腾飞奠定了基础。巴塞罗那能将现代与传统很好结合，在城市发展中展现其城市特色与文化自信，利用新城与旧城的不同特色来展现其城市魅力，成为世界城市文化发展的典范。

（三）小结

从历史城市文化复兴的角度来看，广州与日本京都、西班牙巴塞罗那一样均具有超过2000年的城市建设历史，且历史文化底蕴深厚、历史建筑数量众多、传统城市肌理成片保留。京都和巴塞罗那在历史文化遗存保护性发展、传统文化与现代融合、区域文化网络建设与传播等方面的经验和做法对广州建设岭南文化中心具有借鉴价值。

其一，城市建设历史悠久，建市至今均超过2000年。京都具有近2000年的城市发展历史，巴塞罗那的城市起源甚至可以追溯到2300多年前的迦太基人建立殖民地时期，广州市越秀区至秦以来，建市至今已长达2000多年且一直以来是岭南的政治、文化中心。其二，历史文化底蕴深厚，历史建筑数量众多、传统城市肌理成片保留。京都的城市肌理延续了其建市时的结构框架，神社和寺院等历史建筑保留完好，没有被破坏和擅自改造。巴塞罗那的老城区格局保留完好，老城区中完整保留了中世纪哥特式建筑群体、博物馆和教堂，物质文化遗产数量众多。广州历史城区同样具有成规模的城市肌理和数量可观的物质与非物质文化遗产。其三，均是传统与现代有机融合的典范。京都的古建筑与现代单体建筑综合分布在城市各处，现代电子业与科研机构数量众多，在传统的城市形态中具有现代商业设施，是传统与现代结合较好的城市典范。巴塞罗那的老城区与新城区通过合理规划将城市中的传统性与现代性有机结合。广州也是传统与现代有机融合的城市。其四，均具有带动区域文化网络建设、文化传播的潜力。京都是日本三大都市圈中京阪神都市圈的重要城市，通过现代科技产业、旅游、动漫、教育等将城市悠久的历史文化在区域甚至世界范围内扩散。巴塞罗那则通过举办索纳尔音乐节以及奥运会等大事件助力文化传承与区域文化传播，带动西班牙的文化网络建设。广州是粤港澳大湾区的中心城市，是岭南文化的源头，将广州建设为粤港澳大湾区文化枢纽，协同建设人文湾区，是扩大岭南文化的影响力和辐射力的核心空间承载地，也体现了全球化背景下广州走向国际都市的精神内涵。

三　广州建设岭南文化中心的基础

岭南文化是一种地域文化，它是以广州为中心，以广东及港澳为主要区域范围所形成的一种独具岭南特色的文化形态。具体表现在：以丰富的物质文化遗产和多样的非物质文化遗产构筑的深厚的岭南文化历史底蕴；以蓬勃发展的文化产业、日趋均等化的文化服务以及丰富的市民文化活动支撑的持续繁荣岭南文化产业，以日益增强的岭南文化吸引力和逐渐扩大的岭南文化影响力形成的岭南文化的国际辐射力。

（一）岭南文化历史底蕴十分深厚

1. 物质文化遗产丰富

广州市是广东省历史物质文化遗产的集中地。截至 2018 年底，根据官方公布名录统计，广州市作为第一批国家历史文化名城，拥有中国历史文化名镇 1 座，国家级历史文化名村 2 处，进入中国传统村落名录 11 处，全国重点文物保护单位 29 处。此外，拥有广东省历史文化名村 5 处，广东省传统村落 14 处，广东省历史文化街区 1 处。广州南越国遗迹和海上丝绸之路列入了中国世界文化遗产预备名单。综合比较来看，广东省拥有国家级物质文化遗产共 305 项，其中广州有 44 项，占比为 14.4%。广东省拥有省市级物质文化遗产共 294 项，其中广州有 20 项，占比为 6.8%。广州市在中国传统村落、全国重点文物保护单位、广东省传统村落方面排名靠前（见表 1）。

表 1　广东省各市拥有国家级/省市级物质文化遗产数量

单位：处

城市	国家历史文化名城	中国历史文化名镇	国家级历史文化名村	中国传统村落	国家历史文化街区	全国重点文物保护单位	广东省历史文化名城	广东省历史文化名镇	广东省历史文化名村	广东省传统村落	广东省历史文化街区
广州	1	1	2	11	0	29	0	0	5	14	1
潮州	1	0	0	3	0	9	0	2	1	7	0
东莞	0	1	2	6	0	7	1	2	7	7	1
佛山	1	1	3	11	0	7	0	2	7	11	1
河源	0	0	1	2	0	1	1	0	0	1	0
惠州	1	1	0	9	0	1	1	1	3	10	5
江门	0	1	4	6	0	2	2	0	3	5	2
揭阳	0	1	0	4	0	3	2	1	5	8	0
茂名	0	0	0	1	0	1	1	2	0	4	2

续表

城市	国家历史文化名城	中国历史文化名镇	国家级历史文化名村	中国传统村落	国家历史文化街区	全国重点文物保护单位	广东省历史文化名城	广东省历史文化名镇	广东省历史文化名村	广东省传统村落	广东省历史文化街区
梅州	1	4	2	45	0	5	0	4	6	31	0
清远	0	0	2	18	0	1	2	1	3	16	0
汕头	0	0	1	1	0	3	1	0	2	3	0
汕尾	0	1	1	2	0	2	1	0	0	3	0
韶关	0	0	1	4	0	9	2	1	5	15	0
深圳	0	0	1	1	0	1	0	0	0	0	0
阳江	0	0	0	1	0	1	0	0	0	3	0
云浮	0	0	0	3	0	2	1	0	2	5	0
湛江	1	1	1	12	0	4	0	0	2	15	0
肇庆	1	0	0	10	0	5	1	0	4	16	0
中山	1	1	1	2	1	3	0	2	0	4	4
珠海	1	1	1	2	1	3	0	2	0	8	0

资料来源：已公布的最新世界古遗址名录名单、全国历史文化村镇名单、中国古村落名单、国家级历史街区名单等。

2. 非物质文化遗产多样

广州市非物质文化遗产保护和发展稳步推进。截至2015年，广州市非物质文化遗产共有77个。粤剧成为广东省首个世界级非物质文化遗产，古琴艺术（岭南派）被列为申请世界级非物质文化遗产名录之一。除此之外新版《广州历史文化名城保护规划》将规划保护粤曲、狮舞（广东醒狮）、木偶戏（广东木偶戏）、粤绣（广绣）、玉雕（广州玉雕）、凉茶等16项国家级非物质文化遗产，五羊传说、何仙姑与挂绿的传说、萝岗香雪、广州咸水歌、黄阁麒麟舞、鳌鱼舞、舞貔貅、粤语讲古等30项省级非物质文化遗产，金花娘娘的传说、广州客家山歌等29项市级非物质文化遗产。近年来，以广州市为中心的非物质文化遗产保护事业不断发展，这也成为支撑广东省文化强省地位的重要举措之一。

（二）岭南文化产业支撑有力

在新时代背景下，广州文化产业持续快速发展，结构布局不断优化，质量效益显著提升，不断跃上新的台阶。广州文化产业近年来实现了强劲增长，同时更好地满足了市民的精神文化需求。

1. 文化产业蓬勃发展

近年来，广州围绕建设国际文化创新中心、国际文化贸易中心和国际文化交往中心，增强文化自信，突出重点领域，促进文化产业做强做优。

广州发挥中心城市的引领辐射作用，着力打造“创意之城”，突出发展了一批优势创意文化产业集群。以广州为中心的文化产业已经发展为广东省重要支柱产业，岭南文化资源、文化产业链条和文化消费市场呈现深度融合的局面，且区域产业布局进一步优化。广东省的文化产业以广州为中心，粤东西北优势互补、错位发展的格局基本形成。

广州文化产业近年保持了快速发展的态势。据不完全统计，广州文化上市公司的市值超过 4000 多亿，2015 年文化产业增加值为 933 亿元，占 GDP 比重为 5.15%，2011~2015 年，全市文化产业增加值年均增速约为 12%，高于同期 GDP 增速（见图 1）。2016 年实现文化产业增加值 1043 亿元，占 GDP 比重达 5.28%，文化产业支柱地位进一步增强。

广州文化产业社会贡献突出。从就业贡献来看，2014 年，广州市文化产业从业人数为 34.49 万人，占广州市总从业人数的比重为 4.46%，占第三产业从业人数的比重为 7.99%（见图 2）。

广州文化产业税收贡献不断增加。广东省地税局《关于促进我省文化产业发展的税收政策调研报告》显示，近年来，广东文化产业税收增速高于全省地税收入增速。广州市统计局提供的统计数据显示，2014 年，

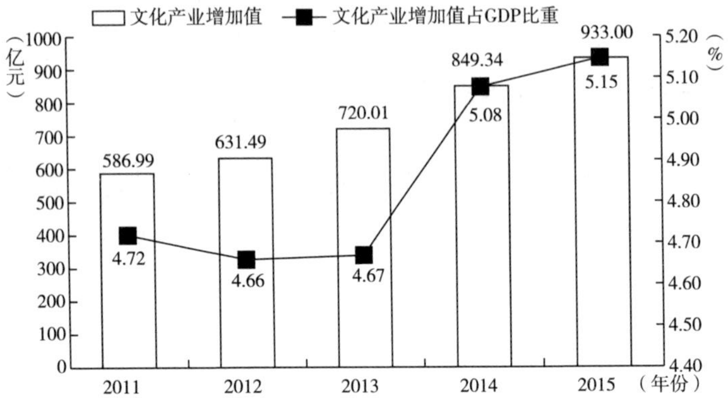

图 1　2011~2015 年广州市文化产业增加值及其占 GDP 比重

资料来源：根据广东省人民政府公开数据整理。

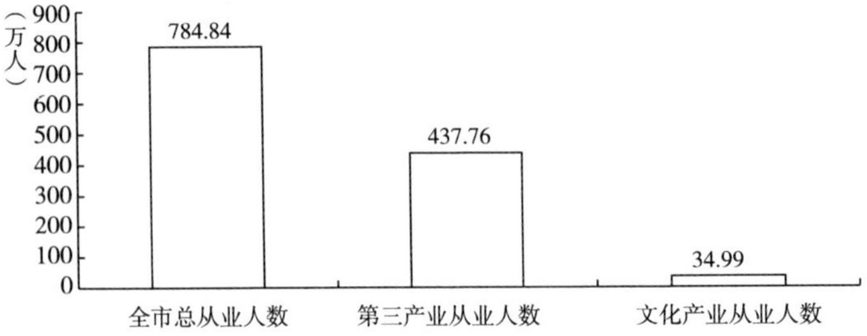

图 2　2014 年广州市文化产业从业人数与第三产业从业人数、全市总从业人数对比

资料来源：根据广东省人民政府公开数据整理。

广州市仅规模以上文化产业法人单位营业税金及附加为 17.38 亿元，占广州市地方财政公共收入的比重为 1.4%。

广州文化产业投资活力显现。2014 年，广州市文化产业投资日渐活跃，民间资本被激活，不断涌入文化产业，文化产业固定资产投资中自筹资金达 163.35 亿元，占全部固定资产投资的比重为 79.24%。文化创意和设计服务固定资产投资最多，占全部文化产业固定资产投资总额的 32.02%。

2. 文化服务设施数量不断攀升

以博物馆为代表的普惠型公共文化设施体系逐渐健全，市民基本文化权益得到保障。据统计，广东省全省建有县级以上公共图书馆138个、文化馆147个，乡镇（街道）综合文化站1599个，博物馆209个，行政村（社区）文化室25677个。在全国率先实现公共图书馆、文化馆（站）、博物馆、美术馆免费开放。广州在珠三角地区的公共文化服务网络体系处于引领地位，主要体现在文化设施修建投入集中，城乡之间、区域之间公共文化服务建设日趋均等化；公共文化服务、群众性文化活动日渐丰富。

以大型文化活动平台为代表的公共文化服务体系彰显广州文化魅力，人均文化消费全国第一。广州现在有9项全国性、国际性的大型文化活动平台，包括广州演交会、广州艺术节（戏剧节）、羊城国际粤剧节、中国国际漫画节、中国（广州）国际纪录片节、中国国际儿童电影节、广州大学生电影节、中国音乐金钟奖、广州国际艺术博览会。2016年实际成交额合计约20亿元。在9项平台的基础上整合打造的广州文交会，影响力不断提升。2016年，广州市文化产品进出口总额为130.48亿美元，位列全国前列。

（三）岭南文化国际辐射力逐步提升

依托于古代海上丝绸之路发展起来的中外贸易，不仅带动了广东地区经济的发展，也带动了广东地区与其他国家的人员往来与文化交往。中外贸易促进文化交流的现象在近代的广州发展中表现得更为明显。此外，广州拥有遍布世界各地的华侨华人，其中东南亚的华侨华人更多，这些都成为联结广州与海上丝绸之路沿线国家和地区的重要纽带，岭南文化依托丰富的古代海上丝绸之路资源，以及国家实施“一带一路”倡议的发展机遇，将不断走向国际化。

1. 岭南文化吸引力日益增强

广州以优越的自然地理条件以及包容的文化精神持续吸引了世界各地

的外国人来粤参观、交往、经商和定居。2014年1月至11月，在粤临住外国人约388万人次，前五位国家为日本、马来西亚、美国、韩国和新加坡，约161万人次，占临住外国人总数的41.5%。临时居住的外国人中，旅游的约130万人次，占33.5%；从事商贸活动的约114万人次，占29.4%；从事科教文卫交流活动的约38万人次，占9.8%；探亲的约27万人次，占7.0%；其他人员约79万人次，占20.4%。另外，在粤常住外国人约9.5万人，前五位国家为日本、韩国、美国、委内瑞拉和印度，约4.7万人，占常住外国人总数的49.5%。

值得一提的是，作为全球制造业重要基地之一，广东繁华的经济成为众多外国人前来的重要原因。广州市处于珠江三角洲地区商品集散地中心，有各类涉外专业市场60多个，档口近3万个，仅越秀区以非洲商人为主要销售对象的涉外专业市场就有近20家超过5000个档口。近年来，广东与非洲经济往来日益密切，广东的小商品在非洲国家具有广阔市场。同时为进一步扩大广州在国际城市的影响力与便利度，白云国际机场作为国内三大航空机场之一，设有8个对外口岸，开通航线110多条，通达国内外100多个城市，其中直达非洲国家的航班每周有19个。

2. 岭南文化影响力逐渐扩大

岭南文化在国际吸引力不断增强的同时国际辐射力也在不断加大。为客观有效地反映岭南文化的国际影响力，选取谷歌指数检索岭南文化相关主题，显示世界范围内对岭南文化的印象集中在粤剧、粤语、粤菜、粤曲等主题。具体表现为以粤语为载体的岭南文化是行走的岭南文化，相关检索词频集中于“香港语言学学会粤语拼音方案”等主题。以粤菜为载体的岭南文化是舌尖上的岭南文化。检索量最高的主题是“粤菜最新菜谱”“广州粤菜制作培训”“粤菜菜谱大全”等。以粤剧为载体的岭南文化被称为活化的岭南文化，检索量热度集中于《梁山伯与祝英台》、《帝女花》与“汪明荃”等知名曲目和粤剧演员。

广东饮食文化的国际化趋势显示粤菜作为全球知名菜系，在世界范围内广为流传。猫途鹰网站统计世界各地的粤菜点评数的网络体系显示，广东饮食文化已经传播至东亚、欧洲、美洲、澳洲等主要地区，在英国、法国、德国和美国的认可度最高。

粤语作为岭南文化的代表之一，是联合国官方语言，使用人群与地区遍及全球。国际研究机构认定粤语在我国多语言文化中是处于稳定发展且有广泛传播力的语种。根据谷歌指数，统计 2004~2018 年粤语相关搜索量，2008~2012 年粤语相关搜索热度最高，十多年来，累计搜索量最多的国家和地区以中国为核心依次向东亚、澳洲、美洲、欧洲扩展，国际化趋势明显。

粤剧作为岭南文化的代表之一，是世界非物质文化遗产，世界知名度较高，粤曲等流行文化传播久远。根据谷歌指数，统计 2004~2018 年粤剧相关搜索量，2004 年、2008 年、2009 年粤剧相关搜索热度最高，十多年来，累计搜索量最多的国家和地区以中国为核心向北美洲扩展，显示出一定的国际影响力。

四　广州建设岭南文化中心的空间响应

在粤港澳大湾区、国家、全球层面长期可持续地参与合作和竞争，就必须保护和利用优秀的历史文化遗产，充分彰显自己独立、鲜明的文化形象和个性。以下从文化点、文化线路、文化片区三个维度分析广州建设岭南文化中心的空间响应。

（一）着力突破文化点的资源钩沉与推动保护性发展

1. 推动历史文化名城、名镇、名村的保护性发展

（1）历史文化名城的文化复兴

广州建设岭南文化中心，应把广州老城的实体从国家历史文化名城升级为宜居宜业宜游国际大都市的文化中心。广州老城环境品质不高、“历史沉淀感”不强。广州老城虽然历史遗存丰富，街坊生活与文化具有

本土特色，但人居环境品质不高；广州老城的历史格局与肌理具有一定规模，但城区内的建设风貌混杂，特色不显，现代建筑与传统建筑及近代建筑风貌矛盾甚大。

应从微改造中修复广州老城风貌，坚持传统文化的传承。广州历史文化名城保护与发展的目标是弘扬岭南地域精神，彰显广州作为岭南文化中心的文化自信，追求“最广州最本土最生活”。广州近年的微改造行动成果显著，特别是在市政基础设施完善方面成就突出。但应在改善人居环境的同时，继续坚持传统文化的传承。先做好微改造街区文化价值的判定，通过建筑构件、立面风貌的谨慎考证与修复，通过地区历史信息的谨慎识别与展示，获得文化主题凸显、历史信息易寻、街区风貌独特的老城基本风貌。

（2）传统村镇的保护

结合自然山水环境对村落保护区进行保护。城市建设用地外的大多数传统村镇的风貌与周边自然山水环境有着极其密切的关系，保护要强调村镇风貌与周边自然环境的结合。在对传统村镇划定核心保护范围及建设控制地带时要统一考虑山、水等自然要素，传统村镇的保护应强调环境背景景观因素，控制和保护传统村镇本身风貌及其周围的整体山、水景观。

完善村落保护区的基础设施，缓解村落“空心化”问题。其一，对传统村镇的建筑进行整治，更新或改造与传统村镇风貌有较大冲突的建筑，并在专家的指导下按有关规定对古建筑进行必要的修缮。其二，对传统村镇的基础设施进行整治和完善，在不影响村镇整体风貌的前提下，可适当增加现代化的基础设施，改善居民的生活环境，为居民日常生活提供必要的条件。其三，在不破坏传统村镇风貌的前提下，可适当开发村镇旅游事业，筹集资金，以便更好地进行保护。

2. 制定“一山一江一城八个主题区域”整体保护的空间战略

立足广州既有的历史文化遗产，在市域范围内制定“一山一江一城八个主题区域”整体保护的空间战略；有效保护、科学利用市域内传统村镇与各级文物保护单位，恢复传统村镇的传统文化和活力，不断挖掘历史文化遗产的价值，传承独具地方特色的文化艺术和风俗习惯，凸显广州作为革命策源英雄城、岭南中心文化城、田园风光山水城、丝绸海路港口城的城市特色，丰富广州历史文化名城的内涵和外延，推动市域范围内城乡文化建设和社会综合发展。“一山”指白云山以及向北延伸的九连山脉。重点控制白云山周边建设，保护视线通廊，传承青山半入城的传统格局和山城交融的城市特色。“一江”指珠江及其大小河涌。重点保护珠江及大小河涌水网的岸线与格局，控制珠江及大小河涌两岸的建设。“一城”指历史城区。重点保护历史城区范围内的文物古迹、历史建筑（含优秀近现代建筑）、历史街区、传统街巷、历史风貌、历史水系、空间格局等，确立整体控制和以保护为重点的原则，恰当处理保护与发展的关系，疏散历史城区功能、人口和交通流量。“八个主题区域”指莲花山自然人文主题区域、从化历史村镇主题区域、沙湾镇岭南市镇主题区域、黄埔港丝绸海路主题区域、先烈路革命史迹主题区域、三元里鸦片战争主题区域、长洲岛军校史迹主题区域、沿珠江工业旧址主题区域。

（二）重点重塑“核心—辐射”的区域多主题文化线路

1. 南粤古驿道文化线路

（1）古驿道串联粤港澳大湾区文化资源

广东省古驿道，又称南粤古驿道，是指 1913 年以前广东境内用于传递文书、运输物资、人员往来的通路，包括水路和陆路，官道和民间古道，是经济交流和文化传播的重要通道。自习近平总书记提出让陈列在广阔大地上的遗产活起来以来，南粤古驿道作为历史与自然留下的丰厚遗产，一经提出就备受关注与认可。2018 年 3 月 3 日，全国政协委员、广东省副省长许瑞生于全国政协十三届一次会议上提交了名为《以“中国古驿道”为载体，助力振兴乡村、精准扶贫、提供优质生态产品和提升文化自信》的提案。至此，广东省以南粤古驿道文化线路保护与利用工作为重要抓手和特色载体，并与乡村振兴、文化自信和精准扶贫等工作政策紧密结合，推动南粤古驿道逐渐向展现岭南风情和华夏文明的世界级文化线路迈进。

南粤古驿道作为文化线路具有多方面的创新。首先是发展理念上的创新。针对上述问题，广东省已经率先做出了创新性回答，即以道兴村，古为今用。古驿道沿线分布众多名镇名村和传统古村落，历史文化积淀丰厚，但旅游资源相对分散。通过将南粤古驿道的保护利用工作与精准扶贫和乡村振兴有机结合起来，深入挖掘传统历史文化，强化环境保护意识，广泛开展面向当代的人文活动，增强乡村文化自信和推进城乡融合发展。

其次是发展方式上的创新。过去文物部门在遗产工作方面相对注重考证与保护，然而反观目前世界上最先进的文化遗产处理方式，往往都要求超越保护，强调活化和创新。欧洲给我们最大的启发在于文化线路的保护与修缮同教育文化直接相关，线路本身则变得不甚重要。虽然当前南粤古驿道的文物遗存存在数量少、分布散、距离远以及史料保存和测绘体系落后等现实问题，但南粤古驿道作为文化线路具有巨大潜力却不容置疑。当前我们需要与时俱进，面向未来，将有关文化线路的国际理念与文物部门的工作方式统筹考量。即使是运用想象性还原的方法，也要在线路的文物点展示和示范段的系统构造上进行创造性设计，争取做到不损根本的同时引入现代化的艺术审美，使现代人能够在体验参与的过程中读懂线路和感受中国文化。

（2）古驿道建设的广州经验与潜力

广州作为南粤古驿道的重要历史文化枢纽，在古驿道建设中扮演着不可或缺的角色。总体来看，目前驿道遗存资源十分丰富，主要包括夏街古道、钱岗古道、京溪古道、溉洞古道等古道线路，以及黄埔古港、南海神庙、莲花塔等知名遗迹。

其中，广州从化钱岗古驿道作为广东省首个古驿道示范段试点项目，在经验准则和示范效果方面有积极的推广意义。一方面，从化钱岗古驿道整合了沿线丰富的古村落、古建筑和古遗址等历史文化资源，包括广府民居典型代表之一的钱岗古村，被誉为“广州的清明上河图”的木雕刻画“珠江江城图”，以及获评2003年度亚太地区文化遗产保护杰出项目奖第一名的广裕祠。另一方面，从化钱岗古驿道创新性地展开示范段项目库编制工作，在深挖驿道节点内涵的同时，与乡村脱贫、登山徒步、艺道游学等活动相结合，进一步彰显古驿道作为文化线路的重要经济社会价值。

此外，广州增城夏街古驿道作为广州市增城区古驿道示范段建设项目，在培育社会组织、实现驿道多元活化利用方面有着突出的社会效益。夏街古道保存较好，具有深厚的历史文化积淀，但也面临着文化衰落和环境破败的困境。为重焕古道生机与活力，夏街村进行了一系列的有益探索。首先，联合社会组织和民间团体（如增城区古村之友协会），建立众创平台。其次，引入具有地方文化特色的复兴项目（如“榄人榄园”国家级非物质文化遗产广州榄雕复兴项目、乡村美学传播工作室、传统服饰文化复兴项目等），并推动传统手工艺人以及社会创客的加盟入驻。最后，通过统一的规划管理，积极对接政府资源，实现线上线下的资金募集，推动各复兴项目的落地与发展。

广州作为南粤古驿道网络的文化中心，在挖掘古驿道价值方面具有巨大的潜力。其中，从古驿道建设的角度，应重新思考北京路在南粤古驿道中的历史性作用。作为千年商都的历史缩影，北京路在南越国时已成为官衙区，在唐代时则作为唐城南北向的主干道路，并在宋时拆南城墙直至江边，逐渐发展成为商贸重地。在清代，北京路与沿江路交会处为天字码头，且附近设有接官亭作迎送官员用。著名地理学家曾昭璇曾在《广州历史地理》中指出，北京路是穿越州城三重的重要路径，即“自珠江岸上陆，穿过南城区，入清海军楼子城内，再入古越王宫官衙区

（即近财政厅处）”。从这个角度来看，北京路不仅是重要的历史文化街区，还是延续千年的文化路线。一方面，北京路串联了周边秦代番禺城遗址、西汉南越国宫署旧址、唐清海军楼遗址、明清大南门遗址和广州起义纪念馆等各大知名历史文化资源，还保留着体现岭南风情的骑楼街等景观特色。另一方面，沿北京路所形成的政治、文化、贸易、运输等文化活动在同一空间中延续近千年，体现了文化线路保护的核心特征——“特殊的动态的文化景观”。更重要的是，北京路已成为广府文化的有力象征，其意象与情怀经过艺术工作者的还原与加工而传播到世界各地。这段集体记忆有力唤起海内外华侨共鸣的同时，也可以促进广州建设成为岭南文化中心。

（3）古驿道所承载的岭南文化国际化愿景

从粤港澳大湾区建设角度出发，粤港澳地区因特殊历史而处于隔离状态，不利于湾区持续发展和战略有效推行。但岭南文化始终作为一种天然的黏合剂，将跨制度的资源进行集约整合，并强化基于文化自信的全球华人身份认同感，促使粤港澳大湾区在日益趋同的全球化语境中形成独具特色的地方文化积淀。而承载丰富文化信息的南粤古驿道，无疑成为岭南文化的强有力后盾，助力以“岭南文化+”为代表的湾区建设。两者相辅相成，推动粤港澳大湾区成为世界级湾区城市群，南粤古驿道也成为推动岭南华夏文明走向世界的世界级文化线路。

从“一带一路”和“人类共同体”高度出发，即上升到中国走向世界的层面，南粤古驿道在国际语境中的定位仍值得进一步深刻理解和准确定位。历史上的中国曾以广州和澳门这两个点连接世界，背后是整个中国的腹地。南粤古驿道作为点与点之间的通道，既有“粤”的特殊性，也有“驿”的动态性与交流性。因此南粤古驿道实则作为一种特殊的文化景观，在推进南北地区的交流融合、扩大广东的国内外影响力、促成广东成为中国南部的枢纽等方面发挥了无可替代的作用。整体来看，“一带一路”建设背景中的南粤古驿道具备“沟通中原、放眼世界”的文化线路属性定位，也具有建设世界级文化线路的条件。

2. 华侨主题文化线路

珠三角地区得益于优越的地理位置及累世的中外文化交流传统，成为我国近代最早主动接触及引入西方现代文明的地区。除粤籍思想家自发出洋考察之外，清末我国大规模的官派留学生活动中的主要生源均来自珠三角地区。学成归国后，他们在军政、文体、科技、商业等各个领域起了巨大的引领作用，推动国家、国民走向现代化。

近代留学生、华侨在珠三角地区留下了众多遗产。以社会精英论，影响近现代中国的名人多来自珠海、新会、佛山、广州、中山等地，相关文化遗产包括故居、宗祠、讲学之所、报社、学校、工厂、商业百货；修筑的道路、桥梁、建筑；中华人民共和国成立后，国家为华侨归国而建设的如华侨新村、华侨大酒店、华侨医院、华侨学校等遗产资源；华工出洋途经地点及线路。这些均可梳理、整合，形成以留学生、华侨为主题的文化路线。

3. 海丝主题文化线路

海上丝绸之路伴随着商贸活动的开展而延伸，在珠三角留下了众多商业遗产，商贸名镇、商埠、港口等星罗棋布。总结海上丝绸之路在珠三角地区的商埠、港口，可形成以下路线（自西向东）：江门上川岛和下川岛——台山广海——新会崖门——澳门——珠海唐家湾——东莞虎门——广州黄埔与长洲码头——香港屯门——香港仔石排湾——惠州淡水与大亚湾。通过对上述地点与海上丝绸之路相关遗产的梳理、整合，统一规划，可于空间上钩织起海上丝绸之路的商贸文化线路。

文化伴随着商贸活动，通过海上丝绸之路传入，为珠三角地区带来缤纷灿烂的外来文化资源。世界三大宗教均通过此方式，经由海上传入我国，形成了与陆上丝绸之路并驾齐驱的文化线路。其遗产点集中于广州地区，可分别以佛教、伊斯兰教、基督教为主题，串起广州市内的相关遗产，形成宗教文化线路。

4. 宗教与地方信仰主题文化线路

珠江三角洲地区位于水陆要冲之处，来自中原的文明与海外的文明在此交汇，形成独特的地方文化。珠三角外来文化的输入，陆路方面是由中原的移民，自汉初以来，一波接一波地翻越五岭进入。水路方面则是通过海上丝绸之路，伴随着商业贸易进入。现时珠三角地区五大宗教（释、道、儒、基督、伊斯兰）并存，文化熔炉意义凸显，在全国也有重要地位。

作为文化交汇之地，珠三角宗教文化发达，总体可分为外来宗教与本土宗教两类。外来宗教包括佛教、基督教、伊斯兰教。佛教现时在珠三角地区的主要遗产包括广州华林寺、光孝寺、六榕寺、海幢寺，肇庆庆云寺，惠州罗浮山华首台，等等。伊斯兰文明则留有我国现存最早的伊斯兰教建筑——怀圣寺、清真先贤古墓、先贤清真寺等。基督教遗产包括广州石室圣心大教堂、沙面路德圣母堂、东山堂、协和神学院，肇庆仙花寺，中山石岐太平堂，香港圣约翰座堂，澳门圣公会马礼逊堂、圣保罗教堂、耶稣会主教座堂，上川岛方济各·沙勿略墓园。

珠三角本地宗教则较为复杂，主要为来自中原的道教及从本地发展起来，以水神崇拜为主的地方信仰。道教现时遗产包括惠州罗浮山、冲虚观、酥醪观、九天观、白鹤观、黄龙观、摩崖石刻，广州五仙观、三元宫、纯阳观，佛山南海丹灶，等等。地方信仰则主要包括龙母崇拜、妈祖崇拜、洪圣（南海神）崇拜、北帝崇拜等。其中龙母信仰文化资源包括肇庆德庆悦城龙母庙、龙山宫、白沙龙母庙，佛山顺德苏岗龙母古庙。妈祖信仰文化资源包括深圳赤湾妈祖庙、广州南沙天后宫、珠海淇澳岛天后宫、澳门妈阁庙、香港铜锣湾天后宫。洪圣信仰文化资源包括广州南海神庙、大岭村洪圣庙、黄埔村洪圣庙，珠海三灶洪圣庙。北帝信仰文化资源包括广州泮塘仁威庙、黄埔村北帝庙，佛山祖庙、胥江祖庙、真武庙，香港九龙露明道公园上帝古庙遗址。

（三）协同彰显“同源多元”的区域文化片区景观

1. 大湾区的文化地理

（1）区域层面：六大文化片区，形成广府文化统领的文化地理图景

广东省的文化地理图景可分为六大片区，分别是广州、佛山、东莞、深圳、中山、江门所处的珠三角平原广府区，肇庆、云浮所处的粤西山地广府区，韶关、清远所处的粤北山地客家区，惠州、河源、梅州所处的粤东北山地客家区，潮州、汕头、汕尾、揭阳所处的粤东沿海潮汕区，湛江、阳江所处的粤西沿海广府区。六大文化片区形成以珠三角平原广府区统领的文化地理图景。

（2）广州层面：“八个主题区域”整体保护的空间格局

“八个主题区域”指莲花山自然人文主题区域，包括莲花山古采石场遗址、莲花塔、莲花城等文物古迹；从化历史村镇主题区域，包括从化东风殷家庄、大墩村、凤院村、大江浦村等传统村镇，广裕祠、邓氏祠堂、从化学宫大成殿等传统村镇中典型的祠堂、民居，该区域维系传统聚落的格局和风貌，体现岭南文化；沙湾镇岭南市镇主题区域，包括留耕堂、宝墨园、三稔厅等文物古迹，安宁西街、青萝大街、忠心里大街、罗山里大街、三槐里大街、鳌山古庙群等历史街区和具有岭南特色的古建筑群，沙湾飘色、广东音乐、沙坑醒狮等具有岭南地方特色的民间艺术；黄埔港丝绸海路主题区域，包括南海神庙、浴日亭、黄埔古港遗址和黄埔村早期建筑等文物保护单位，该区域继承和弘扬波罗庙丰富的历史文化内涵，传承与之息息相关的风俗习惯，印证广州千年古港源远流长的历史；先烈路革命史迹主题区域，包括黄花岗七十二烈士墓、朱执信墓、庚戌新军烈士墓、杨仙逸墓、张达民墓、邓荫南墓、兴中会坟场、烈士陵园、淞沪会战烈士陵园、国民党一大旧址、广东咨议局旧址、广州农民运动讲习所、中华全国总工会旧址、广东省农民协会旧址等文物保护单位，是中国近代革命历史的纪念地；三元里鸦片战争主题区域，

包括三元古庙、升平社学旧址、广东人民抗英纪念碑、联升社学旧址、东平公社旧址、揽翠山房等与鸦片战争相关的旧址遗址；长洲岛军校史迹主题区域，包括黄埔军校旧址、长洲炮台、黄埔军校史迹、东征烈士墓等一系列革命史迹以及其他史迹；沿珠江工业旧址主题区域，包括日清仓旧址、协同和机器厂、渣甸仓旧址、德士古油库旧址、亚细亚龙唛仓旧址、太古仓旧址、大阪仓旧址等一系列的工业旧址。

2. 大湾区的自然图景

（1）注重桑基鱼塘等自然地理的保护与传承

桑基鱼塘是珠江三角洲特有的，为充分利用土地而创造的一种挖深鱼塘、垫高基田、塘基植桑、塘内养鱼的高效人工生态系统。作为一种特色鲜明的水乡风貌，桑基鱼塘还充分体现了珠三角历史文化的方方面面。首先，它根植于优越的水环境，这是珠三角地区具备的独特条件；其次，它是农业生产高度商品化，直接服务于海外贸易的产物，这是珠三角地区作为海上丝绸之路起点的重要标识；最后，它是珠三角人民勤劳智慧的结晶，体现了精巧集约的传统文化特质。有鉴于此，桑基鱼塘几乎可以作为浓缩珠三角历史文化和城乡特色风貌的一个符号，具有很高的申遗价值，值得大力推动。桑基鱼塘分布在珠三角西岸顺德、南海、鹤山等地。大湾区西岸的农田围垦、东岸的河涌水网、伶仃洋群岛等，也是区内独特的自然文化景观。应在世界遗产、国家历史文化名城名镇的申报上加强大湾区内的合作与协调，推动各类自然文化景观世界遗产的申报。

（2）注重城镇形态与山水格局结合，拓展地方历史文化传统

在城镇建设中应注意对山体、水体、林地等自然要素的尊重，合理利用自然资源，在适当的位置突出自然要素的特征，使城镇与自然格局有机融合。结合城镇功能与类型，形成与山水要素的协调、互补、引领、凸显的关系。重视生态控制线的边界、城镇组团间生态隔离带和视线通廊，合理利用生态资源，对城镇形态进行一定拓展，使城镇开发对当地

自然环境实现良好的互动，成为有地域特征的形态要素。城镇形态拓展地方历史文化传统。城市建设应对地方历史文化传统作出合理的呼应。依次提升对传统风貌保持较好的地区、历史文化街区等这些地区及其周边地区的风貌指引及规划控制的严格程度，保证周边的城镇建设、城镇改造与传统的历史肌理相互协调。街区布局应顺应传统城镇肌理，新建筑高度和形态应与历史建筑相协调，新老城区的公共空间体系应连接成网，鼓励在公共空间及其界面内融入历史文化特色与符号。

五　潜在挑战

（一）现代生活方式的挑战

广州作为改革开放的前沿地带，接收新的理念和新的思想要优于其他城市，国际化与全球化也逐渐影响着广州人民的生活，各种国际化品牌的输入与引进正在改变广州的传统生活方式。经济社会高速发展所带来的现代生活方式开始逐渐冲击传统的生活。千城一面的现代生活开始与独特的传统生活产生矛盾，不论从休闲、饮食及语言等方面都对传统的广州生活方式带来极大的挑战。

首先，现代电视剧、电影对传统粤剧带来了一定的挑战。在大众传媒普及之前，各地都有具有地方特色的戏剧表演，如北京的京剧、巴蜀的川剧、江南的黄梅戏等，而广州乃至整个广东地区则有其独树一帜的粤剧。20 世纪，粤剧是广大广州地区百姓的必要休闲方式及观赏的戏曲表演之一，几乎传遍了世界上所有使用粤语的人群。20 世纪中后期，广东曾有粤剧组织多达 73 个，一些出名的粤剧演员也成为粤语地区家喻户晓的人物。例如，著名粤剧演员红线女，甚至有“哪里有粤语，哪里就有红线女的红派曲腔”的说法。然而，随着社会经济的发展、技术的进步和全球化的影响，粤剧的观众与听众比例开始缩小，对粤剧仍持有兴趣的人群大多限于原先的群体，而现在他们也逐渐老去。电视剧、电影等大众传媒开始改变人们的生活，新一代的广州市民也更多地去关注电视剧和电影所带来的乐趣，传统的粤剧受到了现代大众传媒的影响和冲击。

其次，现代的快捷早餐式生活方式对传统的早茶生活方式带来了一定的挑战。粤菜作为著名菜系之一，在全中国家喻户晓。其中，早茶文化也是岭南文化的一大体现之一。粤式早茶主要起源于清末时期，除了吃茶点以外，还有供人歇脚谈话的目的。早茶已经成为广东地区乃至岭南文化地区的重要生活方式之一。然而，各种经济活动在广州的集聚使得广州的生活节奏不断加快。快速的生活节奏开始与休闲的早茶生活产生矛盾。

最后，新移民的普通话对传统居民的粤语带来了一定的挑战。粤语是广州地区乃至整个广府地区的语言。作为全国第三大汉语言方言及大多海外华人使用的主要汉语之一，粤语成为继英语和法语后加拿大的第三大语言。因此粤语有专门的英语单词“Cantonese”，可见粤语在世界的影响力。作为改革开放的桥头堡，成千上万的外来移民来到广州创业，这些“新广州人”大多不会粤语，这使得广州的粤语氛围受到了冲击；另外，“新广州人”的后代与“原广州人”的后代相互融合，也使得粤语的使用者受到影响。大量的本地电视节目、媒体等也开始逐渐不用粤语，这使得粤语的延续与传承受到了冲击，广州的“地方化”开始受到“全国化”乃至“全球化”的影响。

（二）新经济方式的挑战

1. 城市营销推陈出新，老城区在虚拟世界的意象逐渐萎缩

随着全球化趋势的加强和经济增长，中国各大城市都在极力营销自己，吸引投资，从而得到最大的发展机遇。广州市在众多城市竞争中也在力争上游，争做排头兵。然而，广州在城市营销方面的特色并不突出，广州如何通过城市营销来展现其特色及其优势是当前的挑战之一。从全

国的层面来看，各大“网红”城市开始涌现，除珠三角的穗深港等城市之外，重庆、成都、武汉、西安等城市也开始成为所谓的新时期“网红”城市。这也是城市营销的觉醒。广州在这方面的发展有所欠缺，特别是具有悠久历史的老城区缺乏宣传与营销。在文化或新闻载体上没有能反映出广州老城区的知名音乐、视频或短片。在互联网时代，城市营销需要依赖虚拟世界的宣传。例如，一首《成都》将成都推到了“网红”城市的前沿，达到了成都城市营销的目的。广州正需要这样的营销手段去推崇其文化，让人们能感受到广州独一无二的城市魅力和城市灵魂。

2. 城市发展呈现历史街区消费文化趋势，广州需要项目承载

历史文化是现代城市推销自己的名片之一。当前各大城市的城市更新已经逐渐改变原先大拆大建的模式，转而关注于历史街区文化的发掘。上海“新天地”的商业改造首创先河，利用上海老式的里弄住宅形式，注入国际一线品牌的消费实体，打造出既有历史厚重感又有国际消费档次的高档历史商业街区。这种模式后来被很多城市效仿，并且效果显著，即利用历史文化街区的改造来修建中高档休闲商业街区。北京的南锣鼓巷和前门、成都的宽窄巷子和太古里、佛山的岭南新天地等都是这种模式的产物。这种发展方式在一定程度上具有推销城市品牌、打造城市特色的优势。例如，成都的宽窄巷子和太古里已成为当今成都旅游品牌和形象之一。然而，广州却没有这样一类场所去推广广州的文化品牌及彰显广州的城市文化形象。这也使得广州的城市形象推广要略显落后。其实，广州历史悠久，老城区的城市肌理仍然保存良好，这些都是潜在的发展优势。只是缺乏相应的工程项目去承载这种历史商业街区改造，这也是今后广州发展的挑战之一。

3. 城市创新力不足，文化与创新经济的结合较少

当今城市的发展已经开始走向多元化的发展路径，单一的产业主导已经不再适应当前激烈的城市竞争环境。广州市作为中国的一线城市，在中国城市发展中一直处于排头兵的地位。然而，近年来北上深等一线

城市在本身较好的基础上继续奋进，其余诸如南京、杭州、武汉、成都、重庆等二线强城市也在迎头追赶。不得不说，广州的城市发展路径也必须随着时代的进步而革新，从而适应当前的发展环境。近几年，广州在广东发挥其政治中心和省会的作用，吸引了大量的央企。这一方面因为广州的政治地位，另一方面也由于广州在广东有着传统的领先地位。然而，深圳有着创新多元的发展环境、优惠的政策优势，使得更多的民营企业和外资企业将总部与区域中心搬迁到此。相比之下，广州在这方面却显得捉襟见肘。虽然广州依然有着作为经济支撑的汽车行业，如广汽集团。但随着恒大等大企业的搬迁，广州在发展创新力度上开始与深圳拉开距离。从全国层面来看，其他奋起而上的大城市也在将经济发展模式转变为多元化的发展模式，传统制造业开始逐渐不具备竞争优势，就连曾经以“廉价劳动力”而吸引全球资本的珠三角制造业也由于人力资本的增加将其优势转移到了越南、印度尼西亚等东南亚国家。因此，兼顾原先的传统优势，发展新兴行业，多管齐下的经济发展模式才是当前广州的首要目标。将文化与创新经济结合进行多元发展也成为当前广州发展的挑战。

（三）文化传承的挑战

文化是一个城市或地区的身份，是一个城市经过多年历史积淀的灵魂与财富。广州作为一个具有千年历史的文化名城，其文化底蕴与文化资源有目共睹。然而，随着时代的发展，全球化与改革开放为广州注入了大量的新鲜血液，不同的人群纷纷来广州发展与就业、生活，他们为广州的城市建设和发展做出了很大的贡献。广州逐渐成为一个全国乃至全球的多样化城市。但是这也给广州的地域性历史文化特色带来了一定影响。

首先，在语言方面，粤语在全球都具有很深远的影响，粤语已成为海外华人使用的主要汉语之一。但由于普通话的大量普及、外来移民的增加等，粤语使用人口比例开始逐渐减少，这使得粤语作为岭南文化的代表之一受到了挑战。“新广州人”以及更多的广州本地年轻人开始不使用粤语，甚至到了听不懂粤语的地步；学校教育中普遍使用普通话也使得粤语在新的一代中逐渐式微。作为一门具有一定世界地位的语言，如若其在世界其他地区兴盛的同时，在发源地却开始衰退的话，着实比较惋惜。普通话虽然是全国通用语言，但是粤语也是广州的重要文化遗产。在摒弃所谓方言的粤语，还是倾向支持作为世界特色语言的粤语方面，广州迎来了抉择与挑战。

其次，在饮食习惯方面，作为传统的岭南地区人家，“吃在广州”已经成为广州的标语之一，这证明了广州的饮食文化在全国的知名度较高，也反映了广州人重视饮食的生活风俗。粤菜作为中国八大菜系之一，在全国也十分有名。广州作为粤菜发源地之一，当然具备最纯正的粤菜烹制技艺。但是作为一个多元化的全国中心城市和全球城市，广州的饮食文化逐渐“百花齐放、百家争鸣”。各种菜系都可在广州找到，不论是香辣的湘菜、麻辣的川菜还是清淡的浙菜都装点了大街小巷。这本是一个良性互动的发展模式，但是一些老字号的粤菜及小吃却在这种激烈的竞争中失去地位，并逐渐隐没在多元的外来饮食文化中。如何在彰显特色的同时又保护其文化的传承也成为当今广州饮食文化的挑战。从更高的层面来说，广州的饮食是广州非物质文化特色的重要载体，广州的历史文化与饮食文化有着千丝万缕的联系，广州乃至广东饮食文化的传承性也是必须正视的问题之一。

最后，在城市风貌方面，广州作为岭南建筑的发源地和代表地，其岭南风貌的建筑在全国都非常有名，其中骑楼就是岭南文化地区的代表建筑样式之一。然而，在快速的城市化进程中，20 世纪 90 年代到 21 世纪初，各种大拆大建的城市更新举措将传统风貌破坏，取而代之的是具有所谓现代化风格却千篇一律的高楼大厦。各种具有历史文化价值的建筑在城市再开发中消失。但相对于内陆其他城市来说，广州还是保存了一些老城区的风貌，在向东发展的过程中也保存了老城区的城市肌理。老式小区与建筑的功能退化开始对居民的生活造成影响，老旧城区与老建筑的逐渐衰败与人民日益增长的美好生活需要开始形成矛盾，这需要在改善居民生活环境的同时，注重传统风貌的保护与传承。这也是传承岭南文化所面临的又一挑战。

六　对策

（一）深入探究广州历史文化，做深做实岭南文化之源

1. 识别历史空间中最具历史价值的文化要素，建构地方知识

广州历史文化积淀深厚，物质文化遗产资源数量领先、种类丰富。所谓探究就是去识别广州的历史空间中最具历史价值的文化要素，深入研究广州的历史文化。首先，要认识好自身的价值机制，建构地方知识，加强历史文化教育；其次，各级文物部门、保护管理机构和专业研究人员要转变观念，以文物的眼光理性看待广州历史城区中历史价值要素；最后，要大力开展历史城区保护管理方面的研究，使得广州的历史城区的保护管理工作与其价值相匹配，与社会经济发展相协调。

2. 拓展本地物质文化遗产空间

积极申报世界级、国家级遗产名录。湾区内各地政府、组织应加强区域合作与协调，推动桑基鱼塘申报文化景观世界遗产、南粤古驿道申报国家遗产线路及世界遗产名录；广州应积极推动南越国宫署申报国家考古遗址公园。广州的考古工作已为广州走向世界历史文化名城奠定了深厚的基础。但以往的考古工作多以被动方式进行，多配合城市建设及大型基建工程开展或进行抢救性考古勘探。建议以海丝申遗、广州建设岭南文化中心为契机，借鉴西班牙塞维利亚的都市阳伞公园考古博物馆、我国的成都蜀都遗址公园、北京皇城根遗址公园等做法，进行主动考古发掘。把发掘过程进行展示，结合公共空间与文物保护进行互动，进行

“全开放、零距离保护”的发掘—保护—展示的创新。保障工作方面，建议区、市、省、国家的相关政府与文物机构联动，共同推进申报、发掘、展示等工作。

3. 本地非物质文化遗产采取“资源钩沉—人文对接—空间预留”的战略

广州非物质文化遗产丰富，但部分非遗尚存较大的发展空间。一方面，粤菜、粤语等已完全融入区域，甚至是全球华人现代生活中的一部分；粤剧、粤曲等也因民间组织及政府的帮助，在老城的文化生活中有一席之地。另一方面，广州传统手工艺、武术等，在现代生活中逐渐被边缘化；更有甚者，对我国宗教文化影响深远的六祖文化，并未得到显现。因此，有必要对本地非物质文化遗产采取“资源钩沉—人文对接—空间预留”的战略。首先，要对广州的非物质文化遗产进行摸查，重点是发现根植力强、影响范围大的要素。其次，通过重新发现自我，重组广州的文化战略。再次，促进非遗进入日常生活，通过群众的日常生活延续非遗的生命力。通过举办非遗内容的常规性活动，通过非遗对现代生活的适应性转化，吸引更多、更广泛的市民关注、参与非遗活动。最后，对成熟的非遗活动，设定体验馆、博物馆等公共场所，粤剧博物馆便是很好的例子。

（二）联手大湾区各地政府、组织，形成文化网络

协同各地政府部门和不同学术力量规划统筹湾区文化资源，形成文化网络。从湾区层面来看，应统筹协调各地物质与非物质文化遗产的保护管理工作，加强文物保护与各领域之间的关系。单靠文物部门的力量难以取得良好的效果，需要各部门合作与社会组织的广泛参与。一是要协调文化遗产保护管理工作与社会经济各部门的关系，推动跨地区、跨部门、跨专业的合作。二是要各级文物部门与其他部门建立跨部门沟通协调机制。三是要鼓励第三方组织的广泛参与，鼓励国内外交流互动。

例如，南粤古驿道成立“三师”专业志愿者委员会并设立专家“工作营”；历史文化街区更新改造过程中以共同缔造工作坊形式，集合政府部门、镇街村集体、第三方组织共同参与。四是要联合湾区内各类商会、社会组织，举办常规性赛事。

打造湾区内岭南文化统领的文化地理图景。广府文化源流“三地说”观点突破了传统的广府文化就是“广州府的文化”的局限，历史学者经研究初步证实了肇庆也是广府文化源流地之一，即广府文化从广州、佛山、肇庆等地区发源演进而来。广府文化不再是“广州府”或广州、佛山某一地所专用独享的概念，广府文化的内涵及外延更为丰富，广府文化是岭南文化最为重要的组成部分，以粤语、粤菜、粤剧为载体进行传播，岭南文化则更具指向性地识别出广州在其中的核心地位。中山、珠海的香山文化，江门、开平、恩平、台山的四邑文化，惠州、清远、从化的客家文化、深圳的宝安文化，香港、澳门的港澳文化均受到广府文化的影响，可以说在珠江三角洲地区广府文化对其他文化具有统领作用，以广府文化为核心，不断丰富和拓展岭南文化的内涵；下一步，广州应大力推进文化中心的建设，形成湾区内岭南文化统领的文化地理图景。

（三）积极培育历史城区创新

1. 广州历史城区应践行“文化+”创新战略

广州历史城区应落实“文化+商业”“文化+旅游”“文化+创意”“文化+研发”的产业运营创新策略。其一，“文化+商业”需通过务实的研究，制定商品批发向文化展示、现代消费、文创产业过渡的政策。其二，“文化+旅游”需引入灵活的功能使用政策，结合街区微改造，务实地在改善物质环境的同时，推动业态功能的升级。清末或民国的老房子可以活化为“新兴时尚轻饮店”“购物店”“特色手信店”“精品店”；老城可引入“复合型书店”等文化艺术中心、“西关夜景酒吧”、“音乐餐吧”和“西关人家”精品民宿等功能。其三，“文化+创意”应降低文创产业在老城的准入门槛，培育有文化关怀、与社会共生的本土文创孵化器。对文创产业在老城区的入驻率、文创法人单位占比、管理考核等应提出明确要求。其四，“文化+研发”着力帮助高新技术企业研发等功能在老城的落地。纽约硅巷、伦敦科技城等均是老城孕育形成的世界闻名的高新技术城区，其政府留住高新技术企业、充分利用当地科技人才、鼓励科创实践，将科技创新纳入老城发展规划等经验都值得广州借鉴。

2. 广州历史城区应集结资源打造泛博物馆之城

建设泛博物馆之城，是广州彰显文化魅力的重要举措。广州的历史文化大多深藏不露。虽然比深圳的文化设施要多，但对比同是大湾区的香港、年轻得多的新加坡，文化展示类功能依然密度低。从这个角度看，广州与世界著名的历史文化名城的距离还很远。实施泛博物馆之城战略，增加历史文化、创新文化的展出与体验，盘活老城的存量空间，增加各类博物馆、史迹馆、陈列馆、体验馆、纪念馆，甚至建设广交会博物馆、现代艺术中心等都是值得鼓励的做法。

在加大公共投入的同时，通过财税等相关政策，引导社会资本、资源对文化项目进行投入。一方面，鼓励空置物业的业主为文化项目提供场地，通过市场租金水平进行补贴；另一方面，通过收集已知的文化项目，以公有平台为基础帮助落地。最近启动的位于北京路的粤菜博物馆，便是很好的社会资本主导、商业运营操作的文化传承的例子。

3. 广州历史城区建设方式与公有物业管理方式的创新

一是建设方式的创新。空间饱和增量有限，市场接纳城市更新的程度低。城市更新项目受限于相关的保护条例，众多传统开发主体对这种回报缓慢的项目接纳程度低。比如永庆坊微改造项目，改造后并没有导致建设量的大量增加，几乎是广东甚至是全国的孤本案例。建议启动小地块开发报建、消防审批改革等政策性研究，使改造的项目能化整为零，推动老城的空间载体更新。二是公有物业的管理创新。公有物业盘活、改造，仍然是提高质量的焦点。地方政府应引入高质量的“经营”理念，在提高单位产出的同时，改善公共环境、提升公共服务。同时应支持文创招商的工作，适时以低廉的租金孵化创意产业。

（四）建立有利于文化传承、风貌延续的制度环境

从制度政策等顶层设计方面，认真理顺经济发展和历史文化遗产保护的关系，从根本上建立有利于岭南文化传承及特色风貌延续的制度环境。

1. 规划技术政策

明确遗产保护区的规划技术“特别政策区”属性，避免“规划性破坏”。在历史城区、历史文化街区、历史文化名镇名村、传统村落的保护范围内，道路宽度、建筑密度、建筑退让、建筑间距、绿地率等对风貌有重要影响的控制要求，应由保护规划具体研究确定，不再遵循通用性的规划技术管理规定。原有控制性详细规划必须根据保护规划进行修编。较大的历史城区，应根据保护需要，制定专门的规划技术管理规定，指导区内规划编制和建设活动。

2. 土地管理政策

协调土地管理与历史文化遗产保护的关系，化解潜在的政策矛盾。为防止“三旧改造”地段内有保护价值的历史文化遗产被拆除，应将历史文化遗产调查纳入“三旧改造”的法定程序并前置，以作为项目审批依据。为夯实乡村历史文化遗产的保护利用基础，针对历史文化名镇名村、传统村落的宅基地管理具体问题，应尽快研究制定相关的确权和补偿政策。

3. 遗产保护利用政策

理顺历史文化遗产保护制度的权责利分配，从根本上调动保护积极性。历史文化遗产的保护，应以修缮资金为抓手，加大财政投入，吸引

社会资金，针对不同权属的特点制定相应的修缮资金使用办法，优化资金申请流程，扩大受益面，加大对日常轻微修缮的支持力度，对表现突出的保护责任人实行奖励。历史文化遗产的利用，应以制度建设为抓手，对历史文化遗产的活化方式、限度和流程进行合理规范。在此基础上，尽量减少干预，让历史文化遗产的社会经济价值得到积极而充分的实现。

粤港澳大湾区发展广州智库

粤港澳大湾区发展广州智库，是由中共广州市委宣传部、广州市社会科学界联合会和华南理工大学联合共建，以全面贯彻习近平总书记亲自谋划、亲自部署、亲自推动的建设粤港澳大湾区国家战略部署为使命，以推动粤港澳大湾区发展为目标，围绕广州发挥粤港澳大湾区核心增长极作用，开展前瞻性、战略性、系统性研究的新型高端智库。

智库依托华南理工大学广州市金融服务创新与风险管理研究基地、粤港澳大湾区规划创新研究中心、暨南大学广州南沙自由贸易试验区研究基地、粤港澳大湾区经济发展研究中心、广东外语外贸大学广州国际商贸中心研究基地、广东工业大学粤港澳设计文化与战争研究中心 6 家广州市人社科重点研究基地，以服务党和政府决策为宗旨，以推动咨政研究、打造高端平台和推动粤港澳大湾区发展为主要功能，创建强强联合、优势互补、开放合作、深度融合的协同机制，通过跨境、跨地区、跨部门、跨体制聚合优势研究资源，实现各类优质智库要素集聚，是中共广州市委宣传部、广州市社会科学界联合会建设开放、协同、联合、高效的智库综合体的重要探索，是广州特色新型智库在运行机制、科研机制和管理机制等模式上的重大创新。

粤港澳大湾区发展广州智库将进一步增强咨政研究活力，提高研究质量，提升协同研究能力，更好地服务于广州对接国家发展战略，力争建设成为特色鲜明、实力雄厚、影响广泛的新型高端智库，成为粤港澳大湾区研究有核心竞争力的权威智库，为粤港澳大湾区协调发展提供智力支持。

图书在版编目（CIP）数据

粤港澳大湾区建设与广州发展报告. 2018 / 曾伟玉，吴业春主编. -- 北京：社会科学文献出版社，2019.3
ISBN 978-7-5201-4443-8

Ⅰ.①粤…　Ⅱ.①曾…　②吴…　Ⅲ.①城市群-区域经济发展-研究报告-广东、香港、澳门-2018　Ⅳ.①F299.276.5

中国版本图书馆 CIP 数据核字（2019）第 040775 号

粤港澳大湾区建设与广州发展报告（2018）

主　　编 / 曾伟玉　吴业春

出 版 人 / 谢寿光
责任编辑 / 周　琼
文稿编辑 / 张　弦

出　　版 / 社会科学文献出版社 · 社会政法分社（010）59367156
地址：北京市北三环中路甲 29 号院华龙大厦　邮编：100029
网址：www. ssap. com. cn
发　　行 / 市场营销中心（010）59367081　59367083
印　　装 / 三河市龙林印务有限公司

规　　格 / 开　本：787mm × 1092mm　1/16
印　张：22　字　数：359 千字
版　　次 / 2019 年 3 月第 1 版　2019 年 3 月第 1 次印刷
书　　号 / ISBN 978-7-5201-4443-8
定　　价 / 95.00 元

本书如有印装质量问题，请与读者服务中心（010-59367028）联系